Wilfried Telkämper (Europabüro Dreyeckland) /
Deutsche MdEPs Bündnis 90 / Die Grünen (Hrsg.)

MAASTRICHT II AM SCHEIDEWEG

Reformen für Europa anstacheln

Maastricht II am Scheideweg

Reformen für Europa anstacheln

Herausgegeben von

Wilfried Telkämper
(Europabüro Dreyeckland)

und

Deutschen MdEPs
Bündnis 90/Die Grünen

VERLAG DIE WERKSTATT

CIP-Titelaufnahme der Deutschen Bibliothek

Maastricht II am Scheideweg : Reformen für Europa anstacheln / Wilfried Telkämper/deutsche MdEPs Bündnis 90/Die Grünen (Hrsg.). – Göttingen : Verl. Die Werkstatt, 1997
ISBN 3-89533-189-9
NE: Telkämper, Wilfried [Hrsg.]

ISBN 3-89533-189-9

Gesamtherstellung: Verlag Die Werkstatt
Lotzestraße 24a, 37083 Göttingen
Gedruckt auf 100% Recyclingpapier

Inhalt

Vorwort

Wilfried Telkämper

Als ich Anfang 1995 in unserer Fraktion die Idee eines „Eurolesebuchs“ anläßlich der Revision des Maastrichter Vertrages einbrachte, fragten nicht wenige KollegInnen verwirrt: Wie bitte? Es gibt doch schon etliche Bücher zu Europa, die allerdings nicht gerade wie die warmen Semmeln über den Tresen gehen.

Trotz alledem, wir haben es schließlich gewagt, und ich freue mich, Ihnen nach einigen überwundenen Hürden dieses Buch vorstellen zu dürfen. Es entstand ein Sammelband. Darin stellen Abgeordnete der Fraktion DIE GRÜNEN im Europaparlament, darunter alle deutschen Parlamentarier sowie ein Gastautor aus dem Bundestag und wissenschaftliche MitarbeiterInnen des Europaparlaments, die offiziellen Strategien vor und vertreten grüne Alternativen aus ihrem Arbeitsbereich. Der Hintergrund ist die Revision des Maastrichter Vertrages, die unter dem Stichwort „Regierungskonferenz“ aus offizieller Sicht ein neues Kapitel in der Europäischen Geschichte darstellt. Repräsentativer Höhepunkt soll die Versammlung der Regierungschefs im Frühsommer 1997 in Amsterdam sein.

Der Vertrag von Maastricht hat Anfang der 90er Jahre mit äußerst knappen Referenden in Dänemark und Frankreich eine kleine europapolitische Debatte eröffnet. Die 1992 von mir initiierte Verfassungsbeschwerde gegen den Vertrag von Maastricht beim Bundesverfassungsgericht hatte zwei Ziele. Erstens war sie nicht gegen den Vertrag gerichtet, sondern für eine entschiedene politische Demokratisierung des ökonomischen EU-Binnenmarktes. Zweitens sollte der gesellschaftliche Diskurs hinsichtlich der weiteren Integration vorangetrieben werden. Bezüglich des ersten Ziels hat das Bundesverfassungsgericht wichtige Eckpunkte benannt. Bezüglich des zweiten Ziels ist sicherlich bei BÜNDNIS 90/DIE GRÜNEN, vielleicht auch innerhalb der SPD, die europapolitische Debatte intensiviert worden. In der Gesamtgesellschaft stagniert sie aber nach wie vor. Unkenntnis geht mit mangelnden demokratischen Strukturen Hand in Hand. Mangelnde Transparenz und Öffentlichkeit schüren Angst und Mißtrauen. Angst vor dem Euro und Angst vor dem Verlust von Arbeitsplätzen sind die dominanten öffentlichen Reaktionen, mit denen wir als Abgeordnete konfrontiert sind. Das Mißtrauen gegen „die in Brüssel" ist groß, und in der Presse haben Skandalberichte Vorrang. Nicht selten ist von Journalisten zu vernehmen: „Wie bekomme ich sonst das staubtrockene Thema Europa rüber?"

Auch einige deutsche Länderfürsten – man denke an die Troika Stoiber/Schröder/Biedenkopf – kochen mit dem Sündenbock der Bürokraten im fernen Brüssel und regionalpatriotischen Parolen ihr ideologisches Süppchen, das bei allem lokalen Kolorit nur eines sagt: Unsere Heimat soll Standort werden. Größere Gefahr als von den Landesfürsten droht durch die unsoziale Strategie der rein monetären Konvergenzkriterien (Preisstabilität, Staatsverschuldung, Wechselkurse und Zinssätze). Überall in Europa erzeugen die schulmeisterlichen Belehrungen und rigorosen Bedingungen der vorwiegend deutschen Geldpäpste, mit denen sie eine Währungsunion nach ihrem Weltbild durchdrücken wollen, zunehmenden Unmut. Er könnte Figuren wie Haider auch außerhalb von Österreich beachtliches Gewicht verleihen. Dagegen können und müssen wir eine Alternative setzen.

Uns geht es darum zu zeigen, wie Europa lokal sehr konkret werden kann und in Brüssel wie in den Kommunen die gleiche Vorstellungswelt der neoliberalen Deregulierer die Köpfe vernebelt. Die Rodung eines alten Waldes vor unserer Haustüre für ein Teilstück der Transeuropäischen Netze (TEN), die mangelnde Kennzeichnungspflicht bei gentechnisch veränderten Produkten, die unterschiedliche Kennzeichnung von Zusatzstoffen des Joghurts in den verschiedenen Mitgliedsländern der EU und nicht zuletzt der BSE-Skandal sind Einbrüche aus dem ach so fernen und unbekannten Brüssel in unser Alltagsleben. Hier muß die Debatte anknüpfen, um klar zu machen: Europa ist gar nicht so weit weg oder so abstrakt. Im Gegenteil, wir können mitgestalten, verändern und Perspektiven bieten. Der Ansatz ist nicht nur in Brüssel zu finden, sondern vielmehr durch die Kontrollfunktion der nationalen Parlamente in den jeweiligen Hauptstädten oder durch die Macht als VerbraucherInnen und BürgerInnen vor Ort.

Da der Vertrag von Maastricht Realität, mit seiner Revision im Frühjahr 1997 die Weiterentwicklung der Wirtschaftsunion zu einer Währungsunion gegeben ist, und weil eine gemeinsame Außen- und Sicherheitspolitik sowie weitere mögliche institutionelle Reformen anstehen werden, wollen wir mit diesem Buch einen Beitrag zur Forcierung der dringend notwendigen Debatte leisten.

Es soll ein Anreiz sein, daß während der Revisionsverhandlungen zum Vertrag von Maastricht nicht nur in der Partei BÜNDNIS 90/DIE GRÜNEN, sondern vor allem in unserem Gemeinwesen, in Brüssel, besonders in Bonn, vor allem aber kommunal wieder mit mehr Elan und Vehemenz für eine europäische, umweltverträgliche, soziale und demokratische Politikgestaltung gekämpft wird.

Mein Dank geht an meine KollegInnen, die mit ihren inhaltlichen und finanziellen Beiträgen dieses Buch ermöglicht haben. Die Redigier-Task-force Thomas Cernay, Georg Lutz und Christine Parsdorfer aus meinem Europabüro Dreyeckland hat einige Abende beim Durchharken der Beiträge verbracht. Danken möchte ich auch H.G. Schiele/Zero, dem bei einem herbstlichen Spaziergang unter Kastanien die Titelbildidee durch den Kopf ging. Last but not least einen Dank an Bernd Beyer vom Verlag „Die Werkstatt", der immer wieder geduldig Terminverzögerungen hingenommen hat.

Im Nebel des Neoliberalismus

Von der Notwendigkeit einer Reformstrategie in Europa

Georg Lutz und Wilfried Telkämper

> „Wofür steht das 'Modell Tietmeyer'? Zunächst für einen Glauben an die historische Unvermeidlichkeit, die auf dem Primat der Produktivkräfte (und jenem der Technik) gründet, also für eine neue Form des Ökonomismus, der sich zu anderen Zeiten und häufig in den Reihen derselben Gläubigen unter dem Banner des Marxismus ausbreitete. Dieser Ökonomismus wohnt einer ökonomischen Theorie inne, die von einem scharfen Schnitt zwischen dem Wirtschaftlichen und dem Sozialen ausgeht und dabei übersieht, wie sehr die Mechanismen des Marktes (die von der Theorie vergöttert werden) sozialen Mechanismen untertan sind, die in gesellschaftlicher Gewalt ihre Wurzeln haben."
>
> (Pierre Bourdieu)

Die 15 EU-Staaten des westlichen Europas sind in mehrfacher Hinsicht in einer gewaltigen historischen Umbruchphase. Auch wenn Historiker über die Aussagekraft der vergleichenden Geschichtswissenschaft streiten mögen, drängen sich doch Parallelen zwischen der Entwicklung der EU hin zu einer Staatlichkeit und dem Entstehen der europäischen Nationalstaaten vor etwa 150 Jahren auf. Die Revision des Vertrages von Maastricht fällt in eine Zeit, in der die gegenwärtigen Umbrüche an den „Vormärz" im letzten Jahrhundert erinnern.

Vergleichbar mit der Herausbildung des deutschen Nationalstaates ist zumindest, daß die EU im Prozeß ihres Zusammenwachsens einen gemeinsamen „Großen Binnenmarkt" errichtet hat. Die Ideen des früheren Kommissionspräsidenten Delors, die Umsetzung der „Einheitlichen Akte" zu einem gemeinsamen Markt und die Transeuropäischen Netze zur Schaffung neuer Infrastrukturen im Verkehrs-, Energie- und Kommunikationsbereich, sind Voraussetzungen, damit eine politische Union auf dem Weg von der Wirtschafts- über die Währungsunion entstehen kann. In der ersten Hälfte des 19. Jahrhunderts waren die Ideen des schwäbischen Ökonomen Friedrich List, wie die Gründung des Deutschen Zollvereins 1834 und der Bau länderübergreifender Eisenbahnverbindungen, wesentliche ökonomische Voraussetzungen für die weitere staatliche Entwicklung. Damals wie heute sollte ein ökonomischer Großraum mit modernsten Mitteln 'inwert' gesetzt werden, um mit anderen Wirtschaftsräumen, ehedem den aufstrebenden imperialen Nationalstaaten, heute den großregionalen Wirtschaftsbündnissen wie der NAFTA in Amerika oder der APEC im pazifischen Raum, konkurrieren zu können.

Das Ob und Wie einer neuen Staatlichkeit, die mit dem Vertrag von Maastricht 1993 erste Fundamente erhalten hat, liegt aber noch im dunkeln. Die Regierungschefs wollen keinen neuen europäischen Nationalstaat gründen, die alten Nationalstaaten sollen nicht aufgehoben werden. Gleichwohl verlagert sich zunehmend Kompetenz von den demokratisch strukturierten Mitgliedstaaten hin zur EU-Zentrale nach Brüssel. Über ein Drittel der bundesdeutschen Gesetze werden inzwischen von der Exekutive der EU-Staaten in Brüssel bestimmt. Dort werden immer mehr Normen durch Verordnungen und Richtlinien vorgegeben. Die nationalen Parlamente müssen dann ihre Gesetze diesen Vorlagen anpassen: Sie dürfen noch abnikken. Europarecht ist dem nationalstaatlichen Recht in der Regel vergleichbar übergeordnet wie in Deutschland das Bundesrecht den Länderrechten. Doch wer sind die Entscheidungsträger?

Die Mutationen der Regierungschefs

Im „Vormärz" waren es die Monarchen, meist mehr oder weniger aufgeklärt. Heute sind es die Regierungschefs der Mitgliedstaaten der EU. Demokratisch gewählt und damit legitimiert, sind vor allem sie es, die die Gesetzesvorlagen abstimmen. Wenn sie als „moderner Napoleon" oder „neuer Fritz" ihr Flugzeug in Paris oder Berlin bestiegen haben, mutieren die Regierungschefs auf dem Flug nach Brüssel zum „Rat der EU". Dort sind sie dann zu der allmächtigen EU-Legislative geworden, die nach ihrer Rückkehr in die jeweiligen Hauptstädte als nationale Exekutive umsetzen, was sie zuvor selbst beschlossen haben. Das hindert sie allerdings nicht, sich in Sonntagsreden als nationalistische Populisten zu gebärden, die den Bürokraten in Brüssel Saures geben.

Wie ehedem in der Fürstenherrlichkeit der Monarchie verhandeln die Regierungschefs im legislativen Rat der EU in Brüssel heute hinter verschlossenen Türen. Auf die bundesdeutsche Ebene bezogen, würde die fast vollständige Aufhebung der Gewaltenteilung dem Bundesrat eine riesige Machtfülle zusprechen. Die Bundesratsvertreter wären aber nicht gegenüber ihren Länderparlamenten rechenschaftspflichtig. Zudem würden die Beschlußvorlagen für zukünftige Gesetze von einer riesigen exekutiven Zentralbehörde, der Kommission, vorgelegt, die auch kaum von den Parlamentariern kontrolliert werden kann. Vielmehr werden die Beamten, aber auch die Parlamentarier, in ihrer Meinungsfindung von einer Heerschar von Lobbyisten aus Industrie und anderen Großorganisationen sanft aber bestimmt angeschoben. Die unabhängige Arbeit der Parlamentarier gleicht daher oft einem Detektivspiel, um hier einen Skandal und dort eine Fehlentscheidung aufzudecken.

Selbst bei ureigensten Angelegenheiten des Parlaments wird die Entscheidung oft vorher im Rat ausgedealt. Zur Halbzeit der Legislaturperiode 1994-1999 stand z.B. die Neuwahl des Präsidenten des Parlaments auf der Tagesordnung. Traditionell wechselt sich die große Koalition von Konservativen und Sozialdemokraten mit ihren KandidatInnen ab. Nach dem letzten Sozialdemokraten Klaus Hänsch folgt ein Konservativer und umgekehrt. Kleine Parteien kommen nicht zum Zug. Diesmal wünschten viele VertreterInnen der beiden großen Parteien die konservative Nicole Fontaine als Parlamentspräsidentin. Da sie aber dem Balladur-Flügel der französischen Gaullisten angehört, war sie Präsident Chirac nicht genehm. Zudem hatte Kohl zuvor spanische Stimmen für den gescheiterten deutschen Kandidaten des Ombudsmannes erhalten. Dafür hatte er dem spanischen Ministerpräsidenten Aznar die deutsche Unterstützung eines möglichen spanischen Kandidaten für die Parlamentspräsidentschaft versprochen. So „kürte“ der Rat zwischen Madrid, Paris und Bonn im Rahmen einer Paketlösung den blassen spanischen Konservativen Gil-Robles Gil Delgado zum Spitzenkandidaten. Trotz des deutlich hörbaren Heulens und Zähneknirschens hinter den Kulissen sind die Parlamentarier wieder einmal eingeknickt.

Kein Aufschrei für die Republik

Im Unterschied zum damaligen „Europäischen Vormärz“, der die Fassade der muffigen Biedermeierära herunterriß, gibt es trotz aller Glanzbroschüren und Autoaufkleber mit gelben Sternen auf blauem Grund noch nicht einmal eine gesellschaftliche Debatte über die Ausgestaltung der neuen westeuropäischen oder vielleicht einer gesamteuropäischen Staatlichkeit. Der Aufschrei für die Republik, der Ruf nach Demokratie, die Forderungen nach einer Verfassungsgebenden Versammlung, einer europäischen Charta der Menschenrechte und plebiszitären Elementen im Institutionengefüge der EU müssen irgendwo im Deregulierungsgeflecht oder im Harmonisierungsdschungel verhallt sein.

Im Gegenteil: Europa, sprich Brüssel, ist weit weg; und „die dort“ – wer immer das sein mag – werden es schon richten. Politische Europaveranstaltungen schrumpfen in der Regel zu Volkshochschulkursen über Europapolitik oder zu einem Nachhilfeunterricht über europäische Geschichte. In Deutschland herrscht nicht nur ein mangelndes Interesse an allen europäischen Themen vor, sondern es existiert auch eine erschrekkende Unkenntnis über demokratische Entscheidungsprozesse. Es gibt keine Bereitschaft, ein Engagement für Öffentlichkeit, Transparenz und demokratische Strukturen in der EU zu entwickeln. Die Frage nach dem Warum führt uns in die Geschichte Europas nach dem Zweiten Weltkrieg.

Vom rheinischen Kapitalismus zur Standortdebatte

Während der europapolitischen Euphorie der 50er Jahre, in der die deutsche Flakhelfergeneration ihr Jugendtrauma überwinden wollte, stand das „Nie wieder!“ im Vordergrund. Die historische Konstellation verunmöglichte ein Weiterbestehen der imperialen europäischen Mächte. Deutschland sollte kriegsunfähig gemacht werden. Die Montanunion als Vorläufer der EWG zerschlug die reichsdeutschen Stahl- und Bergbaubarone. Mit der Sowjetunion gab es erstens einen politischen und ökonomischen Konkurrenten und zweitens – durch das Atompatt – auch die Verunmöglichung von Krieg in Europa. Westeuropa wurde unter dem Hegemonialschirm der USA in ein fordistisches Binnenprojekt – die sogenannte soziale Marktwirtschaft – eingebunden, das zum ersten Mal in der Geschichte des Kapitalismus große Teile der sozialen Frage in den Kernstaaten der EWG löste. Dies war allerdings kein Naturereignis. Erst massive gewerkschaftliche Kämpfe führten zu Errungenschaften wie der Lohnfortzahlung im Krankheitsfall, die heute wieder zur Disposition stehen. Die Auflösung der alten europäischen Kolonialreiche und das damalige Selbstbewußtsein der nationalen Befreiungsbewegungen, die die Unabhängigkeit der Fahne erkämpften, ist ein weiterer Grund für die Eindämmung der früheren Aggressivität der europäischen Staaten. Die politisch spießige Phase der Adenauerära mit ihren hohen Wachstumszahlen ließ auch die Euphorie für Europa verstauben. Der rheinische Kapitalismus mit seiner Westanbindung lief unter dem Motto 'business as usual', und jeder konnte davon profitieren. Diese Normalität brachte die Jugend 1968 auf die Straße.

Die gesellschaftlichen Veränderungsprozesse Ende der 60er und in den 70er Jahren gingen an den europäischen Institutionen weitgehend vorbei. Nach der Aufbruchphase der 50er Jahre entwickelten sie sich zu einem gemächlich agierenden Honoratiorenverein, in dem nach patriarchaler Gutsherrenart alte Politiker und Verbandsfunktionäre nochmals eine Runde drehen durften. Journalistisch wurde in den 70er Jahren mit dem Begriff Eurosklerose operiert. Der Volksmund brachte es auf den griffigen Nenner: „Haste einen Opa, schick ihn nach

Europa". Das galt bis zur ersten Direktwahl des Europaparlamentes 1979.

Mit Beginn der 80er Jahre änderte sich das Bild. Nach dem Ende der letzten Diktaturen in Griechenland, Portugal und Spanien war der Weg frei für die Süderweiterung der EG. Gleichzeitig sollte das gewaltige ökonomische Potential des Marktes Europa in einen „Großen Binnenmarkt" gegossen werden. Die Vorstellung von den Segnungen der immer freieren Märkte gewann Oberwasser. Ab Mitte der 70er Jahre kam das dominierende ökonomische System der Nachfrageregulierung ins Stocken. Diese Krise war die Grundlage für das heutige hegemoniale Modell des Neoliberalismus. Die Vordenker in der Nachfolge des Monetaristen-Gurus Milton Friedman machten dem Kapital wieder 'Angebote'. Zentrales Mittel ist dabei die Bekämpfung der Inflation mit einer restriktiven Geldpolitik. Die innerbetriebliche Organisation stützte sich auf die technologische Offensive der computergesteuerten flexiblen Automation. Die starre tayloristische Fließbandarbeit verschwand zwar nicht, wurde und wird aber zunehmend durch 'Gruppenarbeit' und die Ausgliederung in Subunternehmen schlanker gemacht. Zunehmend setzten Konzerne auf transnationale Netzwerke. Der 'Sozialstaat', mit seinem institutionellen System und der nationalstaatlichen Regulierungsweise kollidierte zunehmend mit dieser Entwicklung. In Maggy-Thatcher-Country Großbritannien wurde er bereits geschleift, hierzulande bröselt das alte Modell von Tarifkonflikt zu Tarifkonflikt.

Das neoliberale Modell und die Spaltungen der Gesellschaft

Bereits in den 80er Jahren versprachen die Geldpäpste in den Zentralbanken und ihre politischen Lakaien wahre Wunder vom Himmel. Nicht nur der freie Warenverkehr, sondern auch Arbeitsplätze in Hülle und Fülle würden sich mit dem Binnenmarkt einstellen. Millionen neuer Arbeitsplätze hatten Delors und Cecchini versprochen. Das „pensée Tietmeyer", wie es der französische Soziologe Pierre Bourdieu kritisiert, hat aber in den europäischen Gesellschaften zu gewaltigen Spaltungsprozessen geführt. Das Bild einer Eieruhr bringt den Zustand auf den Punkt: In den untersten Teil sind die gefallen, die der kapitalistische Reproduktionsprozeß nicht mehr benötigt. Darüber strampeln sich die vielen ZeitarbeiterInnen in den neuen 'bad jobs' ab. Im immer dünneren Mittelsegment befinden sich die Facharbeiter und Angestellten, denen zunehmend die Arbeit abhanden kommt, und oben agieren die Geldvermögensbesitzer, die an internationalen Börsen mehr und an nationalen Arbeitsmärkten wenig Interesse haben. Allerdings fließt unter dem Einfluß der „ökonomischen Schwerkraft" der Sand dieser Eieruhr nicht von oben nach unten, sondern von unten nach oben. Mit dem Aufklappen der Einkommensschere wird die soziale Frage zunehmend die Tagesordnung bestimmen.

Grüne Standpunkte

Die Grünen-Debatten Anfang der 80er Jahre waren geprägt von Beiträgen, die sich gegen die von kapitalistischen Interessen geleitete Integration der EG in den Weltmarkt und den Ausbau einer Festung Europa richteten. „Sand im Getriebe sein!" war die Parole. Mit der Europawahl 1989 oder dem Slogan „EG-Europa – So nicht!" begann der Einstieg in die Reformdebatte, die heute bei der Forderung nach einem demokratischen Umbau der EU angelangt ist. Im November 1989 implodierte der Kasernenhofsozialismus. Damit wäre – so sagte und sagt man uns noch – gleich jede andere Alternatividee über Bord geworfen. Die besondere Ironie der Geschichte formulierte Micha Brumlik auf dem Perspektivenkongreß 1996 von BÜNDNIS 90/DIE GRÜNEN in Hannover: „Der Weg unserer Läuterung in die gegenwärtige Realität hinein läßt sich durch wenig besser illustrieren, als daß ausgerechnet die Reste der Neuen Linken und sozialen Bewegungen die letzten Liebhaber des rheinischen Kapitalismus geworden sind. Aber auch mit dieser späten Liebe verhält es sich nicht anders als mit der melancholischen Zuneigung zur alten Bundesrepublik, zu Konrad Adenauers Weststaat. Kurz nachdem die Zuneigung am stärksten war, blich das Objekt der Begierde dahin."

Nicht nur für bündnisgrüne Europapolitik stellt sich die Frage, ob wir unsere Forderungen unter den Schirm der Standortdebatte stellen oder auch über qualitativ neue Entwicklungspfade nachdenken, die mit diesem Modell grundsätzlich brechen. Die Antworten fallen auch in diesem Buch unterschiedlich aus. Allerdings gilt es, über den nationalen Tellerrand hinauszuschauen. Schon Anfang der 80er Jahre scheiterten die letzten nationalstaatlichen Versuche in Europa, mit einem klassisch sozialdemokratischen Konzept eine Alternativposition gegenüber den transnationalen Akteuren zu gewinnen. So versuchte das erste Kabinett unter Mitterand, eine Wertschöpfungssteuer einzuführen, und wurde von seinen europäischen Nachbarn und den eigenen Kapitalfraktionen hart abgestraft. Die Errichtung eines qualitativ neuen *welfare state* hat nur auf europäischer Ebene eine Realisierungschance. Hier muß er aber angegangen werden. Der Reformstau ist riesig, und es ist leider durchaus möglich, daß chauvinistische Kräfte wieder Oberwasser bekommen, wenn wir nicht unsere Alternativkonzepte ins Spiel bringen können.

Angesichts der rasanten realen Veränderungen innerhalb der EU gehen BÜNDNIS 90/DIE GRÜNEN von der Situation des 'Großen Binnenmarktes' und der Verträge von Maastricht aus und proklamieren einen Umbau der bisherigen Wirtschafts- und bald Währungsunion hin zu einer Sozial- und Umweltunion mit demokratischen Strukturen. Da die EU als Friedensunion nicht nur einen Teil Europas umfassen soll, bedarf es schnellstens einer institutionellen Reform, um die EU gesamteuropafähig zu machen. Die Diskussionen um diesen Reformprozeß müssen öffentlich geführt und gesamtgesellschaftlich werden. Wir brauchen einen Esprit, eine Perspektive, eine positive Besetzung für die Europapolitik, denn sie tangiert uns täglich und überall. Wir benötigen dringendst wieder das Primat der Politik über die Ökonomie und nicht umgekehrt, wie es im vergangenen Jahrzehnt der Deregulierung der Fall gewesen ist.

1

Die Weichen umstellen

Es ist angerichtet

Institutionelle Reformen – oder Europa à la carte?

Christian Sterzing

Obwohl sich die Vorbedingungen für die Vereinheitlichung des europäischen Wirtschaftsraumes mit den Verhältnissen der Staatenbildung im 'Vormärz' vergleichen lassen, wird es nicht zu einem 'Superstaat Europa' kommen. Der europäische Integrationsprozeß zeichnet sich gerade durch die Offenheit des Endziels aus. Die institutionellen Reformen der Europäischen Union sollen die Integration vorantreiben und müssen zugleich – die Integration ist kein Selbstzweck – auf europäischer, nationaler oder regionaler Ebene Handlungsspielräume für eine eigenständige ökologische und soziale Reformpolitik bewahren, erweitern oder gar neu schaffen.

Die berechtigte Kritik am europäischen Integrationsprozeß, die gegenwärtig von vielen Seiten laut wird, liefert zunehmend Wasser auf die Mühlen rechtspopulistischer Führer, die antieuropäische Ressentiments verstärken und einer Renationalisierung der Politik das Wort reden. Auch die Kritik der Grünen und unsere Forderungen nach Regionalisierung und Dezentralisierung geben unbeabsichtigte Schützenhilfe. Sie erhalten oftmals Beifall 'von der falschen Seite'. In dieser komplizierten politischen Gemengelage gilt es für die Grünen, eine reformpolitische Strategie zu entwickeln, die nationale Kategorien als Beurteilungsmaßstab für Reformüberlegungen überwindet.

Deshalb streben die Grünen eine neue Balance zwischen grenzüberschreitender Kooperation und regionaler Autonomie an. Doch der Vertrag von Maastricht ist bisher lediglich an neoliberalen Vorstellungen zur Stärkung des 'Standortes Europa' orientiert und leistet der Spaltung in Kernstaaten und Peripherie erheblichen Vorschub. Änderungen des Vertrages sind deshalb nötig. Nur so ist der schrittweise Integrationsprozeß – als

Voraussetzung alternativer politischer Gestaltungsmöglichkeiten – erreichbar. Auch die mittel- und osteuropäischen Staaten, die Mitglieder werden sollen, müssen mit der Entwicklung Schritt halten können. Die *Erweiterungsfähigkeit* der EU stellt somit ein wichtiges Anliegen aller Reformen dar.

Ein weiteres Leitmotiv für die institutionelle Reform ist die Erhöhung der *Handlungsfähigkeit und Effizienz.* Die Beratungs- und Entscheidungsstrukturen der EU sind in ihrem Kern für eine Gemeinschaft von sechs Staaten konzipiert worden. Schon für die derzeit 15 Mitgliedsländer sind sie zu schwerfällig, um alle Interessen unter einen Hut zu bringen und zugleich den Integrationsprozeß voranzutreiben. Nach der Ost- und Süderweiterung werden es zwischen 20 bis 30 Mitglieder sein, für die deutlich effizientere Entscheidungsprozesse organisiert werden müssen. Hier muß in möglichst vielen Politikfeldern der Schritt vom einstimmigen Beschluß des Rates hin zur qualifizierten Mehrheitsentscheidung getan werden. Er setzt die weitere Preisgabe nationaler Souveränität voraus und bürdet den nationalen Regierungen dafür das Risiko politischer Niederlagen auf.

Vor allem lassen sich die institutionellen Reformen nicht auf das Problem der Handlungsfähigkeit und Effizienz reduzieren. Zentrale Aufgabe der Reform muß die *Überwindung des Demokratiedefizits* innerhalb der EU sein. Von den Fortschritten bei der Demokratisierung der EU wird nicht zuletzt die Akzeptanz des europäischen Integrationsprozesses bei den BürgerInnen abhängen. Hier gilt es, die Entscheidungs- und Beratungsstrukturen sowohl im Hinblick auf die Institutionen als auch auf die Verfahren transparenter zu gestalten.

Zielvorstellungen der Revision

Die Regierungskonferenz '96 – auch Maastricht II genannt – stellt nur einen weiteren Schritt im europäischen Integrationsprozeß dar. Auch im Rahmen dieser Konferenz wird es nicht zu einer europäischen Verfassung kommen, mit der die Union sich mehr oder weniger endgültig auf eine staats- und völkerrechtliche Struktur festlegt. Angesichts der Uneinigkeit der Mitgliedstaaten über den letztendlichen Charakter der Union – Bundesstaat oder Staatenbund? – lebt der Integrationsprozeß vom Mangel an Finalität. Es ist die Offenheit des Endziels der Entwicklung, die bislang den institutionellen Charakter der Union geprägt hat. Die Regierungskonferenz kann somit nur als Teil eines Verfassungsprozesses begriffen werden, der aber den augenblicklichen Status der EU als Staatenverbund sui generis nicht antasten wird. Wir fordern grundsätzlich, daß der dynamische Charakter der Integration durch institutionelle Veränderungen nicht behindert oder zerstört wird.

Auf dieser Voraussetzung aufbauend, muß sich der Reformprozeß Schritt für Schritt daran messen lassen, ob er geeignet ist, auf das übergeordnete Ziel eines demokratischen, zivilen sowie ökologisch und solidarisch orientierten Europas hinzuführen. Die Bereitschaft zur Übertragung nationaler Kompetenzen auf die europäische Ebene und ihre Einbeziehung in gemeinschaftliche Entscheidungsstrukturen, kurz zur weiteren 'Vergemeinschaftung' von Politikbereichen, wird bisher von der Einsicht in die Notwendigkeit grenzüberschreitender Entscheidungskompetenzen und in den friedensstiftenden und -bewahrenden Charakter supranationaler Institutionen getragen. Doch gleichzeitig gilt es, der Versuchung wachsender Zentralisierung, der Gefahr weiterer Bürokratisierung auf europäischer Ebene und der Herausbildung einer 'Supermacht Europa' entgegenzuwirken. Die grundsätzliche Zustimmung zur europäischen Integration einerseits und die erhebliche Kritik an strukturellen Mängeln des Vereinigungsprozesses andererseits erfordern eine pragmatische Prüfung und Abwägung der jeweiligen Integrationsschritte an den Leitvorstellungen für eine politische Entwicklung in Gesamteuropa.

Schließlich ist vor der Illusion zu warnen, auf der Regierungskonferenz werde das gesamte Spektrum vergemeinschafteter europäischer Politik einer grundlegenden Revision unterzogen. Es geht bei Maastricht II nicht um konkrete Veränderungen zum Beispiel in der Umwelt-, der Verkehrs-, der Forschungs- oder Agrarpolitik. Es geht um grundlegende vertragliche Weichenstellungen und Zielsetzungen; die Umsetzung der angestrebten Vertragsänderungen in konkrete Politik bleibt ohnehin der Zukunft überlassen.

Das Institutionengefüge der EU

Demokratische Kontrolle und Legitimation werden in den westeuropäischen parlamentarischen Demokratien im wesentlichen durch das Prinzip der Gewaltenteilung gesichert. Im nationalen Rahmen wählt der Souverän, das Volk, die Mitglieder des Parlaments, aus dessen Mitte heraus im allgemeinen die Mehrheitsfraktion(en) die Regierung stellen. Die Gesetzgebung liegt als eine zentrale Aufgabe in den Händen des Parlaments (Legislative), die vollziehende Gewalt wird von der Regierung (Exekutive) ausgeübt. Gemäß dem Rechtsstaatsprinzip sind alle staatlichen Organe an das Gesetz gebunden. Die Überwachung ist den Gerichten (Judikative) übertragen, sie 'hüten' die Verfassung und kontrollieren auf diese Weise die staatliche Gewalt. Durch diese Teilung der Macht entsteht ein Gleichgewicht zwischen den sich wechselseitig kontrollierenden staatlichen Organen. Hinzu kommt das Prinzip der Öffentlichkeit, also der Offenlegung von Entscheidungsprozessen, damit die BürgerInnen nachvollziehen können, wer für welche Entscheidungen verantwortlich ist. Gleichzeitig sichert das Prinzip der Öffentlichkeit auch den BürgerInnen neben den Wahlen – zumindest in gewissem Grade – Einflußmöglichkeiten auf die Entscheidungsträger.

Die Europäische Union ist kein supranationaler Staat, auf den diese Ordnungsprinzipien einfach übertragen werden könnten. Es gibt keine europäische Staatsangehörigkeit, es gibt kein europäisches Volk, von dem alle Staatsgewalt ausgeht, und deshalb auch kein Parlament, das mit seinen Befugnissen einem nationalstaatlichen Parlament vergleichbar wäre. Die Tatsache, daß nicht BürgerInnen, sondern Staaten mit ihren souveränen Rechten die handelnden Subjekte innerhalb der Union sind, hat notwendigerweise andere Formen der Entscheidungsfindung und der Kontrollmechanismen hervorgebracht.

Das Institutionengefüge der EU wird im Kern durch das Verhältnis zwischen Ministerrat und Kommission bestimmt.

Im Ministerrat vertreten die Fachminister der nationalen Regierungen das Interesse der jeweiligen Mitgliedstaaten. Die Kommission fungiert als institutionelle Verkörperung des gemeinschaftlichen Interesses, hat aber nicht alle Befugnisse einer Exekutive. Das wesentliche Instrument ihrer politischen Arbeit ist das ausschließliche Initiativrecht, wenn es darum geht, Gesetze – auf europäischer Ebene: Richtlinien und Verordnungen – zu formulieren und dem Ministerrat und dem Europäischen Parlament zur Entscheidung vorzulegen. Änderungen der Kommissionsvorlagen sind nur durch ein einstimmiges Votum des (Fach-)Ministerrates möglich, der über die generelle Annahme oder Ablehnung der Kommissionsvorlage entscheidet. Die Kommission wiederum wacht als 'Hüterin der Verträge' über den gemeinschaftlichen Besitzstand, den sogenannten 'acquis communautaire'. Die Mitglieder der Europäischen Kommission werden zwar von den nationalen Regierungen vorgeschlagen und nach Zustimmung des Europäischen Parlaments einvernehmlich ernannt, doch sind sie unabhängig von Weisungen.

Über den Ministerrat sind die Regierungen der Nationalstaaten die wichtigsten Akteure der Legislative in der Europäischen Union. Ihre demokratische Legitimation gewinnen sie weiterhin im nationalen Rahmen durch Wahlen. Hinzu kommt, daß die Nationalstaaten nur teilweise ihre Souveränitätsrechte an die EU abgetreten haben. Ein Teil der souveränen Rechte eines Nationalstaates wird weiterhin von den nationalen Parlamenten als Legislative und den nationalen Regierungen als Exekutive wahrgenommen. Die herkömmlichen Strukturen repräsentativer Demokratie und Gewaltenteilung, insbesondere die herausragende Stellung des Parlaments, wurden und werden auf europäischer Ebene bislang nur schrittweise eingeführt: die Direktwahl des Europäischen Parlaments, beschränkte legislative Kompetenzen des EP und seine Beteiligung an der personellen Auswahl der Kommission.

Das Europäische Parlament wirkt deshalb nur partiell wie eine zweite Gesetzgebungskammer. Es kann nur in einigen Politikbereichen Änderungen an Kommissionsvorschlägen vornehmen. Es kann grundsätzlich nichts gegen den Ministerrat durchsetzen, lediglich in einigen 'vergemeinschafteten' Politikfeldern Beschlüsse des Rates blockieren. Auch ein legislatives Initiativrecht besitzt das EP nicht. Insofern verfügt dieses Parlament nicht über die vollen Rechte eines Gesetzgebungsorgans, insbesondere nicht über das 'Königsrecht' eines Parlaments, das Haushaltsrecht. Nur in Teilbereichen des Haushalts kann es mitbestimmen. Auch die Möglichkeiten, bei der Zusammenstellung der europäischen Exekutive, der Kommission, mitzuwirken oder diese zu kontrollieren, sind begrenzt. Gewaltenteilung findet somit auf europäischer Ebene vor allem zwischen Kommission und Ministerrat statt: Die einen dürfen vorschlagen, aber nicht entscheiden; die anderen dürfen entscheiden, aber eben nur über das, was ihnen von der Kommission zur Entscheidung vorgeschlagen wurde.

Ein wichtiges Element zur Wahrung der erreichten Integration stellt der Europäische Gerichtshof (EuGH) in Luxemburg dar. Gegenüber den Mitgliedstaaten besitzt er kaum wirksame Sanktionsmöglichkeiten, doch zwischen Organen der EU kann er Streitigkeiten regeln. Besondere Bedeutung erlangt der Gerichtshof, weil er von allen nationalen Gerichten und den UnionsbürgerInnen angerufen werden kann, um viele strittige Fragen des europäischen Rechts und des Verhältnisses zwischen europäischem und nationalem Recht zu klären. Einer umfassenden Zuständigkeit des EuGH für alle Bereiche der europäischen Verträge – im Sinne eines obersten Verfassungsgerichtes – steht jedoch der Widerstand einiger Mitgliedstaaten entgegen, da sich in der Zuschreibung einer solchen Funktion für den EuHG die Überschreitung der Grenzlinie von einem Staatenverbund – ohne eigene Rechtspersönlichkeit – zu einem Bundesstaat manifestieren würde.

Quelle aller Kompetenzen der Europäischen Union sind nicht die UnionsbürgerInnen, sondern die von den Mitgliedstaaten abgetretenen souveränen Rechte. Das führt zu paradoxen Verhältnissen. So mutieren die RegierungsvertreterInnen der Mitgliedstaaten, die im nationalen Rahmen als Exekutivorgan tätig werden – und als solche durch die nationalen Parlamente kontrolliert werden –, auf dem Weg zur Ministerratssitzung in Brüssel zu einem Legislativorgan und beschließen – nur unzureichend vom Europäischen Parlament kontrolliert – hinter verschlossenen Türen Richtlinien und Verordnungen mit Gesetzeswirkung, die sie nach der Rückkehr in die nationale Hauptstadt wiederum als Exekutive umsetzen müssen. Das Prinzip der herkömmlichen Gewaltenteilung zwischen den staatlichen Organen ist weitgehend aufgehoben, demokratische Kontrolle nur begrenzt möglich. Die Vielfalt der Entscheidungsverfahren ist inzwischen so groß, daß nur noch ausgewiesene Spezialisten diesen Kompetenzdschungel durchschauen.

Überwindung des Demokratiedefizits

Aus der kurzen Skizzierung des komplizierten Institutionengefüges wird deutlich, wodurch Demokratiedefizit und Intransparenz in dieser Struktur entstehen. Die schwierige Balance zwischen nationalen und gemeinschaftlichen Interessen und die unterschiedliche demokratische Legitimation der EU-Organe haben eine Vielzahl neuartiger Entscheidungsstrukturen geschaffen, auch weil der Grad der Vergemeinschaftung in den einzelnen Politikfeldern sehr unterschiedlich ausgeprägt ist. Jede Reform muß dieses empfindliche Gleichgewicht zwischen den Institutionen zunächst in Rechnung stellen und sich an einer pragmatischen Fortentwicklung des Demokratisierungs- und Integrationsprozesses orientieren.

Zentrale Aufgabe der institutionellen Reformen der EU stellt für die Bündnisgrünen die Überwindung des Demokratiedefizits dar. Sie muß ansetzen bei

- den Vertragsstrukturen,
- den Institutionen und
- den Entscheidungsverfahren.

Die gegenwärtige Struktur der drei Säulen der EU beläßt die Gemeinsame Außen- und Sicherheitspolitik (2. Säule) und die Zusammenarbeit in der Innen- und Justizpolitik (3. Säule) – vor allem in der Asyl- und Einwanderungspolitik sowie der polizeilichen Zusammenarbeit bei Drogen- und Terrorismusbekämpfung – im intergouvernementalen Bereich. Lediglich in der 1. Säule, dem früheren EWG-Vertrag (jetzt: EG-Vertrag) mitsamt seiner Erweiterung um den Binnenmarkt, die Wirtschafts- und Währungsunion und weitere Materien wie zum Beispiel Umweltschutz, Entwicklungszusammenarbeit, berufliche Bildung, Industriepolitik, Forschung etc., bestehen gemeinschaftliche Entscheidungsmechanismen durch eine echte Kompetenzübertragung auf die europäische Ebene. Im Sinne einer Demokratisierung muß auf der Regierungskonferenz auf einen einheitlichen politischen Rahmen hingearbeitet werden, der ein umfassendes Initiativrecht der Kommission, erweiterte Rechte des Europäischen Parlaments und die Zuständigkeit des Europäischen Gerichtshofs in allen drei Säulen vorsieht. Die Überwindung der Säulenstruktur des Maastrichter Vertrages ist damit Voraussetzung für eine transparentere Vertragsgestaltung.

Offensichtlich ist die Zeit dafür noch nicht reif. Eine kritische Analyse der Verhandlungsoptionen der einzelnen Mitgliedstaaten und der bisherige Verlauf der Regierungskonferenz zeigen, daß mit einer Aufhebung der Säulenstruktur nicht zu rechnen ist. Es geht um Reformen innerhalb der einzelnen Säulen und in Teilbereichen um die Einbeziehung von bislang intergouvernemental strukturierten Politikbereichen – vor allem aus der 3. Säule – in die Gemeinschaftsverfahren der ersten Säule, auch wenn allgemeine Prinzipien zur Diskussion stehen, die 'säulenübergreifend' die Reformdebatte bestimmen.

Mehrheitsentscheidungen und Stärkung des Europäischen Parlaments

Die Ausweitung der Mehrheitsentscheidungen im Rat wird als Schlüssel zur Steigerung der Handlungsfähigkeit der bestehenden, aber auch einer erweiterten EU betrachtet, um Entscheidungsblockaden durch das Vetorecht einzelner Mitgliedsländer zu verhindern. Allerdings muß festgestellt werden, daß es trotz der allgemeinen Bekenntnisse fast aller Mitgliedsländer zur Ausweitung der Mehrheitsentscheidungen bislang an konkreten Vorschlägen fehlt, in welchen Politikfeldern die nationalen Regierungen tatsächlich bereit sind, das Risiko des Unterliegens in einer Abstimmung einzugehen.

Demokratische Legitimation für eine stärkere Verankerung des Mehrheitsprinzips wird nach unserer Überzeugung ohnehin nur zu erlangen sein, wenn mit Mehrheitsentscheidungen im Rat das uneingeschränkte Mitentscheidungsrecht des Europäischen Parlaments zumindest in allen Bereichen vergemeinschafteter Unionskompetenzen verbunden wird. Gerade hier muß sichergestellt werden, daß bei der Übertragung von Entscheidungskompetenzen von der nationalen Ebene auf die europäische Ebene die bislang fehlende adäquate parlamentarische Kontrolle festgeschrieben wird. Was den nationalen Parlamenten an Einflußmöglichkeiten entzogen wird, darf 'auf dem Weg nach Brüssel' nicht verlorengehen, sondern muß durch Kompetenzen des EP ersetzt werden. Nationale Parlamente und Europäisches Parlament stehen im Rahmen dieses demokratischen Strukturprinzips nicht in Konkurrenz zueinander, sondern ergänzen sich.

Neben dieser Sicherung demokratischer Kontrolle ist jedoch auch eine 'Qualitätssicherung' zu gewährleisten: Durch die Schaffung europäischer Mindeststandards, zum Beispiel im Bereich der Umwelt- und Sozialpolitik sowie der polizeilichen oder justiziellen Zusammenarbeit, dürfen nationale Standards nicht unterlaufen werden. Schon bestehende Ausnahmeregelungen im Vertrag bedürfen deshalb der Ausweitung und Klarstellung. Dies impliziert insbesondere eine Durchbrechung des Binnenmarktprinzips, das bislang (fast) alle Regelungen dem Primat des freien grenzüberschreitenden Handels unterworfen hat.

Schon heute werden im Rat bei Mehrheitsentscheidungen die Stimmen der einzelnen Mitgliedsländer gewichtet. Große Staaten haben jeweils mehr Stimmen als kleine. Das Erfordernis der qualifizierten Mehrheit sichert zudem das empfindliche Gleichgewicht zwischen Großen und Kleinen, zwischen Nord und Süd ab. Nicht zuletzt die Bundesregierung fordert, besonders im Hinblick auf die Erweiterung, die Einführung einer 'doppelten Mehrheit'. Demnach sollen die Beschlüsse im Rat nur dann mit qualifizierter Mehrheit getroffen werden können, wenn zusätzlich hinter dieser qualifizierten Mehrheit nicht nur die Mehrheit der Mitgliedsländer, sondern auch die Bevölkerungsmehrheit in der EU steht. Diese Forderung scheint zunächst dem Gebot der Demokratisierung zu entsprechen. Doch implizit geht diese Forderung davon aus, daß das Europäische Parlament keine Mitentscheidungsbefugnisse erhält. Im Zweikammersystem der EU – der Rat als Repräsentant der einzelnen Mitgliedstaaten, das Europäische Parlament als Repräsentant der Bevölkerung – findet die Bevölkerungsgröße eines Mitgliedslandes in der Zahl seiner Mitglieder im Europäischen Parlament annähernd ihre Entsprechung. Die 'doppelte Mehrheit' könnte also auch durch eine gleichberechtigte Beteiligung des Europäischen Parlaments an den Entscheidungsprozessen gewährleistet werden, so daß es einer doppelten Mehrheit im Rat gar nicht bedürfte. Überlegenswert erscheint die Einführung einer 'doppelten Mehrheit' deshalb nur in den nicht vergemeinschafteten Bereichen wie der GASP oder der innen- und justizpolitischen Zusammenarbeit. Dort verfügt das Europäische Parlament bisher über keine Mitentscheidungsrechte.

Unterstellt man das Fortbestehen der Säulenstruktur, so muß die stärkere Einbeziehung des Europäischen Parlaments in die Beratungs- und Entscheidungsprozesse je nach Säule differenziert betrachtet werden. Bündnisgrüne Vorstellungen gehen dahin, im Rahmen der ersten Säule (z.B. in der Umwelt-, Steuer-, Sozial-, Außenhandels-, Gesundheits- und Gleichstellungspolitik sowie der Entwicklungszusammenarbeit) die Mehrheitsentscheidungen auszudehnen und an ein echtes Mitentscheidungsrecht des EP zu koppeln. In der zweiten Säule – der GASP – ist dagegen ein Ausbau des zweistufigen Entscheidungsverfahrens vorzuziehen: Die grundsätzlichen Entscheidungen über das 'Ob' einer gemeinsamen außenpolitischen Aktion, etwa einer militärischen Intervention, müssen einstimmig gefällt werden. Detailfragen über das 'Wie' können dann im zweiten Schritt per Mehrheit entschieden werden. Aber auch hier müssen dem Europäischen Parlament wirksamere Einflußmöglichkeiten als das Anhörungsrecht eingeräumt werden. Demokratische Kontrolle fehlt insbesondere im Bereich der dritten Säule, da hier zwischenstaatliche Regelungen getroffen werden, die auf europäischer Ebene keiner Einflußnahme des EP unterliegen und nationalstaatlich von den zuständigen Parlamenten nur pauschal genehmigt (ratifiziert) oder abgelehnt werden können. Gerade in den sensiblen Bereichen polizeilicher und justizieller Maßnahmen ist jedoch eine parlamentarische und auch rechtsstaatliche Kontrolle unverzichtbar.

Transparenz und Bürgernähe

Im Prinzip besteht weitgehende Einigkeit darüber, daß eine Verkleinerung der undurchschaubaren Zahl von Beteiligungsverfahren des Europäischen Parlaments zur größeren Transparenz beitragen wird. Die Reduktion auf drei Verfahren – Mitentscheidung, Zustimmung und Anhörung – gewährleistet allerdings noch keine stärkere Beteiligung. Diese hängt von den konkreten Entscheidungen der Mitgliedstaaten bei der Regierungskonferenz ab, in welchen Politikbereichen das Mitentscheidungsverfahren angewendet werden soll. Ob es hier zu einer substanziellen Ausweitung der Kompetenzen des EP kommen wird, erscheint derzeit äußerst zweifelhaft. Nicht einmal hinsichtlich der Mitentscheidungskompetenz des Parlaments bei europäischen Gesetzgebungsakten – nach bündnisgrüner Überzeugung unabdingbar – ist Übereinstimmung bei den Mitgliedstaaten zu erkennen.

Im Sinne der weiteren Transparenz fordern wir auch eine grundsätzliche Vereinfachung des Europäischen Vertragswerkes, das aus mehreren Verträgen mit teils gleichlautenden, teils längst obsoleten Vorschriften besteht. Zu warnen ist hier allerdings vor der Illusion, es handele sich um eine rein redaktionelle Aufgabenstellung. Schon die Vereinigung der verschiedenen Verträge stellt für manche Mitgliedstaaten einen zu weitgehenden Schritt in Richtung auf eine europäische Verfassung dar, die aus grundsätzlichen Erwägungen abgelehnt wird. Dennoch sollte nach unserer Überzeugung die Vertragsrevision dafür genutzt werden, die Europäischen Verträge von unnötigem Ballast zu befreien und sie klarer und übersichtlicher zu strukturieren.

Neue Institutionen?

Bezieht man die Forderung nach Transparenz auch auf die Institutionen, so darf das institutionelle Gefüge nicht weiter kompliziert werden. Deshalb muß die Schaffung neuer Organe – zum Beispiel eines Ökologierates – abgelehnt werden. Eine solche Kreation verlängert die Entscheidungsprozesse und macht sie noch undurchschaubarer. Sie widerspräche auch dem Ansatz, eine auf Nachhaltigkeit gerichtete Politik als Querschnittsaufgabe zu betrachten und die Verantwortung dafür nicht in spezielle Gremien zu delegieren.

Vorschläge, die Rolle der nationalen Parlamente im europäischen Gesetzgebungsprozeß zu stärken, stoßen bei uns aus ähnlich grundsätzlichen Erwägungen auf Ablehnung. Die Überlegungen Frankreichs, quasi eine weitere Gesetzgebungskammer aus Mitgliedern der nationalen Parlamente in die europäischen Entscheidungsstrukturen zu integrieren, würden die Komplexität und Intransparenz der EU nur steigern. Hinzu kommt, daß es aus vielen Gründen zweckdienlicher erscheint, europäische und nationale Ebene institutionell zu trennen anstatt zu vermischen. Demokratische Kontrolle durch nationale Parlamente einerseits und das Europäische Parlament andererseits dürfen nicht konkurrieren, sondern müssen sich in den jeweiligen Verfahren – je nach dem Grad der 'Vergemeinschaftung' – ergänzen.

Die Einflußmöglichkeiten der nationalen Parlamente auf den europäischen Gesetzgebungsprozeß sind über die Einflußnahme auf nationaler Ebene zu stärken. Vor der Entscheidungsfindung im Ministerrat sollte dem nationalen Parlament die Möglichkeit gegeben werden, auf die Haltung und das Abstimmungsverhalten der Regierung einzuwirken. Die zuständigen Minister müssen zu einer möglichst frühzeitigen Unterrichtung und zur Berücksichtigung von Stellungnahmen ihres jeweiligen nationalen Parlaments verpflichtet werden. Im Zusammenhang mit dem Ratifikationsverfahren für den Maastricht-Vertrag hat dies im neu geschaffenen Art. 23 des Grundgesetzes in Deutschland bereits seinen Niederschlag gefunden. Im Sinne der Subsidiarität verfügt die EU jedoch über keine spezifischen Gestaltungsmöglichkeiten für diesen Bereich, da hier die Regelungskompetenz zu Recht allein bei den Mitgliedsländern liegt.

Die Einführung einer 'Kammer der Regionen' begegnet ähnlichen Bedenken. Hier fehlt es schon an der Voraussetzung einer vergleichbaren Regionalstruktur in den Mitgliedsländern. Neben föderalistischen Staaten wie Deutschland und Belgien finden wir in der EU stark zentralistisch organisierte Länder wie Frankreich, Portugal und Schweden. Ein kommunales Selbstverwaltungsrecht deutscher Prägung oder ausschließliche Gesetzgebungskompetenzen für eine subnationale Ebene wie die deutschen Bundesländer sind den meisten anderen Mitgliedstaaten fremd. Aber auch hier mangelt es der europäischen Ebene aus guten Gründen an Kompetenzen, in die über Jahrhunderte gewachsenen Strukturen innerstaatlicher Organisation einzugreifen. Im Rahmen der Regierungskonferenz ist deshalb nur an eine ausdrückliche Bestandssicherung bestehender Strukturen gedacht.

Die unterschiedliche Regionalstruktur macht sich schon jetzt im Ausschuß der Regionen bemerkbar, der als Beratungsorgan mit beschränkten Informationsrechten und Einflußmöglichkeiten in Maastricht ins Leben gerufen wurde, um diese subnationale Ebene stärker in die Strukturen der EU einzubeziehen. Seine Rolle gilt es zu stärken, indem ihm in weiteren Bereichen obligatorische Anhörungsrechte gewährt und ein differenziertes Klagerecht in Subsidiaritätsfragen vor dem EuGH eingeräumt werden. Vor allem aber ist seine uneinheitliche demokratische Legitimation zu verbessern, denn aufgrund der Verschiedenheit der Regionalstrukturen sitzen im Ausschuß bislang von Kommunalparlamenten gewählte VertreterInnen aus den Regionen neben von Regierungen entsandten Repräsentanten.

Erweiterung der Rechte des Europäischen Parlaments

Ein Defizit an demokratischer Legitimation ist ebenso – wenn auch nicht so gravierend – für das Europäische Parlament kennzeichnend. Zwar wird es seit 1979 direkt gewählt, doch die

Gleichheit der Wahl ist nicht gewährleistet. Ein Abgeordneter Luxemburgs repräsentiert zum Beispiel wesentlich weniger WählerInnen als ein deutsches Mitglied des Europäischen Parlaments. Gemessen an deutschen Wahlrechtsgrundsätzen verletzt dieses Ungleichgewicht das Prinzip der Gleichwertigkeit der Wählerstimmen. Wegen der Berücksichtigung der legitimen Interessen der kleinen Mitgliedsländer kann hier eine lineare Anpassung nicht stattfinden, da dies entweder dazu führen würde, daß zum Beispiel Luxemburg gar nicht mehr im EP vertreten ist oder die Anzahl der Abgeordneten die arbeitsfähige Größe des Parlaments gefährdet. Hinzu kommt, daß die unmittelbaren Wahlen zum Europäischen Parlament in England in Wahlkreisen nach dem Mehrheitsprinzip, in Deutschland aber aufgrund nationaler Parteilisten nach dem Verhältniswahlrecht erfolgen. Aufgrund der unterschiedlichen demokratischen Traditionen in den Mitgliedsländern konnte bis heute der Auftrag des EG-Vertrages, ein einheitliches Wahlverfahren zu entwickeln, nicht erfüllt werden.

Diese Kritik an der demokratischen Legitimation rechtfertigt aber in keiner Weise die Verweigerung weiterer Rechte für das Europäische Parlament. Diese trotz des Widerstandes einzelner Mitglieder auszubauen, bleibt zentrale Aufgabe der Regierungskonferenz. Unter Berücksichtigung der Säulenstruktur muß die Ausweitung der Beteiligungsrechte je nach Politikbereich differenziert werden. Ein uneingeschränktes Mitentscheidungsrecht erscheint in allen Bereichen vergemeinschafteter Unionskompetenzen – also im Rahmen der ersten Säule – unverzichtbar, insbesondere dann, wenn im Rat mit Mehrheit entschieden werden kann. Dazu gehört auch eine Ausweitung des Haushaltsrechts im Hinblick auf die Ausgabenseite aller vergemeinschafteten Politikbereiche.

Solange eine Überwindung der Drei-Säulen-Struktur nicht zu erwarten ist, muß die Rolle des Europäischen Parlaments in der 2. (GASP) und 3. Säule (innen- und justizpolitische Zusammenarbeit) zumindest gestärkt werden, um durch die Einbeziehung von Gemeinschaftsverfahren in diese Säulen die Bereiche intergouvernementaler Zusammenarbeit zugunsten einer Demokratisierung zurückzudrängen. Die Bündnisgrünen fordern deshalb die Einräumung weitgehender Informations-, Anhörungs- und Kontrollrechte für das Europäische Parlament. Auch sollte das Parlament zumindest ansatzweise mit Initiativrechten, beispielsweise bei Vertragsänderungen, ausgestattet werden.

Geht es somit grundsätzlich darum, die Rolle des Europäischen Parlaments als gleichberechtigte Kammer neben dem Rat auszubauen, so muß auch der Einfluß des Parlaments auf die Zusammensetzung der Kommission eine substanzielle Stärkung erfahren. Obliegt das Vorschlagsrecht für die Kommission weiterhin dem Rat, dann sollte nach unseren Vorschlägen die Verantwortlichkeit der Kommissionsmitglieder gegenüber dem Parlament ihren Ausdruck in einem Wahlrecht des EP hinsichtlich der Kommissionsmitglieder finden, das durch ein wirksames Mißtrauensverfahren zu ergänzen ist.

Die Rolle von Kommission und Rat

Das institutionelle Verhältnis von Rat und Kommission ist durch ein empfindliches Gleichgewicht geprägt. Der starken Neigung vieler Regierungen, im Rahmen der Vertragsrevision die Rolle des Rates gegenüber der Kommission hervorzuheben, muß nach unserer Überzeugung entgegengewirkt werden. Die Kommission ist als 'Hüterin der Verträge' durch ein umfassendes Initiativrecht in allen drei Säulen zu stärken.

Weitgehende Einigkeit besteht, daß durch die Errichtung einer gemeinsamen Planungs- und Analysekapazität die außenpolitische Handlungsfähigkeit der Union erhöht werden soll, doch muß diese institutionell nicht an den Rat, sondern an die Kommission gebunden werden. Eine kommissionsnahe Lösung müßte auch für den Fall der Berufung einer herausgehobenen Person gefunden werden, die der gemeinschaftlichen Außenpolitik der Union ein Gesicht geben soll, um damit politisch, personell und institutionell den eigenständigen, supranationalen Charakter deutlich zu machen.

Besonders im Hinblick auf die geplante Erweiterung sind die Strukturen der Kommission zu reformieren, ohne die Balance zwischen Rat und Kommission zu stören. Bislang stellt jedes Mitgliedsland eine(n) KommissarIn, die großen Staaten Frankreich, Italien, England und Deutschland jedoch zwei. Eine Mitgliedschaft von 20 bis 30 Staaten würde dieses Organ aufblähen und eine sinnvolle Aufgabenteilung unmöglich machen. Zwar wehren sich die kleinen Staaten gegen eine Verminderung der Kommissionsstärke, da sie fürchten, dann gar nicht mehr in diesem wichtigen Gremium vertreten zu sein, doch erscheint es durchaus denkbar, durch eine Differenzierung unter den KommissarInnen – analog MinisterInnen und StaatssekretärInnen in nationalen Regierungen – und durch ein Rotationssystem sowohl die Funktionsfähigkeit des Gremiums als auch eine ausreichende nationale Repräsentanz zu gewährleisten.

Eine offensichtliche Demokratisierung der Entscheidungsverfahren des Rates ließe sich erreichen, wenn Ratssitzungen zumindest bei legislativen Akten öffentlich stattfinden würden. Was im nationalen Rahmen als essentieller Ausdruck des Demokratieprinzips angesehen wird, nämlich die Öffentlichkeit der gesetzgeberischen Entscheidungen, muß auch in der Europäischen Union Geltung haben. Es ist deshalb aus bündnisgrüner Sicht nicht länger hinnehmbar, daß das wichtigste Gesetzgebungsorgan auf europäischer Ebene seine Beschlüsse hinter verschlossenen Türen fällt.

In den Beratungs- und Entscheidungsprozessen der Europäischen Union spielen eine Unzahl von Gremien aus Mitgliedern der Kommission, VertreterInnen der Mitgliedstaaten, aus Experten- und Lobbygruppen eine nicht zu unterschätzende Rolle. Diese Ausschüsse, Kommissionen und Arbeitskreise, die in die Entscheidungen in unterschiedlicher Weise formell oder informell eingebunden sind, bilden inzwischen ein unübersichtliches Geflecht. Deutlich wurde dies wieder einmal im Zusammenhang mit dem BSE-Skandal, als wichtige Vorentscheidungen für gemeinschaftliche Maßnahmen gegen den Rinderwahnsinn in einem 'Veterinärausschuß' getroffen wurden. Eine radikale Vereinfachung dieser 'Komitologie' würde einen wichtigen Beitrag zur gewünschten größeren Transparenz in der Union leisten.

Jenseits der Institutionen

Macht man mit dem Anspruch ernst, daß eine Reform der Institutionen und Verfahren die demokratische Einflußnahme auf die politischen Entscheidungsprozesse innerhalb der Union verbessern muß, dann darf sich eine Demokratisierung nicht allein auf die bestehenden Institutionen beschränken. Im grünen Verständnis bedeutet Demokratisierung immer auch eine möglichst direkte Partizipation der Betroffenen vor Ort an Willensbildung und Entscheidungen. Gerade ein tendenziell zentralistisch angelegter Prozeß wie die europäische Integration birgt die Gefahr in sich, daß Beschlüsse in der 'Zentrale' abgehoben erfolgen, aufgrund der Vielzahl einzubeziehender legitimer Interessen und der mangelnden Öffentlichkeit nicht mehr nachvollziehbar erscheinen und deshalb die Akzeptanz in der Bevölkerung verlieren. Es bedarf somit erheblicher Anstrengungen, Formen der öffentlichen Kontrolle und der direkten Beteiligung an Entscheidungen zu entwickeln. Das Recht auf politische Teilhabe ist durch ein wirksames Petitionsrecht, durch Gewährleistung von Informations- und Auskunftsrechten, durch Erweiterung der Möglichkeiten für eine direkte öffentliche Anhörung von Betroffenen, Interessengruppen, Verbänden und Initiativen sowie durch einen Ausbau plebiszitärer Elemente zu stärken.

Von entscheidender Bedeutung wird in diesem Zusammenhang auch sein, inwieweit es gelingt, trotz vielfältiger kultureller, sprachlicher und politischer Barrieren in Europa eine transnationale europäische Öffentlichkeit zu schaffen. Eine solche grenzüberschreitende demokratische Öffentlichkeit ist wesentliche Voraussetzung für einen beteiligungsorientierten Demokratisierungsprozeß auf europäischer Ebene. Ansätze bestehen, doch zu einer demokratischen Vernetzung der jeweils nationalen 'Öffentlichkeiten' in einem europäischen Rahmen bleibt noch ein weiter Weg zurückzulegen. Dieser Formationsprozeß darf nicht sich selbst, das heißt den wirtschaftlich Potenteren, überlassen werden.Während nämlich die – im nationalen Rahmen traditionell mächtigen – Lobbygruppen schon lange über ihre Dependancen in Brüssel verfügen und ihren Einfluß auf die europäischen Entscheidungsträger sichern, kommt die entsprechende Vernetzung demokratischer und alternativer Kräfte erst langsam in Gang. Neben der forcierten Bereitstellung von Ressourcen, um die demokratische Basis des Integrationsprozesses zu stärken, kommt bei der Herausbildung transnationaler demokratischer Strukturen dem Europäischen Parlament die wichtigste Katalysatorfunktion zu.

Subsidiarität und Flexibilität

Zwei grundlegende Strukturprinzipien des Integrationsprozesses haben in den Diskussionen auf der Regierungskonferenz bislang eine wichtige Rolle gespielt: Subsidiarität und Flexibilität. Unter Subsidiarität versteht man den im EG-Vertrag festgelegten Grundsatz, Regelungen soweit möglich auf der unteren, der nationalen, regionalen oder kommunalen Ebene und nur soweit nötig auf der höheren, der europäischen Ebene zu treffen. Nur wenn auf der Ebene der Mitgliedstaaten ausreichende Maßnahmen nicht getroffen und daher wegen ihres Umfangs oder ihrer Wirkung besser auf Gemeinschaftsebene erreicht werden können, soll die EU tätig werden. Als ein grundlegendes Strukturprinzip hat die Beachtung der Subsidiarität große Bedeutung für den demokratischen Charakter der Union, denn die 'Bürgernähe' der Entscheidungsebene ist wesentlich für die Einflußmöglichkeiten der Betroffenen und die Berücksichtigung regionaler Interessen. Nur durch strikte Beachtung der Subsidiarität kann zunehmendem Zentralismus und wachsender Bürokratie entgegengewirkt werden.

Auf der anderen Seite versuchen einige Staaten, aber auch gesellschaftliche Kräfte, unter dem Deckmantel der Subsidiarität eine Politik der Renationalisierung und Deregulierung voranzutreiben. Manche berufen sich auf das Subsidiaritätsprinzip, um jeglichen Integrationsfortschritt zu blockieren oder bereits getroffene gemeinschaftliche Regelungen wieder rückgängig zu machen. Besonders beliebt sind Aufweichungen im Umwelt- und Sozialbereich. Die Kritik an der konkreten Umsetzung hat bewirkt, daß einige Mitgliedsländer Vorschläge für eine Präzisierung des Subsidiaritätsprinzips vorlegten, um bessere Abgrenzungskriterien im Vertrag zu verankern. Im Augenblick ist ein Erfolg dieser Bemühungen unwahrscheinlich, da mit der gewünschten Klärung im Vertrag zu unterschiedliche Vorstellungen verbunden werden.

Die Bündnisgrünen haben der Aufnahme eines abschließenden Kompetenzkataloges für die europäische Ebene in den Vertrag widersprochen, da dies den dynamischen Charakter des Integrationsprozesses zerstören würde. Trotzdem muß dem Subsidiaritätsgedanken größere Beachtung geschenkt werden. Dies scheint derzeit am besten durch die Weiterentwicklung von Prüfrastern gewährleistet zu sein, durch die alle europäischen Institutionen gezwungen werden, vor ihrem Tätigwerden konkret zu prüfen, ob im Einzelfall tatsächlich nur durch Regelungen auf europäischer Ebene der angestrebte Zweck erreicht werden kann.

Integrationsfortschritte sind schon in der Vergangenheit immer wieder verhindert oder hinausgezögert worden, weil ein Mitgliedsland mit seinem Vetorecht eine weitere Europäisierung von Politikbereichen blockiert hat. Mit immer mehr Mitgliedern wird es in der Europäischen Union sicherlich schwieriger werden, die erforderliche Einstimmigkeit herzustellen. Um den Integrationsprozeß nicht von einzelnen Mitgliedstaaten abhängig zu machen, wird seit einiger Zeit über differenzierte Formen der Integration nachgedacht. Wenn einige Staaten innerhalb der EU enger zusammenarbeiten wollen, sollen sie durch andere Staaten daran nicht gehindert werden können.

Derartige flexible Formen der Integration hat es immer schon gegeben: Es gab das Prinzip der unterschiedlichen Geschwindigkeiten, nach dem neu beitretenden Ländern in bestimmten Politikbereichen – etwa Spanien oder Portugal im Agrarsektor – längere Anpassungsfristen gewährt wurden. Wir kennen ebenso das Prinzip des 'opt-out' eines Mitgliedstaates: Alle Mitgliedsländer einigen sich auf eine gemeinsame Politik, nur einem Land wird es gestattet, sich aus diesem Politikbereich 'auszuklinken'. Beispiele dafür sind das britische 'opt-out' im Bereich der Sozialcharta oder der gerichtlichen Kontrolle von Europol durch den Europäischen Gerichtshof sowie das dänische 'opt-out' in Fragen der gemeinsamen Sicherheitspolitik. Schließlich bedeutet die Realisierung der dritten Stufe der Währungsunion, die Einführung einer gemeinsamen Währung, eine konkrete Umsetzung eines 'Kerneuropa'-Konzepts, demgemäß einige Staaten integrationspolitisch voran gehen, andere folgen können, aber nicht müssen.

Inwieweit diese bisher als Ausnahmen in Kauf genommenen Regelungen nun zu einem grundlegenden Strukturprinzip der flexiblen Integration der Union gemacht werden sollen, ist äußerst strittig. Zum einen erscheint es notwendig, abgestufte Formen der Integration zu ermöglichen, um auch mit 20 oder 30 Mitgliedstaaten weitere Integrationsfortschritte zu erzielen. Auf der anderen Seite könnte damit der gemeinschaftliche Zusammenhalt in der Union gefährdet werden. Es droht somit nicht nur ein 'Europa à la carte', in dem sich jeder Mitgliedstaat mal hier, mal da für eine verstärkte supranationale Zusammenarbeit entscheiden kann, sondern verstärkte Flexibilität könnte sich auf Dauer zu einem integrationspolitischen Sprengsatz entwickeln.

Alle Erfahrung spricht dafür, daß ein solches 'Kerneuropa'-Konzept, wie es – wenn auch unter anderem Namen – noch immer von der CDU/CSU vertreten wird und sich bei der Realisierung der Währungsunion andeutet, zur Herausbildung eines Kerns aus wirtschaftlich dominanten mitteleuropäischen Staaten und zur Marginalisierung der strukturschwachen süd- und osteuropäischen Mitgliedsländer führen wird. Zudem brächte eine solche Flexibilisierung der Integration viele bislang ungelöste und vielfach wohl auch unlösbare institutionelle Probleme mit sich. Es wäre kaum nachvollziehbar, daß im Europäischen Parlament britische Abgeordnete auf Dauer im Bereich der Sozialpolitik mitentscheiden, obwohl aufgrund des 'opt-out' ihres Landes die getroffenen Regelungen keine Gültigkeit in Großbritannien entfalten werden.

Die Grünen haben deshalb allen 'Kerneuropa'-Konzepten eine eindeutige Absage erteilt und beurteilen die Initiativen zur Einführung der Flexibilität in die europäischen Verträge sehr kritisch. Eine differenzierte Integration darf nach unserer Vorstellung den Zusammenhalt der EU nicht gefährden. Es muß sichergestellt werden, daß Länder, die in der Integration voranschreiten, durch verbindliche Regelungen verpflichtet sind, den 'Aufholprozeß' der anderen Mitgliedstaaten auch finanziell zu unterstützen. Die Entscheidungen darüber dürfen nur einstimmig gefällt werden, und der vorübergehende Charakter der flexiblen Regelung muß durch eine gemeinsam festgelegte Zeitperspektive erkennbar sein.

Gerade im Zusammenhang der Flexibilitätsdebatte zeigt sich deutlich, welchen zentralen Stellenwert die institutionellen Regelungen für die Zukunft des Integrationsprozesses innerhalb der Europäischen Union haben. In ihnen muß sich nicht nur der demokratische Gundkonsens der Union glaubhaft manifestieren, sondern auch die Offenheit für einen Integrationsprozeß in Richtung auf ein ziviles, ökologisches und soziales Europa.

Für Umwelt und Beschäftigung

Eine grüne Reform der Wirtschafts- und Währungsunion

■ **Klaus Dräger und Frieder Otto Wolf**

„Für oder gegen die europäische Einigung?" Die Diskussion um den Euro und die Wirtschafts- und Währungsunion wird häufig auf diese Frage verkürzt. Wer die Konstruktion des Maastrichter Vertrags kritisiert, wird nur allzuschnell als Gegner der europäischen Einigung etikettiert. Doch es geht in Wirklichkeit um widerstreitende Alternativen der europäischen Integration: Übernimmt ein neoliberales Kerneuropa die Führung der Weltfinanzpolitik oder verwirklichen die EuropäerInnen die soziale und ökologische Erneuerung der Industriegesellschaft?

Nehmen wir das Beispiel der europäischen Außenpolitik: Dürfen sich auch jene zu den Europa-Befürwortern zählen, die für eine zivile Außenpolitik und ein entmilitarisiertes Europa eintreten, oder sind nur diejenigen wahrhafte EuropäerInnen, die eine einheitliche Euro-Armee mit hochgerüsteten Kampftruppen für Auslandseinsätze fordern? Für uns ist deshalb die zentrale Frage: Welches Europa wollen wir? Welchen Inhalt soll die europäische Einigung haben? Welche Konzepte, Projekte und Instrumente wollen wir mit ihr verbinden? Auch beim Thema Wirtschafts- und Währungsunion interessiert uns: Welchen Anliegen und Interessen soll sie dienen?

Die Anhänger der Währungsunion à la Maastricht treten mehrheitlich für ein ganz bestimmtes Modell der europäischen Einigung ein. Bundesfinanzminister Theo Waigel will Europa nach dem sogenannten Prinzip der konzentrischen Kreise aufbauen: „Die Mitglieder der *Währungsunion* bilden den Kern Europas. Die Mitglieder des *Binnenmarktes,* die noch nicht reif für die Währungsunion sind, stellen den zweiten Kreis dar. In der dritten Zone sind die noch verbliebenen ehemaligen *Efta-*

Staaten, die gegebenenfalls einen späteren Beitritt zur Europäischen Union erwägen, und schließlich im äußeren Kreis jene Staaten angesiedelt, die der Union durch *Assoziierungsverträge* verbunden sind."[1]

Ex-Bundeskanzler Helmut Schmidt und der französische Ex-Präsident Valérie Giscard d'Estaing stimmen dieser Vision zu. Sie haben eine präzise Vorstellung von der weltpolitischen Rolle des Maastricht-Projekts. Schmidt: „Wenn Frankreich, Deutschland und Benelux sich zu einer Währung zusammenschließen, dann wird dieser Euro die einzige wirklich stabile Währung der Welt sein, und der amerikanische Dollar und der japanische Yen werden sich auf die europäische Währung orientieren müssen und nicht wie heute mit uns Fußball spielen können." Giscard d'Estaing: „Die Euro-Länder stellen mindestens 75 bis 77 Prozent des europäischen Bruttoinlandsprodukts dar. Der Euro wird also wirklich das Geld in Europa sein, und die gemeinsame europäische Währung wird im Hinblick auf die wirtschaftlichen Transaktionen in der Welt an der Spitze stehen."[2] Gemäß dieser Lesart ist die Wirtschafts- und Währungsunion längst nicht mehr ein Projekt, das von der EU als Ganzes verwirklicht werden soll. Europa soll durch eine „Kerngruppe" gesteuert werden, die mit den USA, Japan und der südostasiatischen Wachstumsregion um die weltweite wirtschafts- und währungspolitische Vorherrschaft kämpft.

Diese Wendung der Dinge mag jene überraschen, die im Euro und der Währungsunion die Krönung einer europäischen Einigung auf breiter Basis sahen. Daß die Währungsunion auch von einer kleinen Minderheit von Mitgliedstaaten verwirklicht werden könnte, wurde als reale Option des Maastrichter Vertrages stets verdrängt. Dabei wurde das Europa der verschiedenen Geschwindigkeiten nirgendwo so fundamental verankert wie in den Vertragsbestimmungen zur Europäischen Wirtschafts- und Währungsunion.

Die Konstruktionsmängel der Maastrichter WWU

Im Maastrichter Vertrag wird das neoliberale Einheitsdenken zum Leitmotiv der Wirtschafts- und Währungsunion. Stabile

Preise werden zur höchsten Priorität der Wirtschaftspolitik, die von der Europäischen Zentralbank rücksichtslos umgesetzt werden muß. Die Konvergenzkriterien für das Zusammenwachsen zur Wirtschafts- und Währungsunion sind rein monetär und finanzpolitisch geprägt. Hohe Beschäftigungsraten, eine ökologische Wirtschaft oder ein verringertes soziales Gefälle bei Einkommen und Vermögen wurden zwar als allgemeine Ziele genannt. Im Gegensatz zu den monetären Kriterien fehlen jedoch konkrete vertragliche Instrumente und Vorgaben, um sie durch entsprechende Konvergenzprogramme umzusetzen.

Die neoliberalen Vorkämpfer haben stets behauptet, daß niedrige Inflationsraten und stabiles Geld auch zu mehr Wohlstand für alle und mehr Beschäftigung führen. Fast zwei Jahrzehnte nach der Thatcher- und Reagan-Revolution ist der Beweis für diese These noch immer nicht erbracht. In der EU will niemand an die großspurigen Versprechen des Cecchini-Berichts erinnert werden. Darin hieß es, der Europäische Binnenmarkt werde als großangelegtes Deregulierungsprogramm durch dauerhaft niedrige Verbraucherpreise, niedrige Inflation und eine europaweit harmonisierte Preisstruktur gut 5,7 Millionen neue Arbeitsplätze schaffen. Selbst die Kommission mußte 1996 kleinlaut eingestehen, daß sich die Erwartungen an das Binnenmarktprojekt nicht erfüllt haben. Niedrige Inflationsraten hat die große Mehrheit der EU-Mitgliedstaaten inzwischen erreicht, die offizielle Arbeitslosenrate stieg im EU-Durchschnitt jedoch von 8,3 % (1991) auf 11 % (1996). Während die offizielle Erwerbslosenzahl in der EU 1996 auf rund 18 Millionen beziffert wird, wird das tatsächliche Ausmaß der Erwerbslosigkeit eher auf 30 Millionen geschätzt.

Auch der zweite Pfeiler der Maastricht-Konstruktion – für dauerhaft niedrige Inflationsraten seien niedrige staatliche Defizite eine unabdingbare Voraussetzung – wird nun selbst vom Mainstream der Wirtschaftswissenschaft zunehmend in Frage gestellt. Für Klaus Friedrich, Chefökonom der Dresdener Bank, ist der enge Zusammenhang von Staatsschuld und Inflation „heute nicht mehr zu erkennen“.[3] Das Schuldenkriterium des Maastrichter Vertrags ist ökonomisch kaum begründbar.

1994 sank die Inflationsrate im EU-Durchschnitt mit 3,1 % auf ihr niedrigstes Niveau seit den 60er Jahren. Gleichzeitig stiegen die durchschnittlichen jährlichen Haushaltsdefizite zwischen 1990 und 1995 von 3,5 % auf 4,7 % des Bruttoinlandsprodukts (BIP) und die EU-durchschnittliche Staatsschuld von 38 % (1979) über 56 % (1991) auf 71 % (1995) des BIP.

Die Sanierung der Staatsfinanzen ist zweifellos ein wichtiges Anliegen ökologisch-solidarischer Reformpolitik, denn die steigende Schuldenlast verengt den politischen Handlungsspielraum, gefährdet das europäische Sozialstaatsmodell und wirkt durch die steigenden Zinszahlungen an die vermögenden Kreditgeber des Staates auch verteilungspolitisch problematisch. Doch läßt sich daraus keine dogmatische Obergrenze für die Verschuldung ableiten – staatliche Infrastrukturinvestitionen, die auch späteren Generationen zugute kommen, brauchen durchaus längerfristige Refinanzierungsphasen. Insofern braucht jeder Mitgliedstaat eine seiner besonderen Situation angemessene Strategie zur Schuldenreduzierung.[4]

Der Maastrichter Grenzwert von 60 % für das Verhältnis der Gesamtschuld zum Bruttoinlandsprodukt wurde willkürlich gewählt. Zum Zeitpunkt des Vertragsschlusses bildete er in etwa die durchschnittliche Verschuldungsrate der EU-Mitgliedstaaten ab. Waigels „Stabilitätspakt“ (Netto-Neuverschuldung in „normalen Zeiten“ bei 1 %, in der Rezession bei 3 % des BIP; Strafzahlungen für jede 0,25 % über der 3 %-Marke) und EU-Kommissar De Silguys Ziel eines stets ausgeglichenen Budgets verschärfen die WWU zu einer „Austeritätsunion“. Das Deutsche Institut für Wirtschaftsforschung problematisiert die Folgen dieser Politik: „Entscheidend aber ist, daß von dem Versuch, die finanzpolitischen Konvergenzkriterien um jeden Preis einzuhalten, erhebliche Risiken für den europäischen Einigungsprozeß ausgehen (...) Sollen nämlich die Referenzwerte erreicht werden, müßte die Finanzpolitik aller potentiellen Teilnehmerländer unverzüglich einen massiven Restriktionskurs einschlagen und damit riskieren, daß die ohnehin fragile konjunkturelle Entwicklung weiter geschwächt wird und das Erreichen des Defizitkriteriums (wegen rückläufiger Steuereinnahmen etc., F.O.W./K.D.) selbst in weite Ferne rückt.

Steigt dann die Massenarbeitslosigkeit weiter an, entstehen zudem soziale und politische Spannungen, die zur Folge haben können, daß eine Währungsunion wieder auseinanderbricht und der Einigungsprozeß weit zurückgeworfen wird."[5] Haiders Triumph bei der Nachwahl zum Europaparlament in Österreich zeigt, daß die – mit den Maastricht-Kriterien begründete – unsoziale Sparpolitik die WählerInnen in Scharen der Rechten zutreibt, statt die Zustimmung zur europäischen Einigung zu stärken.

Bundesbankpräsident Hans Tietmeyer betont in jeder Rede, daß Währungsunionen ohne das Dach einer politischen Union historisch selten Bestand hatten. Der Maastrichter Währungsunion fehlen selbst minimalste Elemente einer politischen Union: ein innerer Finanzausgleich, der Zusammenhalt und Solidarität stiftet und wirtschaftliche „Schocks" abfedert. Das Münchener ifo-Institut stellt dazu fest: „Wenn in der amerikanischen Währungsunion mit ihrer hohen Arbeitskräftemobilität und Lohnflexibilität auf einen Finanzausgleich nicht verzichtet werden kann, so dürfte dies für die EU angesichts der sprachlich und kulturell bedingten geringeren Wanderungsbereitschaft ihrer Arbeitskräfte und der nur längerfristig zu verändernden Lohnflexibilität nicht weniger gelten. (...) Der Maastrichter Vertrag klammert diese Themen aus. Er erkennt weder die Notwendigkeit von Transferzahlungen an noch sieht er die Verlagerung von steuerrechtlichen Kompetenzen auf die Unionsebene vor."[6] So müssen die schwächeren Regionen und Mitgliedstaaten alleine mit den sozialen Verwerfungen fertig werden, die die Währungsunion hervorruft. Wo die Möglichkeit zur Abwertung der eigenen Währung entfallen ist, bleibt nur die „Lohnflexibilität" als Anpassungsmechanismus im Wettbewerb übrig – d.h. regional stark differenzierte Löhne und ein dauerhafter Druck zur Lohnsenkung.[7]

Das Maastrichter Konstrukt der Wirtschafts- und Währungsunion dient aus diesen Gründen in erster Linie den Interessen der Geldvermögensbesitzer, der Banken und der Großunternehmen. Es ist die Folie für einen neuen Anlauf zur Durchsetzung des neoliberalen Traums einer deregulierten „Laissez-faire"-Ökonomie mit minimalen sozialen Sicherungssystemen, mit einem Millionenheer von Erwerbslosen als billiger Reservearmee für Industrie und Dienstleistungen. Runter mit der sozialen Sicherung, runter mit Löhnen und Lohnnebenkosten, runter mit Umweltstandards und Gesundheitsauflagen – dafür schafft die Maastrichter Wirtschafts- und Währungsunion relativ geräuschlos die Rahmenbedingungen und vermeintlichen Sachzwänge.

Eine „Kernwährungsunion" provoziert eine wirtschaftliche und politische Spaltung der Europäischen Union

Die Aussichten für den Start der europäischen Einheitswährung mit einer Mehrheit der EU-Mitgliedstaaten sind düster. 1996 erfüllt nur Luxemburg alle Maastricht-Kriterien. Frankreich schafft das Defizit-Kriterium nur durch einen Buchungstrick: Im Zuge ihrer Privatisierung überweist die französische Telecom eine Abfindung an den Staatshaushalt. Diese drückt die französische Defizitquote von 3,5 % auf 3 %. Als Gegenleistung übernimmt der französische Staat die Pensionsverpflichtungen der Telecom, die den Staatshaushalt in den nächsten 25 Jahren erheblich belasten werden. Um das Haushaltsdefizit zu drücken, will Italien eine Euro-Steuer einführen, die später wieder zurückgezahlt werden soll. Eine solche Haushaltskosmetik sollte durch die Maastricht-Bestimmungen eigentlich verhindert werden. Die Beispiele zeigen: Ohne einen tiefen Griff in die Trickkiste wird kaum ein weiterer Staat 1997 alle Vertragskriterien erfüllen. Die Daten von 1997 sollen jedoch die Grundlage für die Entscheidung liefern, wer in den Währungsclub hinein darf und wer draußen bleiben muß. Wenn der Rat sich streng an Geist und Buchstaben der Maastrichter Konvergenzbestimmungen hält, dürfte es 1999 zu keiner Währungsunion kommen. Die Anforderungen des Vertrags haben sich als realitätsuntauglich erwiesen, denn auch die globalen Konkurrenten der EU-Mitgliedstaaten wie Japan und die USA wären nicht in der Lage, den Maastricht-Kriterien zu genügen.

Dennoch soll die Währungsunion 1999 wie geplant starten. Dies ist nur möglich, wenn einige unscharfe Formulierungen des Vertrages zu Hilfe genommen werden. Die harten, bezifferten Schuldenkriterien werden dann interpretiert, daß sich die Balken biegen. Theoretisch wäre denkbar, daß bis zu 11 Mitgliedstaaten unter Ausschluß der Südperipherie (Griechenland, Portugal, Italien, Spanien) mit in die Währungsunion hineindefiniert werden, weil ihre Staatsschuld „nur ausnahmsweise" die 3%-Marke übersprang oder sich ihre Staatsschuld „rasch genug" dem Referenzwert nähert. Die Währungsunion würde dann Mitgliedstaaten mit deutlich unterschiedlichem realwirtschaftlichem Entwicklungsstand umfassen. Der Druck zu verstärkten Ausgleichszahlungen für Regionen mit Entwicklungsrückstand innerhalb der Währungsunion würde zunehmen.

Die wirtschaftspolitische Debatte in den Hauptländern der EU geht jedoch eher von einer kleinen Währungsunion mit fünf bis sieben Teilnehmerstaaten aus. Eine solche mögliche Kern-Währungsunion etwa aus Deutschland, Frankreich, den Niederlanden, Belgien und Österreich würde rein „politisch" bestimmt. Die behaupteten Vorteile der Währungsunion – Senkung der Transaktionskosten durch Wegfall der Wechselkurse und die Eindämmung der Währungsspekulation – können zudem um so weniger eingelöst werden, je kleiner die Gruppe der anfänglichen Teilnehmerstaaten ist. In jedem Fall müßten in den südlichen Urlaubsländern immer noch Euro gegen Peseten, Drachmen, Escudo und Lira gewechselt werden, weil sie mit Sicherheit nicht der Währungsunion angehören werden. Nicht nur das EG-Gründungsmitglied Italien wird mit Recht die Objektivität eines „interpretierenden" Auswahlverfahrens angreifen. Damit werden sich die politischen Spaltungslinien in der Europäischen Union eher vertiefen.

Auf ihrer Frühjahrstagung in Verona 1996 haben sich die EU-Finanzminister und Notenbankengouverneure über die Grundzüge eines revidierten Europäischen Währungssystems (EWS II) für jene Länder verständigt, die nicht an der Währungsunion teilnehmen dürfen (die sogenannten „Outs"). Dabei bestand Konsens, daß das EWS-II asymmetrisch gestaltet werden soll: Die außenstehenden Länder müssen sich allein und auf eigene Kosten dem „Euro"-Gebiet anpassen. Die Europäische Zentralbank ist nicht verpflichtet, zur Stützung der

Währungen im EWS-II zu intervenieren, wenn sie dadurch Gefahren für die Stabilität des Euro befürchtet. Das Auseinanderdriften ist vorprogrammiert: „Angesichts einer schwierigen Ausgangssituation dürften sich die wirtschaftlichen Grunddaten der 'outs' in den ersten Jahren nach Beginn der Währungsunion ungünstiger entwickeln als die der 'ins', selbst wenn sie erhebliche Stabilitätsanstrengungen unternehmen."[8] Ob der Abstand zur Kernwährungsunion dann noch aufzuholen ist, bleibt zweifelhaft.

Hinzu kommen weitere wirtschaftliche Spaltungslinien, die den gerade erst geschaffenen Europäischen Binnenmarkt zerreißen könnten. Die von der Kern-Währungsunion ausgeschlossenen EU-Mitgliedstaaten sind für die Finanzmärkte quasi zum Abschuß freigegeben. Sie müssen Zinsaufschläge zahlen und Abwertungsspekulation abwehren. Wollen sie andererseits die Wettbewerbsfähigkeit der eigenen Industrie erhalten, so müssen sie stärker und häufiger ihre Währungen abwerten. Denn innenpolitisch dürften die von Maastricht verlangten rabiaten Haushaltskürzungen nicht durchsetzbar sein – allein Italien müßte zur Erfüllung des Schuldenkriteriums seinen Staatshaushalt auf 30 % des Standes von 1994 zusammenstreichen. Die Turbulenzen um das EWS zeigten, was dann zu erwarten ist. Seit 1992 verlor die italienische Lira gegenüber der DM 53 % an Wert – und in ähnlichem Umfang gegenüber anderen „harten" EU-Währungen. Die Schwedische Krone verlor 43 %, die spanische Pesete 34 % und das britische Pfund fast 20 %. Der belgische Finanzminister Philippe Maystadt und Peugeot-Chef Jacques Calvet fordern „zollähnliche Sanktionen" gegen jene EU-Länder, die durch Abwertung ihrer Währungen dafür sorgen, daß sie z.B. mehr Fiats auf dem Binnenmarkt absetzen. Theo Waigel und der französische Finanzminister Jean Arthuis wollen ebenfalls solche „Wettbewerbsabwertungen" durch Kürzungen der EU-Beihilfen abstrafen. Der Binnenmarkt, einst als Fundament der Währungsunion gedacht, würde zunehmend eingeschränkt. Die Rechtseinheitlichkeit der Europäischen Union wird für ein Zwei-Klassen-Modell der „Ins" und „Outs" in Frage gestellt.

Die europäische Wirtschafts- und Währungspolitik braucht neue Leitbilder

In der Debatte um den Euro wird nur zu leicht vergessen, daß es in Maastricht auch um eine *Wirtschaftsunion* ging. Dies setzt zumindest die minimalsten Elemente einer gemeinschaftlichen „Wirtschaftsregierung“ (Jacques Delors) voraus. An diesem Punkt bleibt der Vertrag weitgehend unverbindlich. Vorrangige Aufgaben einer europäischen Wirtschaftspolitik – aktive Beschäftigungspolitik und die Umstellung der Wirtschaft auf umweltverträgliche Produkte, Infrastrukturen und Herstellungsverfahren – werden durch die vertraglichen Konstruktionsmängel der *Wirtschaftsunion* ganz bewußt nicht gestützt. Verschiedenartige wirtschaftspolitische Zielsetzungen – Preisstabilität, ökologische Nachhaltigkeit, hoher Beschäftigungsstand, ausgeglichene Einkommensverteilung, solide Staatsfinanzen – können jedoch nicht allein über die Geld- und Finanzpolitik gesteuert werden.

Notwendig ist eine *realwirtschaftliche* Fundierung der Wirtschafts- und Währungsunion. Nach der Theorie des optimalen Währungsraums ist vor allem eine Konvergenz der Realwirtschaften und ein belastungsfähiges Transfer- und Finanzausgleichssystem ausschlaggebend für den erfolgreichen Aufbau einer Währungsunion. Hierzu gehören z.B. ähnliche Faktorausstattungen (Arbeit/Kapital), geringe Differenzen im Lohnniveau, ein ähnlicher Entwicklungsstand der Wirtschaft, eine Angleichung der Preisstruktur, so daß alle Regionen im künftigen gemeinsamen Währungsgebiet von sogenannten „Schocks“ (z.B. Ölpreisveränderungen, deutliche Änderung der Wirtschaftspolitik eines bevorzugten Handelspartners oder Rezessionen) ähnlich getroffen sind. Dies ermöglicht eine gemeinsame Reaktion in Form einer gemeinsamen Wirtschaftspolitik.

Eine Konvergenz der Realwirtschaften der EU-Mitgliedstaaten muß heute darauf abzielen, den notwendigen ökologischen Strukturwandel einzuleiten und Erwerbslosigkeit und Armut zurückzudrängen. Die Europäische Kommission hat in ihrem Weißbuch „Wachstum, Wettbewerbsfähigkeit und Beschäftigung“ – wenn auch zögerlich – ein neues Entwicklungsmodell des nachhaltigen Wirtschaftens angemahnt. Dieses sollte zum Leitbild einer erneuerten Wirtschafts- und Währungspolitik der Europäischen Union werden. Es kann umgesetzt werden, indem die Finanzmärkte wieder stärker reguliert und sozialstaatliche und umweltpolitische Mindeststandards auf hohem Niveau im Europäischen Wirtschaftsraum verankert werden. Wo die Nationalstaaten durch die Globalisierung der Produktion und der Finanzmärkte Spielräume verloren haben, muß die europäische Ebene einen neuen Regulierungsrahmen schaffen.

Die Möglichkeiten der Europäischen Union (Koordinierung der Wirtschaftspolitiken, Einsatz der Gemeinschaftsinstrumente Struktur-, Regional- und Sozialfonds, flankierende Maßnahmen im Bildungsbereich, Finanzpolitik) müssen ausgeschöpft werden, um Anstrengungen der Mitgliedstaaten zu einer solidarischen, aktiven Arbeitsmarktpolitik zu koordinieren und zu flankieren. Ein wichtiges Element einer aktiven Arbeitsmarktpolitik besteht in einer arbeitsplatzschaffenden Strategie des ökologischen Umbaus. Sie setzt auf Energiesparen und erneuerbare Energien statt auf Atomkraft und Großkraftwerke, auf den Umweltverbund von Schiene, Bus und Fahrrad statt neuer Blechlawinen und immer mehr Flugverkehr, auf ökologischen Landbau statt chemiegestreßter, industrieller Großlandwirtschaft am Subventionstropf, auf biologische Baustoffe statt immer mehr Beton und krankmachende Gebäude, auf langlebige, reparier- und recyclingfähige Produkte, die Ressourcen schonen statt die Abfallberge stetig wachsen zu lassen, und auf ökologische Produktionstechnik statt teurer nachsorgender Reinigungs- und Filteranlagen.

Mit der Einführung EU-weiter Ökosteuern kann die Europäische Union weiterhin Potentiale für neue umweltgerechte Arbeitsplätze mobilisieren. Wir schlagen eine schrittweise steigende Energiesteuer, eine Abfall- und Verpackungssteuer, eine Schwerverkehrsabgabe und eine Steuer auf Chlor und Pestizide vor. Eine Schätzung des Deutschen Instituts für Wirtschaftsforschung rechnet für Deutschland mit mehr als einer halben Million neuer Arbeitsplätze durch die Einführung einer Energiesteuer. Wenn die Ökosteuern zweckgebunden für den ökologischen Umbau investiert werden, erschließen sich weitere Beschäftigungspotentiale. Eine unveröffentlichte Vorstudie zum Weißbuch der Kommission sagte die Schaffung von 2–3 Millionen neuer Arbeitsplätze und die Einsparung von 20 % des Energiebedarfs für die EU der 12 voraus, wenn Maßnahmen zur Gebäudeisolierung und Wärmedämmung energisch vorangetrieben werden. Bezogen auf eine Million Tonnen festen Abfall schafft die Deponierung 50, die Verbrennung bis zu 300 und die Wiederverwertung bis zu 600 Arbeitsplätze. Die Investition von einer halben Milliarde ECU schafft bis zu 19.000 neue Stellen im Autobahnbau, aber bis zu 23.000 Jobs bei schienengebundenen Verkehrsträgern. Neue umweltverträgliche Beschäftigungspotentiale können erschlossen werden, wenn für europaweit erhobene Ökosteuern eine klare Zweckbindung vorgeschrieben wird.

Der ökologische Umbau alleine wird allerdings nicht ausreichen, um die Arbeitslosigkeit in Gänze abzubauen. Die im Maastrichter Vertrag geforderte „Koordinierung der Wirtschaftspolitiken" muß für eine konsequente Strategie der Arbeitszeitverkürzung genutzt werden: die Einführung der 30-Stunden-Woche als Nahziel, vermehrte Möglichkeiten zu sozialrechtlich geschützter Teilzeitarbeit, Ermutigung zum Abbau von Überstunden und Vergütung von Mehrarbeit durch Freizeit statt durch Bezahlung, vermehrte Möglichkeiten zur Aus- und Weiterbildung während eines Beschäftigungsverhältnisses und zu längeren „Arbeitspausen" (Sabbaticals) können erheblich dazu beitragen, Vollbeschäftigung wiederherzustellen. Dabei ist darauf zu achten, daß für untere und mit einer gewissen Staffelung auch für mittlere Einkommen die Sicherung der Einkommen gewahrt bleibt. Diese Strategie ist für die Volkswirtschaften Europas letztlich kostengünstiger als die Finanzierung von Arbeitslosigkeit und armutsbedingt wachsender Sozialausgaben.

Innovative Vorschläge der Kommission für eine aktive Arbeitsmarktpolitik sind vom Rat bislang nicht aufgegriffen worden. Die Kommission forderte die Mitgliedstaaten auf, ihre Systeme der Arbeitslosenunterstützung so umzuorientieren, daß nicht „passiv" die Kosten der Arbeitslosigkeit finanziert werden, sondern verstärkt aktive beschäftigungspolitische Maßnahmen durch die Arbeitsverwaltungen gefördert werden. Vorschläge für eine aktive Beschäftigungspolitik bezogen sich auf Weiterbildung und Qualifizierung, Beschäftigungsprojekte für Langzeiterwerbslose und Jugendliche, „Antworten auf neue Bedürfnisse" (Sozialwirtschaftsunternehmen, neue Nachbarschaftsdienste, Stadtsanierung und Verbesserung der Lebensqualität, Umweltschutz) bis hin zu einer EU-weiten Ausbildungsplatzgarantie für Jugendliche unter 18 Jahren.

Wir plädieren deshalb für die Ausarbeitung eines Maßnahmenprogramms der Europäischen Union im Rahmen der Sozial- und Regionalfonds, mit dem ökologisch-sozial-kulturelle Dienstleistungen durch Arbeitsförderbetriebe angeschoben werden. Ebenfalls muß ein Anspruch der Beschäftigten auf Qualifizierung und Weiterbildung innerhalb ihres Arbeitsverhältnisses durch nationale Gesetze festgeschrieben und der Erwerb „europakompatibler" Qualifikationen (Mehrsprachigkeit, Ausbildungsabschnitte in mehreren Mitgliedstaaten) durch die EU verstärkt gefördert werden. „Lebenslanges Lernen" dient nicht nur der Qualifizierung der Beschäftigten für die neuen Produktionskonzepte mit flachen Hierarchien, sondern schafft wegen der regelmäßig wiederkehrenden Qualifikationszeiten der bisher Beschäftigten auch einen Bedarf an neuen Stellen.

Die Wirtschafts- und Währungsunion auf eine neue Grundlage stellen

Der Ruf von Jacques Delors und Oskar Lafontaine nach einer neuen sozial- und beschäftigungspolitischen Komponente der Wirtschafts- und Währungsunion findet unsere volle Unterstützung. Die monetaristische Architektur der WWU im Maastrichter Vertrag muß jetzt in den Verhandlungen um die Vertragsrevision (Maastricht II) korrigiert werden. Es gilt die *Wirtschaftsunion* im Sinne einer Sozial-, Umwelt- und Beschäftigungsunion mit aktiver Struktur- und Regionalpolitik zu stärken. Wir brauchen ein *Beschäftigungskapitel* im Unionsvertrag. Es soll die EU und ihre Mitgliedstaaten verpflichten, durch koordinierte Maßnahmen Erwerbslosigkeit abzubauen, Vollbeschäftigung und gleiche Teilhabe von Frauen und Männern im Erwerbsleben herzustellen. Der Erfolg dieser Maßnahmen soll durch Kommission, Rat und Regierungen der Mitgliedstaaten ständig überwacht werden. Mittelfristiges Ziel für die nächsten 5-6 Jahre muß sein, den Stand der Erwerbslosigkeit in der Europäischen Union zu halbieren. Im Beschäftigungskapitel sollte ein gestaffeltes System von Sanktionen gegen jene Mitgliedstaaten vorgesehen werden, deren Politik den gemeinschaftlichen Beschäftigungsvorhaben zuwiderläuft. Dies könnte beinhalten, daß diese Mitgliedstaaten zusätzliche Einlagen in den Europäischen Investitionsfond (EIF) zahlen müssen.

Die Konvergenzkriterien müssen sich an der *realwirtschaftlichen* Konvergenz und dem Ziel des nachhaltigen Wirtschaftens orientieren. Neben veränderten geldwert- und fiskalisch orientierten Kriterien (Wechselkursschwankungen, Inflationsrate, Nettoverschuldung der Haushalte) müssen zusätzlich realwirtschaftliche Kriterien (z.B. BIP pro Kopf der Bevölkerung entspricht mindestens 80 % des EU-Durchschnitts, Erwerbslosenquote unter 4 %, Index für nachhaltiges Wirtschaften) zum Zuge kommen. Das „Europäische System der Volkswirtschaftlichen Gesamtrechnung", das eine einheitliche Grundlage für die entsprechenden Vergleichsdaten der Mitgliedstaaten liefern soll, muß von Beginn auf eine moderne „Ökosozialproduktrechnung" abzielen, die die Umweltkosten des Wirtschaftens einbezieht. Ein verbindliches Umweltmonitoring muß dabei nicht notwendigerweise auf monetarisierbaren Größen aufbauen. Gerade für die grenzüberschreitenden Umweltprobleme wäre ein Einstieg mit drei Umweltindikatoren für das Monitoring denkbar: z.B. Klimaerwärmungspotential kleiner als 8 Tonnen CO_2-Äquivalente pro Kopf, maximaler Stickstoffoutput von Fließgewässern an der Grenze oder an der Küste bei 5 kg pro Kopf oder Emission von Versauerungsäquivalenten im Gleichgewicht mit der Pufferkapazität der Böden (entsprechend dem Critical Loads-Konzept).[9] Die vom Rat aufgestellten Leitlinien der Wirtschaftspolitik müßten folglich zusätzlich umweltpolitische, beschäftigungspolitische und Sozialschutz-Vorgaben sowie Maßnahmen zur Herstellung einer gleichen Teilhabe von Männern und Frauen an der Erwerbsarbeit enthalten. Ebenso wäre bei den mehrjährigen Konvergenzprogrammen zu verfahren, deren Einhaltung durch die Kommission überwacht wird.

Die Automatismusklausel muß aufgehoben werden, damit die Währungsunion 1999 nicht zwangsläufig mit den Staaten starten muß, die alle vier Maastricht-Kriterien erfüllen. Stattdessen muß festgeschrieben werden, daß der Start der Währungsunion nur dann erfolgen kann, wenn eine deutliche Mehrheit der Mitgliedstaaten die Kriterien erfüllt. Weiterhin ist ein stärkerer Finanzausgleich zwischen reichen und armen Mitgliedstaaten erforderlich. Sobald eine Mehrheit der Mitgliedstaaten auf Grundlage neuer Konvergenzkriterien eine Währungsunion verwirklichen kann, könnten die schwächeren Mitgliedstaaten durch die Umverteilung in verläßlicher Frist aktiv für eine Teilnahme qualifiziert werden. Ebenso ist die Demokratisierung der Entscheidungsmechanismen der Wirtschafts- und Währungsunion unerläßlich. Wie die Bundesbank nicht nur durch das Grundgesetz, sondern durch ein vom Parlament veränderbares Bundesbankgesetz Richtlinien für ihre Tätigkeit erhält, muß das EWI/EZB durch eine EU-Richtlinie auf wirtschafts- und geldpolitische Ziele verpflichtet werden. Die Stellung des Europäischen Parlaments in der Wirtschafts- und Währungspolitik allgemein und bezüglich der Institutionen der Währungspolitik muß gestärkt werden. Hierzu zählt insbesondere eine mindestens halbjährliche Berichts- und Rechenschaftspflicht des EWI gegenüber dem Europäischen Parlament, denn auch Geldpolitik sollte nicht unter Ausschluß der Öffentlichkeit stattfinden.

Für ein erneuertes Europäisches Währungssystem

Aufgrund des offensichtlichen Unvermögens der überwältigenden Mehrheit der Mitgliedstaaten, die geltenden Konvergenzkriterien zu erfüllen, bleibt vorerst nur der Ausweg, die gegenwärtige *zweite* Phase der Wirtschafts- und Währungsunion zu verlängern. Ein neuer Anlauf zur Währungsunion muß mit einem neuen Zeitplan vor dem Hintergrund neuer

Konvergenzkriterien und einer veränderten Vertragsarchitektur der WWU erfolgen. Vorrangig ist zunächst, das aus dem Lot geratene Europäische Währungssystem (EWS) solidarisch und „symmetrisch" zu reformieren. Im gleichen Maße, wie „Weichwährungsländer" bislang zur Stabilitätspolitik verpflichtet sind, müssen die „Hartwährungsländer" durch ein reformiertes EWS zum Abbau von Leistungsbilanzüberschüssen und zum binnenorientierten Ausbau der Beschäftigung angehalten werden. Das Europäische Parlament hat sich bereits frühzeitig für ein symmetrisches EWS eingesetzt. EU-Kommissar De Silguy gab eine unterstützende Zusage für dieses Anliegen – führte auf dem Finanzministerrat in Verona jedoch postwendend eine Mehrheit für ein asymmetrisches EWS-II mit herbei. Weitere Anforderungen an die Reform sind der Erhalt der Stufenflexibilität der Wechselkurse (abgestufte Bandbreiten), die Ermöglichung einer einfachen Leitkursanpassung der Währungen sowie unbegrenzte Interventionsverpflichtungen der Zentralbanken im Rahmen der vereinbarten Bandbreiten. Dies setzt voraus, daß das EWI das Recht hat, eine Überprüfung von Leitkursen und Bandbreiten einzuleiten.

Das Europäische Parlament hat wiederholt die Kommission aufgefordert, eine Spekulationssteuer einzuführen. Diese könnte ein wesentlicher Pfeiler eines gemeinsamen Außenmanagements des EWS sein. Der Wirtschaftsnobelpreisträger James Tobin hat hierzu einen einleuchtenden Vorschlag unterbreitet: einfacher Satz (1 %) für Transaktionen innerhalb des EWS-Raums, doppelter Satz (2 %) für Transaktionen zwischen EWS- und Drittwährungsräumen.[10] Wenn bei der Revisionskonferenz diese Maßnahmen zur Abwehr der Währungsspekulation in den Vertrag über die Europäische Union aufgenommen werden, würde die EU einen wirksameren Beitrag zur Vermeidung der Währungsturbulenzen leisten als mit einem übereilten Einstieg in die dritte Stufe der WWU.

Die Verbindung der WWU mit einer vorsichtigen Politik der Stabilisierung Osteuropas und des GUS-Raumes ist für die Osterweiterung und Ostöffnung der EU von zentraler Bedeutung. Die EU könnte die Schaffung von zwei Osteuropäischen Zahlungsunionen (für die mittel- und osteuropäischen Staaten und für den GUS-Raum und seine Einflußzone) analog der erfolgreichen Europäischen Zahlungsunion zu Beginn der 50er Jahre anregen. Für jedes Land dieser Zahlungsunion wäre garantiert, daß seine Exporte in ein anderes Mitgliedsland mit Währungen bezahlt werden können, die auch außerhalb der Zahlungsunion voll konvertibel, kontrakt- und fakturierungsfähig sind. Dadurch würde zuallerst der Ost-Ost-Handel innerhalb der Zahlungsunionen erleichtert und stabilisiert und Zeit für die notwendige Restrukturierung der Wirtschaften gewonnen, ohne den wirtschaftlichen Austausch mit dem Westen entscheidend zu schmälern. Die EU müßte die osteuropäischen Staaten bei der Inangriffnahme dieses Projekts mit dem erforderlichen Fonds an Hartwährungen ausstatten.

Es geht folglich nicht um eine bloße Verschiebung des Termins für die Einführung des Euro, sondern um eine grundlegende Korrektur des gesamten Konzepts der Wirtschafts- und Währungsunion. Durch diese Korrektur wird die europäische Integration nicht blockiert, sondern intensiviert: Sie verlangt in allererster Linie eine koordinierte makroökonomische Interventions- und Stabilisierungspolitik auf EU-Ebene gegen Erwerbslosigkeit und Umweltzerstörung. Nur so kann eine funktionsfähige Wirtschafts- und Währungsunion auf einer soliden wirtschaftlichen Basis errichtet werden, die den Interessen der Mehrheit der Bevölkerung zugute kommt und deshalb auch auf politische Akzeptanz gründet. Vom neoliberalen Europa der Bosse und Banken zum ökologisch-solidarischen Reformeuropa – das ist die Richtschnur für die grüne Reform der Wirtschafts- und Währungsunion.

Anmerkungen

(1) Theo Waigel: Was hält das Ganze zusammen? Nur selbstbewußte Nationen garantieren ein stabiles Europa; in: Frankfurter Allgemeine Zeitung vom 21.6.1996.
(2) Zitate nach: „Wenn sich die Regierungen an die Spielregeln gehalten hätten..." Die „Väter" der Europäischen Währungsunion im Gespräch: Valéry Giscard d'Estaing und Helmut Schmidt, Frankfurter Rundschau vom 30.3.1996.
(3) Zitiert nach Manager Magazin, 11/95.
(4) Nach der herrschenden Wirtschaftslehre müßte eine hohe Staatsverschuldung nicht nur inflationstreibend wirken, sondern sich in einem entsprechend hohen Niveau der langfristigen Zinsen niederschlagen. Belgien hat die höchste Staatsschuld in der EU (133 % des BIP), aber zugleich weder eine höhere Inflation als Frankreich (Staatsschuld 53,5 % des BIP) noch ein höheres Niveau der langfristigen Zinsen (F: 7,3 %; B: 7,2 %). Offensichtlich hängt das „Vertrauen der Finanzmärkte" noch von anderen Faktoren ab, sonst wäre Belgien von den Währungskrisen im EWS nicht verschont geblieben. Und dies spricht ebenfalls gegen eine Politik des Kaputtsparens mit dem Ziel, im Eiltempo die Staatsschuld abzubauen.
(5) DIW-Wochenbericht 6/96: „Wie wichtig sind die finanzpolitischen Konvergenzkriterien?"
(6) Wolfgang Ochel: Die Europäische Wirtschafts- und Währungsunion – Chancen und Risiken; ifo-Schnelldienst 9/96.
(7) Der Theorie nach führt die Verringerung der Nachfrage nach Produkten und Dienstleistungen eines Landes auch zur Verringerung der Nachfrage nach dessen Währung. Wertet das Land seine Währung ab, so stimuliert es damit gleichzeitig die Nachfrage nach seinen nun „billiger" gewordenen Produkten und kann den negativen Nachfrageschock damit teilweise auffangen. Diese Operation gelingt in der Praxis allerdings nicht immer, weshalb Abwertungen nicht notwendigerweise zu einer Stärkung der Wettbewerbsfähigkeit beitragen müssen, sondern diese im Gegenteil durch eine Spirale dauernder Abwertungen nachhaltig zerstört werden kann.
(8) Wolfgang Ochel: Teilwährungsunion – nicht nur eine Frage des Wechselkurssystems; ifo-Schnelldienst 12/96.
(9) Wir zitieren hier eine interessante Überlegung von Christoph Erdmenger, BAG Wirtschaft und Finanzen von Bündnis 90/Die Grünen. Der Indikator des Klimaerwärmungspotentials versucht international anerkannte Erkenntnisse der Klimaforschung hand-

habbar zu machen. Er fußt auf der Erkenntnis, daß ein bestimmter Ausstoß an Kohlendioxid und anderen klimarelevanten Gasen (z.B. FCKW, Methan) einen bestimmten Anstieg der weltweiten Durchschnittstemperatur zur Folge hat – der sogenannte Treibhauseffekt. Die Ausstoßmengen aller Klimagase können dabei in CO_2-Äquivalenten dargestellt werden. Soll ein kritischer Temperaturanstieg verhindert werden, muß das „Klimaerwärmungspotential" auf eine bestimmte Größe reduziert werden. Das Critical-Loads-Konzept – zu deutsch: kritische Eintragsrate – geht davon aus, daß diffuse Stoffeinträge (z.B. von säurebildenden Substanzen und Stickstoff) bei Gewässern und Böden durch ständige Anreicherung eine kritische Belastungsgrenze erreichen. Um die Regenerierungsfähigkeit der Böden und Gewässer zu erhalten, müssen die Einträge so reduziert werden, daß sie deutlich unterhalb dieser kritischen Belastungsgrenze bleiben.

(10) Jörg Huffschmid: Steuern gegen die Spekulation? Der Tobin-Vorschlag und seine Erweiterung, Memo-Forum Nr. 23, September 1995.

Sozialschlange gegen sozialen Kahlschlag

Sozialpolitische Reformperspektiven in der Europäischen Union

Elisabeth Horstkötter

Die Diskussion zur Revision des Maastrichter Vertrages konzentriert sich bislang weitgehend auf die monetären Konvergenzkritierien, deren strikte Einhaltung den Eintritt in die europäische Wirtschafts- und Währungsunion garantiert. Preisstabilität, niedrige Inflationsraten und ein ausgewogener Staatshaushalt stehen dabei im Vordergrund der Zielsetzungen. Für EU-Staaten mit zu hoher Inflation und Staatsverschuldung bedeutet dies das Zusammenstreichen der staatlichen Aufgaben zu Lasten der Sozialhaushalte. Außer Luxembourg ist zur Zeit davon jede Gesellschaft betroffen. Verschleiernd wird von einem „Umbau des Sozialstaates" gesprochen, de facto steht jedoch seine Abschaffung auf dem Programm.

Eine spürbare Verbesserung der Erwerbstätigkeit mit den derzeitigen Konzepten ist auf absehbare Zeit nicht in Sicht. An die vom EU-Ministerrat vereinbarte Halbierung der Arbeitslosigkeit bis zum Jahre 2000 glaubt niemand mehr. Bundeskanzler Kohl hat dasselbe Versprechen auf nationaler Ebene auf dem letzten CDU-Parteitag 1996 klammheimlich fallengelassen. Langsam aber sicher merken die Gewerkschaften, daß sie ihre rein defensive Position verlassen müssen.

Die Folge ist, daß der Streit um die Konzepte, die Massenarbeitslosigkeit bekämpfen sollen, nicht länger nur hinter verschlossenen Türen stattfindet, sondern auch auf der Straße. Der Aufstand gegen den Sozialkahlschlag in Frankreich im Dezember 1995 und der Kampf der deutschen Gewerkschaften zusammen mit dem Bündnis gegen Sozialabbau und der Kurswechsel auf dem letzten Gewerkschaftskongreß in Dresden markieren eine qualitativ neue Situation.

Da die Revision des Maastrichter Vertrages eine Veränderung im Bereich Sozialpolitik nicht vorsieht, tritt die Forderung nach sozialen Konvergenzkriterien immer stärker in den Vordergrund, das heißt eine Ergänzung der engen monetären Kriterien um solche im Bereich der Beschäftigung, der Funktionsweise des Arbeitsmarktes und der Arbeits- und Sozialpolitik.

Die soziale Lage ist düster

Noch nie in der jüngeren Geschichte Europas waren Arbeitslosigkeit und Armut so dramatisch hoch wie kurz vor der Einführung der Wirtschafts- und Währungsunion. Die Europäische Union ist mit Arbeitslosenraten in früher kaum vorstellbarem Maße konfrontiert. Nach offiziellen Angaben liegt die derzeitige Arbeitslosenrate bei 10,8 %. Das bedeutet, daß über 18 Millionen Menschen nach amtlichen Angaben keine Beschäftigung haben. Tatsächlich können wir jedoch davon ausgehen, daß mehr als 30 Millionen Menschen in Europa erwerbslos sind. Die Hälfte der Erwerbslosen ist seit mehr als einem Jahr ohne bezahlte Arbeit, die Hälfte von diesen sogar länger als zwei Jahre. Die Jugendarbeitslosigkeit ist doppelt so hoch wie die der Erwachsenen. Nach offizieller Lesart sind das mehr als 20 %. Mehr als 55 Millionen Menschen leben unterhalb des Existenzminimums. Der Horrorkatalog läßt sich fortsetzen. Hier noch zwei Beispiele: Zwischen drei und fünf Millionen Menschen in der EU haben keinen festen Wohsitz oder leben in prekären Wohnverhältnissen. Und in einem der reichsten Länder Europas, in Deutschland, leben mehr als eine Million Kinder von der Sozialhife.

Die Ausgrenzung der mehr als 30 Millionen Menschen vom Arbeitsmarkt stellt eine der größten Herausforderungen für die Gesellschaft dar. Diese Ausgrenzung ist eine entscheidende Ursache der neu entstandenen Massenarmut. Für die Betroffenen bedeutet Arbeitslosigkeit unmittelbar einen drastischen Verlust an Einkommen und Lebensstandard. Bei längerer Dauer kommen zur fortschreitenden Verarmung berufliche Abkopplung und Dequalifizierung, sozialer Abstieg und in der Regel gesundheitliche Probleme hinzu.

Der technologische Wandel, die strukturelle Wirtschaftskrise und wirtschaftliche Deregulierung, Liberalisierung und Konkurrenz auf europäischer Ebene fördern das Ausspielen von billigeren gegen teuere Arbeitskräfte und begünstigen Standort- und Produktionsverlagerungen in kostengünstigere Regionen. „Niedrige Lohnkosten sind für die strukturschwachen Regionen Europas ein arbeitsplatzsichernder Standortvorteil",[1] kommentiert der Präsident des Deutschen Sparkassen- und Giroverbandes und stimmt damit in das Klagelied der Unternehmen ein, Arbeit sei zu teuer und „unbezahlbar" geworden. Die Wirklichkeit ist gegenüber dieser Ideologie bekanntlich komplexer. Daß vereinfachende Argumente nicht stimmig sind, ist schon daran ersichtlich, daß in Ländern mit den niedrigsten Löhnen in der EU (Irland, Spanien) die Arbeitslosigkeit besonders hoch ist.[2]

Es ist davon auszugehen, daß der vorwiegend unter neoliberalen Prämissen stattfindende europäische Integrationsprozeß den Abbau sozialstaatlicher Leistungen in den einzelnen Mitgliedstaaten weiter forcieren wird. „Im Zuge der europaweiten 'Verschlankung' des Wohlfahrtsstaates kommt der Währungsunion die Funktion des Sündenbocks zu, der die Regierungen aus der Schußlinie der aufgebrachten Betroffenen hält."[3] Die SozialhilfeempfängerInnen und Arbeitslosen, die Kranken, denen das Krankengeld gekürzt wird, und ebenso die Staatsbediensteten in Frankreich und ihre KollegInnen der France-Telecom, denen die Pensionen gekürzt werden sollen, verstehen die Austeritätspolitik nämlich vornehmlich als „Kaputtsparen" auf ihre Kosten.[4]

Je mehr ihre Abneigung gegen die Währungsunion zunimmt, je stärker droht sie von antieuropäischen, nationalistischen Kräften politisiert zu werden. Nach Zellentin ist die Gefahr so lange präsent, wie unklar bleibt, ob eine Vereinbarkeit zwischen demokratischem Wohlfahrtsstaat und europäischer Integration überhaupt bestehen kann.

Der nationale Wohlfahrtsstaat europäischer Prägung ist Geschichte

Das sozialstaatliche Projekt, „eine der größten Errungenschaften, vielleicht einer der wenigen des 20. Jahrhunderts"[5] ist bislang unauflösbar an den Nationalstaat gebunden. Nach Altvater/Mahnkopf war der Keynesianismus mit seiner Vollbeschäftigungsgarantie der ökonomische Stabilitätsanker der sozialstaatlichen Leistungen innerhalb des Nationalstaates. „Es war der Wohlfahrtsstaat, der den Ansprüchen der arbeitenden Klasse und den Benachteiligten der Gesellschaft Ausdruck gab, daß sie nicht nur als Produktionsfaktoren auf dem Arbeitsmarkt, sondern als Staatsbürger in der politischen Arena des Nationalstaates ernstgenommen werden wollen und dazu institutionell geregelte Chancen besaßen.Diese Gleichheit des politischen Status bei ungleichen oder sogar gegensätzlichen ökonomischen Interessen und sozialen Lagern bildet das Prinzip des gesellschaftlichen Zusammenlebens, einer gemeinsamen Verfassung, des konsensuellen Respekts vor politischen Institutionen."[6]

Die Zähmung des Kaptialismus durch soziale und ökonomische Grundrechte war keine gnädige Wohltat, sie war vielmehr die Antwort auf die schweren gesellschaftlichen Konflikte und das Scheitern der Demokratie im Europa der zwanziger Jahre. „Der Wohlfahrtsstaat mit seinen Einrichtungen war und ist ein Vehikel der Identitätsbildung in gespaltener Klassengesellschaft und ein Garant des sozialen Friedens", das heißt, eine „vortreffliche Instanz, da sie mit dem sozialen Frieden die für den modernen Produktionsprozeß so wichtige Kontinuität der Produktion sichert."[7]

Aus eben diesem Grunde gewinnt der Widerspruch zwischen Markt und Demokratie auch in den neunziger Jahren wieder quälende Brisanz. Martin und Schumann beleuchten in ihrem jüngst erschienenem Buch „Die Globalisierungsfalle" die Entwicklung der gesellschaftlichen Spaltungslinien: „Die anhaltende Welle der Fremdenfeindlichkeit ist ein untrügliches Zeichen, dem die Politik mit immer schärferen Einwanderungsgesetzen und strengeren Überwachungsmethoden Rechnung trägt. Die nächste Ausgrenzungsbewegung richtete sich gegen die wirtschaftlich und sozial schwachen Gruppen der Gesellschaft: SozialhilfeempfängerInnen, Arbeitslose, Behinderte und Jugendliche ohne Ausbildung erfahren zunehmend, wie die Noch-Gewinner ihnen die Solidarität aufkündigen. Selbst vom Abstieg bedroht, verwandeln sich friedliche Mittelschicht-Bürger in Wohlstands-Chauvinisten, die für Verlierer im Weltmarktroulette nicht mehr zahlen wollen."[8] Einleuchtend ist die These der Autoren, daß nur ein geeintes Europa im entfesselten Globalkapitalismus neue Regeln des sozialen Ausgleichs und der ökologischen Umgestaltung durchsetzen kann.

Der Stellenwert der Sozialpolitik in der Europäischen Union

Die Römischen Verträge von 1957 zielten auf die Gründung einer Europäischen Wirtschaftsgemeinschaft und verfolgten damit rein wirtschaftliche Interessen. Europäische Sozialpolitik war immer der Wirtschaftspolitik untergeordnet. Nur im Rahmen des absolut Notwendigen wurden sozialpolitische Ziele formuliert. Die beiden Grundsätze, die den Sozialbereich betreffen und im Vertrag erscheinen, verdeutlichen dies: Der Grundsatz der Freizügigkeit der Arbeitnehmer (Art. 48) ist eher als wirtschaftlicher denn als sozialer Grundsatz anzusehen.

Erst im Zusammenhang mit dem Binnenmarkt wurde ein weiterer Anlauf genommen, sozialpolitische Handlungsfelder zu eröffnen. Letztendlich blieben jedoch diese Bemühungen begrenzt. Die Gewerkschaften kritisierten die „wachsende Kluft zwischen der voranschreitenden Integration der Güter- und Kapitalmärkte und eine hinterherhinkende soziale Dimension".[9]

Mit großem Wirbel verabschiedeten die Regierungschefs der EG im Dezember 1989 die „Gemeinschaftscharta der sozialen Grundrechte der Arbeitnehmer" als „feierliche Erklärung". Für den damaligen EG-Kommissionspräsidenten stellte sie sogar die Bekräftigung eines „Sockels" sozialer Rechte dar. Jedoch war der Weg zu dieser Erklärung mühsam, denn die Entwürfe für die EG-Sozialcharta hatten mit jeder Verhandlungsrunde vor einem weiteren Gremium an Substanz verloren. In ihren ersten Fassungen wurde zum Beispiel noch ein Mindesteinkommen und eine angemessene Sozialhilfe für alle vom Arbeitsmarkt Ausgeschlossenen gefordert. In der endgültigen Fassung blieb dann nur noch der „Anspruch auf ausreichende Leistungen und Zuwendungen, die nach persönlicher Lage angemessen sind".[10] „Es kristallisierte sich im weiteren Verlauf immer deutlicher heraus, daß der EG-Ministerrat auch diesmal nicht bereit war, sozialpolitisch vertretbare Lösungen zu akzeptieren. In Bereichen, die zu nennenswerten Verbesserungen geführt hätten, wie zum Beispiel soziale Mindesteinkommensgarantien, soziale Schutzsysteme oder Kinderbetreuungseinrichtungen (wesentliche Zugangsbedingungen für Frauen zum Arbeitsmarkt) wurden nur Empfehlungen verabschiedet. Dort, wo es zu relevanten Entscheidungen mit Gesetzgebungscharakter kam, wurde ein Niveau gewählt, das der Meßlatte für sozialen Fortschritt nicht standhalten kann."[11] Der schwierige Kompromiß von Maastricht hat die Hoffnungen derjenigen enttäuscht, die auf dieser Grundlage die Schaffung einer großangelegten Politik für den sozialen Bereich erwartet hatten.

Die Maastrichter Verhandlungen sollten dann endlich die sozialpolitischen Kompetenzen der Gemeinschaft präzisieren und erweitern, vor allem durch die Entscheidungsverfahren im Rat, das heißt durch Abstimmungen, die mit Mehrheit im Rat beschlossen und damit beschleunigt werden. Jedoch drohten an dieser Zielsetzung durch das strikte britische Nein die Schlußverhandlungen 1991 zu scheitern. Durch eine in der europäischen Einigungsgeschichte bislang einmalige Konstruktion – ein dem Vertrag angefügtes Protokoll über Sozialpolitik – und Großbritanniens „opting out" wurde ein Ausweg gefunden. Das „opting out" brachte eine für den Sozialbereich komplett neue Situation: Es wurde akzeptiert, daß sich ein Mitgliedsland nicht einmal an die EG-Mindestübereinkommen zu halten hat. So schaffen sich alle anderen Mitgliedstaaten einen Vorwand, Fragen der sozialen Sicherheit und des sozialen Ausgleichs aus der europäischen Konstruktion auszuklammern.

Erneuerung des europäischen Sozialmodells und Verwirklichung der Sozialunion

Sozialpolitik ist nach grünem Verständnis kein Anhängsel einer auf Wachstum orientierten Wirtschaftspolitik. Sozialpolitische Gestaltung kann nur im Einklang mit einer entschiedenen ökologischen Ausrichtung der Wirtschafts-, Beschäftigungs- und Umweltpolitik geschehen. Sie orientiert sich an den Zielsetzungen demokratischer Partizipation, sozialer Emanzipation und der selbstbestimmten und selbstverantwortlichen Gestaltung der gesellschaftlichen Lebensverhältnisse durch alle Bürgerinnen und Bürger. Ein wesentlicher Schritt auf diesem Wege ist die Errichtung einer europäischen Sozialunion bei der Regierungskonferenz.

Die Grundlagen für die Sozialunion können auf verschiedenen Ebenen verankert werden. Als erstes sollte der Vorschlag der Europäischen Kommission aus dem Weißbuch über die europäische Sozialpolitik aufgegriffen werden, soziale Grundrechte im Unionsvertrag zu verankern. Dies könnte im Rahmen eines Grundrechtekatalogs erfolgen, der Artikel F2 des Unionsvertrages konkretisiert. Zweitens muß die Regierungskonferenz das „opting out" beenden und das Abkommen über die Sozialpolitik mit weiteren Änderungen in den Unionsvertrag integrieren. Darüber hinaus gilt es, eine Erneuerung des europäischen Sozialmodells durch ein entsprechendes sozialpolitisches Aktionsprogramm zu unterstützen.

Ein wesentlicher Pfeiler der Erneuerung des europäischen Sozialmodells ist eine an Vollbeschäftigung orientierte aktive Arbeitsmarkt- und Beschäftigungspolitik, flankiert von einer existenzsichernden, tariflichen und sozialversicherten Lohnpolitik. Unter Vollbeschäftigung wird verstanden, „daß jedem einzelnen Mitglied der Gesellschaft der Zugang zu angemessen bezahlter Arbeit garantiert und damit der Weg bereitet wird für eine gerechtere und bessere Umverteilung der unbezahlten Arbeit".[12] Ein Schritt auf diesem Wege ist die radikale Verkürzung der Tages-, Wochen-, Jahres- und Lebensarbeitszeit, für die die Europäische Union entsprechende einheitliche Rahmenrichtlinien im Sinne von Mindeststandards verabschieden muß.

Ein weiterer Pfeiler ist der Übergang der Sozialsysteme der Mitgliedstaaten zu einer Grundsicherung, die einen individualisierenden Umbau der gegenwärtigen Sozialversicherungssysteme mit einer bedarfsorientierten Grundsicherung und einer ausreichenden Förderung bzw. Unterstützung von Kinderbetreuung verbindet.

Der dritte Pfeiler besteht in einem neuen Modell industrieller Demokratie. Der soziale Wandel, der von den neuen Produktionskonzepten der flexiblen Automation ausgeht, hat gegenüber der starren Automation ein anderes Anforderungsprofil. Es werden kreative, eigenverantwortlich handelnde sowie gruppen- und teamfähige MitarbeiterInnen mit sozialen und kommunikativen Kompetenzen gesucht. Im Mittelpunkt des Arbeitsprozesses stehen nicht mehr zergliederte, sich ständig wiederholende Einzeltätigkeiten. Von den einzelnen Beschäftigten sind Mehrfachqualifikationen, die Bereitschaft zum lebenslangen Lernen und vor allem „generalistische Fähigkeiten statt reines Spezialwissen gefordert. Das patriarchal und autoritär geprägte Arbeitsrecht, dessen Leitbilder noch aus der Phase der Industrialisierung stammen, kollidiert mit diesen neuen Erfordernissen. Moderne Managementtheorien zeigen demgegenüber, daß Demokratie im Betrieb und größere Beteiligungsrechte der Beschäftigten auch zu verstärkter wirtschaftlicher Effektivität führen. Die Europäische Union muß dieser Entwicklung Rechnung tragen und den ArbeitnehmerInnenstatus als BürgerInnen im Betrieb verankern, die auch in Bezug auf die Arbeitswelt demokratische Rechte wahrnehmen.“[13]

Europäische Sozialpolitik-Schlange

Die Sozialunion könnte durch einen Mechanismus der „Europäischen Sozialpolitik-Schlange“ abgerundet werden, der eine Automatik gegen Sozialdumping beinhaltet. Wie die Währungen im EWS würde dabei ein Verbund der Sozialsysteme der Mitgliedstaaten geschaffen, der in bestimmten Fällen einen gewissen sozialbudgetären Finanzausgleich zwischen den Mitgliedstaaten erzwingt. Die Europäische Sozialpolitik-Schlange (ESPS) soll auf einigen gleichmäßig angewendeten statistischen

Indikatoren (z.B. Arbeitslosigkeit) aufbauen, mit denen der Umfang der Mitgliedschaft in sozialen Sicherungssystemen, das Ausmaß der abgedeckten Risiken und das Niveau der Risikodeckung gemessen werden. Sollte sich der soziale Schutz, wie er beim Start des Systems festgestellt wurde, verringern, so schafft die ESPS einen automatischen Konsultations- und Interventionszwang. Ähnlich wie bei den Interventionspunkten der EWS, die Maßnahmen der Zentralbanken auslösen, wären bei einem Absinken eines Mitgliedstaates unter eine vorher vereinbarte Schwelle des sozialen Sicherungsniveaus Verhandlungen und Maßnahmen einzuleiten, die den Anschluß an den Durchschnitt der Mitgliedstaaten wiederherstellen.

Dieses System baut einen Anreiz für Mitgliedstaaten mit hohen Schutzniveaus ein, den Ländern mit unterdurchschnittlichem Schutz bei der Verbesserung ihrer Sozialstandards zu helfen, ohne daß die nationalstaatlich gewachsenen Sozialsysteme als solche harmonisiert werden müssen.

Der klassische Nationalstaat kann immer weniger Schiedsrichter zwischen der privaten und öffentlichen Sphäre spielen. Den immer mächtigeren transnationalen Geldvermögensbesitzern, die sich für die Börsenkurse, aber nicht für Arbeitsmarktpolitik interessieren, steht ein schrumpfender öffentlicher Sektor gegenüber. Der Wiederaufbau des politischen öffentlichen Bewußtseins gerade auch in der Sozialpolitik im Rahmen der Europäischen Union steht auf der Tagesordnung.

Anmerkungen

(1) Köhler, 1996, S. 19.
(2) Vgl. Beiträge von Irene Soltwedel-Schäfer und Klaus Dräger / Frieder Otto Wolf.
(3) Zellentin, G., 1996, S. 36.
(4) Ebenda.
(5) Altvater/Mahnkopf, 1996, S. 558.
(6) Ebenda S. 558.
(7) Ebenda S. 559.
(8) Martin, H.P., Schumann, H., 1996, S. 317.
(9) Platzner, H.W. (1994, S. 52).
(10) Vgl. Weiske, 1993, S. 104.
(11) Ebenda.
(12) Coates Appeal, 1996, S. 1.
(13) Vgl. Dräger, K., Hugenroth, R. 1, 1995.

Literatur

Acker, Sabine (1995): Soziale Sicherheit in der Europäischen Union. Kritische Anmerkungen zur aktuellen europäischen Sozialpolitik; in: Sozialer Fortschritt, S. 216ff.

Altvater, E., Mahnkopf, B. (1996): Grenzen der Globalisierung. Ökonomie, Ökologie und Politik in der Weltgesellschaft. Münster.

Coates, Ken (1996): Europäischer Aufruf z. Vollbeschäftigung. Brüssel.

Dietz, B., Bardelmann, J., Schäfer, Th. (Hrsg.), (1994): Die soziale Zukunft Europas. Bedingungen und Perspektiven einer europäischen „Sozialen Integration“. Gießen.

Dräger, K., Hugenroth, R. (1995): Zwei Schritt vor und einen zurück. Ökologisch-solidarische Anforderungen an die Revision des Maastrichter Vertrages. Bündnis 90/Die Grünen. Bonn.

Köhler, H. (1996): Kurzatmiger Aktionismus kann nur Schaden anrichten; in: Frankfurter Rundschau vom 7.2.1996.

Kommission der EU: Gemeinschaftsprogramm zur wirtschaftlichen und sozialen Eingliederung der am meisten benachteiligten Gruppen „Armut 2“ (1989-94). KOM (95) 0094 endg.

Kommission der EU: Employment-Report 1996.

Martin, H.P., Schumann, H. (1996): Die Globalisierungsfalle. Der Angriff auf Demokratie und Wohlstand. Reinbek b. Hamburg.

Platzner, H.W. (1994): Sozialpolitik und soziale Integration in der Europäischen Union – Bedingungen, Perspektiven und Grenzen im Spannungsfeld von Markt- und Politikinteressen; in Dietz, B. u.a.: Die soziale Zukunft Europas. Gießen.

Schmidt, K.P. (1996): Fünfzehn Egoisten. Euro, Rinderwahn, Subventionen: Europa muß seine Interessensgegensätze akzeptieren und austragen; in: Die Zeit. 27.9.1996.

Schuster, J., Weinert, K.P (1996): Maastricht – neu verhandeln. Reformperspektiven in der Europäischen Union. Köln.

Weiske, Christine (1993): Maastricht – So nicht. Europäische Sozialpolitik; in: Hugenroth, Reinhild (Hrsg.). Kein leichter Weg nach Eurotopia. Bonn.

Zellentin, Gerda (1996): Die Europäische Währungsunion – Fortschritt oder Rückschritt für die Integration? In: Schuster, J., Weiner, K.P., Maastricht – neu verhandeln. Reformperspektiven in der Europäischen Union. Köln.

Wieviel Kapitalismus verträgt die Demokratie?

Wirtschaftspolitik in Europa

■ Irene Soltwedel-Schäfer

Welche Rolle spielt das zukünftige Europa im Konzert der Weltwirtschaft? Ist das Deregulierungsprojekt, das nur eine Währungsunion will, aber Sozial- und Umweltpolitik als reinen Kostenfaktor abstempelt, der einzige Ausweg? Der Beitrag bejaht aus weltwirtschaftlichen Gründen den Euro, hakt aber an einigen zentralen Punkten nach. So verdeutlichen die unterschiedlichen Staaten bzw. ihre Regulierungsmodelle, wie Irland, Schweden und Großbritannien, den Reformbedarf der Wirtschaftspolitik der Europäischen Union.

Der weitere Abbau von noch bestehenden Hindernissen im gemeinsamen Binnenmarkt und die Einführung des Euro 1999 sind die nächsten Schritte im europäischen Einigungsprozeß. Beides wird auch außenwirtschaftlich für die EU immer mehr zur Frage der Überlebensfähigkeit. Wenn Europa – die gegenwärtigen und künftigen EU-Mitgliedstaaten – seine noch vorhandenen wirtschaftlichen Stärken und sozialpolitischen Errungenschaften behalten will, so wird es sich sehr viel stärker als bisher auf den Wettbewerb in der Triade (USA – EU – Asien) einstellen müssen. Dazu gehört ohne Frage als Grundvoraussetzung eine einheitliche Währung, die die Unternehmen binnenwirtschaftlich von den kalkulatorischen Risiken durch Wechselkursschwankungen entlasten könnte. Eine deutsche Exportquote von gegenwärtig über 60 % in die EU-Mitgliedstaaten zeigt deutlich, welche finanziellen Folgen hiermit verknüpft sind. Der Euro kann und sollte deshalb die Funktion haben, binnenwirtschaftlich eine Einheit zu schaffen, während er außenwirtschaftlich in die Rolle einer Handelswährung neben dem US-Dollar hineinwächst. Dies würde nicht nur dem europäischen Binnenmarkt eine Unabhängigkeit gegen spekulative Wechselkursveränderungen verschaffen, sondern den Entwicklungsländern auch eine Währungsalternative zum Dollar bieten.

Der mit dem Vertrag von Maastricht vorgegebene Weg der Haushaltskonsolidierung und der Reformen von Sozialsystemen zur Einhaltung der Konvergenzkriterien ist nicht nur im Hinblick auf den damit bezweckten ökonomischen Gleichklang der Volkswirtschaften in Europa von zentraler Bedeutung, sondern schon deshalb notwendig, um auch zukünftig noch Attraktivität für das über den gesamten Globus vagabundierende Kapital auszustrahlen. Sozialreformen müssen dabei auf die Eindämmung ausufernder Kosten im Gesundheitswesen und die Entlastung der Renten- und Arbeitslosenversicherungen von Zahlungen, für die nie ein Beitrag geleistet wurde, abzielen. Sie dürfen dabei aber keinesfalls mit den Einschnitten ins soziale Netz gleichgesetzt werden, wie sie unter Reagan und Thatcher begonnen wurden und seitdem von immer mehr konservativen Politikern und hochdotierten Managern gefordert werden. Ein Abbau des Sozialstaates, gepaart mit einem selbstzerstörerischen Steuersenkungswettlauf unter dem Druck der Kapitalmärkte, wirft schon jetzt die Frage auf, wieviel Kapitalismus eine Demokratie eigentlich verträgt. Zudem ist „sozialer Friede" ein weitaus wichtigerer Standortfaktor, als das viele Manager und konservative Politiker heute wahrhaben wollen. Denn die Marktwirtschaft, die in Europa sozialen Fortschritt mit einem regelmäßigen Anstieg des Lebensstandards ermöglicht hat, ist nur im Wechselspiel mit einer materiellen Grundsicherung aller Mitglieder der Gesellschaft sowie der Wahrung sozialer Rechte und einem demokratisch aufgebauten Gesellschaftssystem auf Dauer überlebensfähig.

Der keltische Tiger und ein schwedischer Flop

Als Beispiel, wie sich Haushaltskonsolidierung mit dem Erhalt der Wettbewerbsfähigkeit und einer sozialen Grundsicherung vereinbaren läßt, gilt Irland.[1] War die Situation auf der grünen

Insel vor zehn Jahren noch durch einen niedrigen Lebensstandard, einen astronomisch hohen Schuldenberg und unaufhaltsam ansteigende Arbeitslosigkeit gekennzeichnet, so stellt sich die Lage heute deutlich anders dar. Vom „keltischen Tiger“ ist die Rede, der nicht nur überdurchschnittlich hohe Wachstumsraten erzielt und eine niedrige Inflationsrate aufweist, sondern auch zu einem der attraktivsten Standorte der EU geworden ist. So gilt Irland heute als das „Silicon Valley“ Europas. Maßnahmen wie ein konsequentes Sparen, das in einem großen nationalen Konsens von allen Teilen der Gesellschaft getragen wurde, moderate Lohnveränderungen, Verringerung des Schuldenbergs, Steuersenkungen, eine strikte Geldpolitik und die wichtigste Investition in die Zukunft – eine gute Ausbildung der Arbeitskräfte – ermöglichten diese Entwicklung.[2] Nicht vergessen werden dürfen in dieser Aufzählung auch die Infrastrukturhilfen der EU, die an alle Mitgliedsländer mit strukturschwachen Gebieten geleistet werden. So ist Irland komplett als Ziel-1-Region im Rahmen der Förderprogramme der verschiedenen Fonds eingestuft. Damit erhält es nicht nur – wie alle Mitgliedstaaten – Gelder aus den Strukturfonds, sondern – zusammen mit Spanien, Portugal und Griechenland – auch aus dem Kohäsionsfonds.[3]

Das Gegenbeispiel dazu ist Schweden. War das Land früher Vorzeigemodell dafür, wie ein moderner Sozialstaat die Existenz seiner Bürgerinnen und Bürger unabhängig von ihrer Leistung sichern kann, so muß es heute leider als Muster dafür gelten, welcher Weg zur Sicherung der internationalen Wettbewerbsfähigkeit und zur Erreichung der Konvergenzkriterien für die Europäische Währungsunion der falsche ist. Während die umfassende Steuerreform, die Ende der 80er Jahre kombiniert mit einer Deregulierung der Finanzmärkte durchgeführt wurde, die übrigens von der konservativen Seite als unbedingt nachahmenswert auch in anderen europäischen Staaten empfohlen wird, zeigt der Blick auf die Kehrseite der Medaille, daß die Auswirkungen dieser Reform alles andere als ein nachahmenswertes Modell sind. Zwar hat die Anpassung der wirtschaftlichen Rahmenbedingungen in Schweden an den europäischen Binnenmarkt zu einem explosionsartigen Anwachsen der schwedischen Exportraten geführt, doch sind dadurch weder die benötigten neuen Arbeitsplätze entstanden, noch werden die Gewinne aus den gestiegenen Exporterlösen in Schweden reinvestiert. Im Gegenteil: Seit der Öffnung der Finanzmärkte und der Anbindung der schwedischen Krone an den ECU ist ein stetiger Kapitalabfluß aus dem Land zu vermerken. Der damit verknüpfte Zinsanstieg bleibt natürlich nicht ohne Auswirkungen auf die Lebenshaltungskosten. Wäre diese wirtschaftliche Umgestaltung alleine schon nicht einfach zu bewältigen, kommt nun – sozusagen noch erschwerend – hinzu, daß die schwedische Regierung beschlossen hat, die Konvergenzkriterien für die Währungsunion direkt im ersten Anlauf zu erfüllen. Deshalb hat sie eine strikte Ausgabenkürzung vorgenommen. Diese wiederum schlägt sich direkt in den Haushalten der einzelnen Kommunen nieder, die als Träger des sozialen Netzes fungieren und nun ihre Ausgaben in den verschiedenen sozialen Fürsorgebereichen wie Kindergärten und Altenbetreuung einschränken müssen.[4]

Auf Sand gebaut

Eine Erfüllung der ständigen Forderung seitens der Industrie nach einem Abbau der vergleichsweise zu hohen Löhne würde die seit einiger Zeit durch Stagnation gekennzeichnete Lage der europäischen Volkswirtschaften eher verschärfen als verbessern. Zeigt doch eine rein binnenwirtschaftliche Betrachtung, daß das Lohnniveau in Europa nicht extrem zu hoch und in Asien nicht extrem zu niedrig ist. Erst durch die unumgängliche Einbeziehung des Preisniveaus und damit der Wechselkurse gerät die Relation zwischen beiden aus dem erträglichen Rahmen. Denn eine chronisch überbewertete Mark und die an sie gebundenen Währungen sowie die Unterbewertung der Währungen von asiatischen Niedriglohnländern vervielfachen das tatsächliche Lohngefälle enorm. In Zahlen liest sich das wie folgt: Gegenwärtig liegen die am Lebensstandard gemessenen Minimallöhne etwa achtmal so hoch wie die asiatischen. Durch das Wechselkursverhältnis wird diese Relation verfünffacht, so daß es zu einer in den Kalkulationen der Unternehmen zu berücksichtigenden Differenz um den Faktor 40 zwischen europäischen Hochlohn- und asiatischen Billiglohnländern kommt.[5] Die europäische Währungsunion könnte diese „Schieflage“ ein Stück weit korrigieren. Doch nicht nur im Bereich der Lohnkosten würden sich positive Effekte durch eine gemeinsame Währung einstellen, auch die gegenwärtige Tendenz, daß Investoren statt in Arbeitsplätze lieber in Staatsanleihen und andere Kapitalanlagen investieren und so neben den Renditen auch noch satte Währungsgewinne erzielen, könnte gebremst werden.

Auf Sand gebaut ist neben der Art und Weise des „sozialen Umbaus“ – der in Wirklichkeit ein sozialer Abbau ist – auch die Idee, den Standortwettbewerb über eine Senkung der Unternehmenssteuersätze zu gewinnen. Denn mit der Internationalisierung der Produktion nutzen viele Unternehmen bzw. die leitenden Manager nicht nur die billigen Arbeitskräfte in den Niedriglohnländern (aus), sondern minimieren durch eine entsprechende Aufteilung zwischen Investitionsort, Produktionsort, Steuerort und tatsächlichem Wohnort auch ihre zu zahlende Steuerlast. Das stellt eine klassische Trittbrettfahrersituation dar, da die trotz sinkender Steuereinnahmen vom Staat finanzierten Infrastrukturleistungen wie Bildungsinstitutionen, kulturelle Angebote, öffentliche Sicherheit und viele mehr natürlich wie selbstverständlich weiter von den ihre Steuerschulden ins Ausland transferierenden Managern in Anspruch genommen werden. Damit werden auf ganz legale Weise die Strukturen von Gemeinwohl, Politik und Staat ausgehöhlt.

Flexibilisierung des Arbeitsmarktes um jeden Preis?

1979 begann Margret Thatcher die Wirtschafts- und Sozialpolitik Großbritanniens grundlegend umzukrempeln: In harten Kämpfen mit der Gewerkschaft brach sie die Starrheit des Arbeitsrechts, der Lohnstrukturen und des Kündigungsschutzes auf. Gleichzeitig begann ein gigantischer Privatisierungsprozeß des Staatseigentums. Mit dem Ergebnis, daß heute kein Arbeitsmarkt in Europa so flexibel ist wie der britische: 1995 war in dem für seine frühere Streiklust bekannten Land die Zahl der durch Arbeitskämpfe verlorenen Arbeitstage so niedrig wie schon seit 100 Jahren nicht mehr; die Lohnnebenkosten liegen bei 20 % (zum Vergleich: In Deutschland liegen sie im Durchschnitt bei 70 %).

Nach Großbritannien fließen rund 40 % der amerikanischen und japanischen Investitionen, die innerhalb der EU getätigt werden. Und auch innerhalb der EU wird Großbritannien zum beliebten Industrie-Standort. So baut die Siemens AG ihre neue Halbleiterfabrik nicht im Großraum München oder einem ihrer anderen deutschen Standorte, sondern im englischen Newcastle. Schon jetzt, vor dem ersten Spatenstich, haben sich auf die 1.500 Arbeitsplätze 10.000 Menschen beworben. Stellt doch die Möglichkeit, zwei oder sogar drei schlecht bezahlte Aushilfsjobs gegen einen einzigen eintauschen zu können, für den Großteil der Bevölkerung im strukturschwachen Norden eine Chance dar, die sich niemand entgehen lassen will. Dafür werden dann natürlich auch ohne Murren niedrige Löhne (im europäischen Vergleich), sehr flexible Arbeitszeiten und Wochenendarbeit in Kauf genommen.

Die Kehrseite dieser Medaille: Der radikale Abbau sozialer Sicherungssysteme hat dazu geführt, daß Arbeitsplätze nicht mehr sicher sind und das Hire-and-Fire-System immer öfter praktiziert wird. Verstärkt durch ein schlechtes und undurchlässiges Bildungssystem findet so nicht nur eine De-Qualifikation der britischen Arbeitnehmer statt. Schon warnen Mediziner davor, daß die vielen Ersatzformen für langfristige Arbeitsverhältnisse und die damit verknüpften Unsicherheiten zu steigenden seelischen Belastungen der Arbeitnehmer und damit auch zu Gesundheitsschäden führen. Gerade weil ein Großteil der durch die Deregulierung geschaffenen Arbeitsplätze lediglich als Teilzeitstelle wahrgenommen werden kann, sind viele Arbeitnehmer gezwungen, mehrere Jobs anzunehmen, um ihren Lebensunterhalt zu bestreiten. Ein monatliches Gesamteinkommen von 1.130 Mark im Monat bei einer 66-Stunden-Woche ist keine Seltenheit. Rund ein Viertel der britischen Bevölkerung lebt am oder unterhalb des Sozialhilfeniveaus. Vor der Thatcher-Regierung waren es nur 10 %. Inzwischen hat das Land eine weiter geöffnete Schere der Einkommensverteilung als seine Ex-Kolonie Jamaica.

Wirtschaft und Umwelt

Die Schlüsselbereiche der europäischen Wirtschaft (Atomenergie, Landwirtschaft, Autoindustrie/Verkehr und Fischerei) sind auch gleichzeitig die Schlüsselbereiche für eine veränderte Umweltpolitik. Umweltverantwortung für das gemeinsame Haus Europa, oder deutlicher gesagt: die umweltpolitische Verantwortung der Industrie und der Wirtschaft, spielen in den großen Konferenzen zu Maastricht II oder auch auf den alljährlichen Weltwirtschaftsgipfeln der G 7 wie 1996 in Lyon immer noch eine untergeordnete Rolle. Ökologie, das bedeutet für die Brüsseler Kommissare in erster Linie unliebsame Kosten, die den Wettbewerb verzerren.

Deutlich wird dies am Beispiel Verkehrspolitik: Der LKW-Boom in Europa ist kein Zufall oder schlechte Planung, sondern das erklärte Ziel der Europäischen Union. Die Mindesttarife und Konzessionsregelungen im europäischen Speditionsgewerbe sind aufgehoben, um den „Wettbewerb" anzukurbeln. Das führt zu einem Verkehrschaos, einem geschäftsschädigenden LKW-Stau von Göteborg bis Gibraltar, durch den die Spediteure ihre eigene Mobilität blockieren. Der Ausbau der Alternative – Güter und Personenverkehr auf die Schiene – scheitert in erster Linie am nationalen Egoismus. Noch immer fahren die Züge in Frankreich und Belgien mit Gleichstrom, in Deutschland dagegen mit Wechselstrom. Noch immer unterscheiden sich Signale und Kupplungen. Der LKW ist und bleibt auf diese Weise um soviel billiger, daß der Vorsprung nicht mehr einholbar scheint.

Das Öko-Audit

Am 29. Juni 1993 verabschiedete der Europäische Rat die Verordnung (EWG) Nr. 1836/93 über die „freiwillige Beteiligung gewerblicher Unternehmen an einem Gemeinschaftssystem für das Umweltmanagement und die Umweltbetriebsprüfung". Ziel der Verordnung ist es, ein einheitliches und auf kontinuierliche Verbesserung ausgerichtetes System für den betrieblichen Umweltschutz zu schaffen. Weiterhin soll mit der Verhütung,

Verringerung und Beseitigung von Umweltbelastungen im Produktionsprozeß das Verursacherprinzip umgesetzt werden. Die Industrie ist für die Umweltfolgen ihrer Aktivitäten verantwortlich und muß deshalb eine verbindliche Umweltpolitik, Umweltziele und Umweltprogramme festlegen und umsetzen sowie wirksame Umweltmanagementsysteme installieren.

Dies ist der einzige Haushaltstitel, bei dem das Europäische Parlament in seinen Haushaltsberatungen die Belange der Umwelt in wirtschaftspolitische Überlegungen integrieren konnte. Die 1995 endgültig in Kraft getretene EU-Verordnung stellt einen neuen Ansatz in der Umweltpolitik dar. Dies stellt einen Kompromiß zwischen einer ineffizienten Auflagenpolitik und der im Augenblick nicht durchsetzbaren ökologischen Steuerreform dar. Es wird versucht, auf den Wettbewerb der Unternehmen, gepaart mit einem durch wachsendes Umweltbewußtsein geprägtes Nachfrageverhalten zu setzen und auf diese Weise zu einer an Umweltbelangen ausgerichteten Produktionsweise zu gelangen.

Allerdings gibt es Kritikpunkte. Nach der bestehenden Verordnung kann sich auch ein Atomkraftwerk prüfen lassen und dann das Siegel des EU-Öko-Audits führen. An diesem Beispiel tritt nicht nur die zentrale Schwachstelle dieser Verordnung klar zu Tage – die fehlende Berücksichtung des Produkts und seiner Auswirkungen –, sondern es ist auch ein Beleg für die schon erwähnte Nachlässigkeit der europäischen Gesetzgeber gegenüber der Notwendigkeit einer in alle anderen Politikbereiche integrierten Umweltpolitik.

Lust auf Erneuerung

Will Europa weiterhin nicht nur im wirtschaftlichen Sinne konkurrenzfähig bleiben und Menschenrechte nicht auf dem Altar des Manchester-Liberalismus opfern, reicht es allerdings nicht mehr aus, so wie bisher an den Symptomen herumzudoktern und im Sozialbereich Gelder zu streichen oder den Unternehmen Investitionen mit Subventionen zu erleichtern. Es muß vielmehr darum gehen, eine reformierte neue Gesellschaftsform zu finden, die sich nicht als Ballast der auf globalen Märkten agierenden Unternehmen versteht, sondern die durch eine neue Definition des Begriffs Arbeit den veränderten Realitäten Rechnung trägt.

Zu dieser veränderten Realität gehört es auch, sich von dem Ziel der Vollbeschäftigung – bezogen auf Erwerbsarbeit – zu verabschieden. Denn diese ist trotz oder gerade wegen der mit dem Einsatz neuer Technologien verbundenen Produktivitätszuwächse nicht mehr zu realisieren. Bereits seit zwei Jahrzehnten hat es keine reelle Zunahme des Arbeitsvolumens insgesamt mehr gegeben. Ein Anstieg der Arbeitslosenrate könnte nur durch Umschichtungen und Verkürzungen der Arbeitszeiten verhindert werden.[6] Wer hier im Sinne einer zukunftsfähigen Demokratie ansetzen will, muß die Bereitschaft zur Erneuerung fördern.

Zudem ist der Begriff der Produktivität nicht mehr nur allein auf materielle Güter zu beziehen, sondern auf den Anteil, den jedes Mitglied einer Gesellschaft für eben diese erbringt. Auf die hier nach wie vor herrschende Diskrepanz wies bereits im 19. Jahrhundert der Nationalökonom Friedrich List hin. Er mokierte sich darüber, daß nach gängiger Lehrmeinung derjenige, der in einer Gesellschaft Schweine erzieht, ein produktives, derjenige hingegen, der Menschen erzieht, ein unproduktives Mitglied sei. Zu welcher gesellschaftlichen Fehlentwicklung diese ökonomische Denkrichtung führte, zeigt sich heute in den Diskussionen um sinkende Geburtenraten, Pflegenotstände in medizinischen und sozialen Einrichtungen und Mißständen im gesamten Bildungssystem. Die Liste läßt sich beliebig fortsetzen. Sie hat aber nur eine Ursache: die fehlende gesellschaftliche Anerkennung für diejenigen, die im weitesten Sinne reproduktive Arbeit leisten. Das gilt für Frauen und Männer, die Kinder erziehen, ihre älteren Angehörigen pflegen oder rund um die Uhr die Hausarbeit erledigen. Womit also nichts anderes als all die Arbeit gemeint ist, die notwendig ist, damit produktive Arbeitsleistung überhaupt und auch weiterhin erbracht werden kann.

Lust auf Erneuerung zu machen, kann deshalb nicht durch heftige Attacken gegen den Sozialstaat bei gleichzeitiger Beibehaltung der veralteten industriellen Strukturen erreicht werden. Milliarden-Subventionen an die Chemieindustrie zur Schaffung oder Erhaltung einiger konkurrenzfähiger Arbeitsplätze wie die 9,5 Milliarden DM, die die deutsche Regierung für die Ansiedlung des Chemiekonzerns Dow-Chemical im ostdeutschen Chemiedreieck zahlt,[7] wirken angesichts der von den Chemieunternehmen vermeldeten Rekordgewinne eher kontraproduktiv. Durch diese Art der staatlichen Mittelverwendung werden nicht nur dem Sozialbereich dringend benötigte Gelder entzogen – mit einer Million DM ließe sich dort ein Arbeitsplatz ungefähr zwanzig Jahre lang finanzieren –, es wird vielmehr auch der dringend notwendige industrielle Strukturwandel verhindert.[8] Ganz zu schweigen von einer allen sozialen Zielen zuwiderlaufenden Verteilungspolitik: Werden doch die Unternehmen dafür, daß sie immer weniger zum Aufkommen der Staatsfinanzen beitragen, umso reichlicher belohnt.

Dem an dieser Stelle fälligen Einwand, daß doch alles gesellschaftliche Streben der Konkurrenzfähigkeit auf dem Weltmarkt untergeordnet werden muß, steht direkt die Frage entgegen, ob der Anspruch der Industriestaaten auf die wirtschaftliche Vormachtstellung in der Welt und die damit verknüpfte Art des Wettbewerbs für uns nicht längst zu teuer geworden ist. Staatliche Gelder sollten deshalb vielmehr als Investitionen in die private Gesellschaft fließen und so der durchaus vorhandenen Bereitschaft zum sozialen, ökologischen, kulturellen und politischen Engagement ein stabiles Fundament bieten. Ein denkbares Modell für diese Form der staatlichen Investitionen wäre die Privatisierung bestimmter sozialer Bereiche in dem Sinne, daß Mütter und Väter vom Staat für die Betreuung ihrer Kinder einen bestimmten Betrag erhalten. Diesen Betrag können sie bei Eigenbetreuung dann selbst behalten oder aber an die Tagesmutter, den Kindergarten oder an eine wie auch immer privat organisierte Kinderbetreuungseinrichtung weiterleiten. Gleiches gilt auch für den Bereich der Alten- oder Krankenpflege.

Abgekoppelte Geldwirtschaft

Einen weiteren wesentlichen Aspekt, der mit dieser Debatte zu verbinden ist, stellt die vom Handel mit Waren und Dienstleistungen abgekoppelte Geldwirtschaft dar. Allein an den Devisenmärkten werden täglich mindestens 1.200 Milliarden Dollar umgesetzt. Maximal fünf Prozent davon steckt im Handel mit Waren und Dienstleistungen – ist also an Arbeit geknüpft.[9] Der Rest jedoch entsteht durch die spekulative Ausnutzung regionaler Preisunterschiede rund um den Globus. Der Nachteil dieser Abkoppelung liegt in der mit steigenden Börsenumsätzen ebenfalls steigenden Macht von Spekulanten. Die Geldvermögensbesitzer haben Interesse an Börsenindexen, aber nicht an Arbeitsmärkten. Zu welchen Ergebnissen einzig am schnellen Gewinn orientierte Börsenspekulationen führen können, hat der Zusammenbruch des Europäischen Währungssystems (EWS) 1992 drastisch vor Augen geführt.

Doch auch die Unternehmen bekommen den Druck des Kapitalmarktes gnadenlos zu spüren. Nicht nur, daß einige glauben, mit Finanztransaktionen mehr verdienen zu können als in ihrem eigentlichen Kerngeschäft – nicht umsonst wird von der Siemens AG als „Bank mit angeschlossener Elektroabteilung" gesprochen – und deshalb arbeitsplatzerhaltende oder -schaffende Investitonen unterlassen, sondern auch die spektakulären und leider immer mit Arbeitsplatzverlusten verbundenen Unternehmenszusammenbrüche wegen Fehlspekulationen an der Börse – Beispiel Balsam AG oder Metallgesellschaft – zeugen davon. Den Preis dafür zahlen jedoch in der Regel nicht die für das Mißmanagement Verantwortlichen, sondern die abhängig beschäftigte Erwerbsbevölkerung.

Fallbeispiel Textilindustrie

Welche Auswirkungen die Globalisierung konkret mit sich bringt, läßt sich an der Entwicklung der europäischen Textilindustrie bestens ablesen. Schon lange dem international wachsenden Wettbewerbsdruck ausgesetzt, wurde der Weltmarkt – zumindest auf dem Papier – mit der Unterzeichnung der

Schlußakte der Uruguay-Runde weiter liberalisiert. Die seit Jahren ansteigenden Importraten bei nur minimalen Verbrauchszuwächsen und geringen Exportsteigerungen haben zu einem drastischen Abbau von Arbeitsplätzen bei den Textil- und Bekleidungsherstellern in der EU geführt: 600.000 Arbeitsplätze in rund fünf Jahren, bei einer derzeitigen Gesamtbeschäftigtenzahl von 2,3 Millionen veranschaulichen die Dimensionen, um die es dabei geht. Statt jedoch mit kreativen, ökologischen Konzepten eine arbeitsplatzerhaltende Industriepolitik für diesen Sektor anzustreben, setzt die zuständige Kommission der Europäischen Union vorrangig auf technologische Innovationen zur Produktivitätsverbesserung. Genau damit werden aber die Rationalisierungsmaßnahmen gefördert, die bereits in den letzten Jahren einen großen Teil der Verantwortung für den Arbeitsplatzabbau zu tragen hatten. Zudem nutzen die Unternehmen im Rahmen der Passiven Lohnveredelung längst die Möglichkeit, durch eine Verlagerung der arbeitsintensiven Produktionsschritte in Niedriglohnländer die eigene Wettbewerbsfähigkeit aufrechtzuerhalten. Lediglich die Bereiche der qualifizierten Beschäftigung wie Design, Distribution und Logistik bleiben im Land. So läßt beispielsweise die Schweizer Wäschefirma Calida zugeschnittene Damenslips drei Tage und 2.000 km weit nach Portugal fahren, um dort von Arbeiterinnen pro Slip vier Nähte in 20 Sekunden nähen zu lassen. Zum Verkauf wird die Ware dann wieder 2.000 km retour in die Schweiz kutschiert. Jede Fahrt kostet DM 11.000, rechnet sich für Calida aber trotzdem, da auf diese Weise DM 49.000 an Lohnkosten eingespart werden.[10]

Doch da mit der Passiven Lohnveredelung immer auch Know-How-Transfer impliziert ist, ist es lediglich eine Frage der Zeit, bis der gegenwärtig noch vorhandene Wissensvorsprung und damit der Wettbewerbsvorteil wieder durch die Niedriglohnländer aufgeholt sein wird. Daß dieses Hase-und-Igel-Spiel nicht bis in alle Ewigkeit fortgesetzt werden kann, dürfte auch den Technikgläubigsten klar sein.

Sackgasse Kostenfaktor

Soziale Sicherung und Umweltschutz – die beiden zentralen Fragen des 21. Jahrhunderts – hingegen tauchen in den industriepolitischen Vorschlägen der Kommission lediglich als Kostenfaktor auf und nicht als Zukunftschance. Kinderarbeit in Portugal bleibt ebenso ausgeklammert wie mögliche humantoxikologische Auswirkungen durch bestimmte Bearbeitungsverfahren in der Textilherstellung. Dabei gibt es einen gemeinsamen Beschluß von Europäischem Rat, Kommission und Parlament, keine in Kinder- oder Gefängnisarbeit erstellten Waren aus China oder Indien mehr in die EU zu importieren. Und was für China und Indien gilt, sollte ja erst recht für die eigenen Mitgliedstaaten gelten. Zumal eine fehlende Internalisierung sozialer und ökologischer Kosten nicht nur die Preise verzerrt, sondern gerade zu Lasten der Zukunftsperspektiven von Kindern und Jugendlichen heute sowie nachfolgender Generationen geht.

Wer eine Industriepolitik für morgen machen will, der darf nicht mehr allein auf die Schaffung von Effizienz setzen. Wurden doch bislang alle erzielten Spareffekte durch entsprechende Outputsteigerungen wieder aufgefressen. Gemäß dem auf der UN-Konferenz in Rio 1992 postulierten Ziel der nachhaltigen Entwicklung sollte die EU ihre Vorreiterrolle nicht nur in gedruckten Absichtserklärungen zum Ausdruck bringen, sondern im politischen Handeln. Statt dessen erfolgt das unverblümte Eingeständnis der EU-Kommission, daß neben den niedrigen Lohnkosten gerade auch die niedrigen Umweltschutzauflagen das Produzieren in anderen Ländern attraktiv machen. Der damit verbundene Export von in der EU verbotenen „dirty technologies“ zeugt von einer geradezu zynischen Einstellung, einer Art Umwelt-Kolonialismus. Doch die Kurzfristigkeit des Denkens rächt sich: Entstehen doch nicht nur bei der Produktion von Textilien Umweltbelastungen, sondern auch bei ihrer Entsorgung. Ganz zu schweigen von den gesundheitsschädigenden Wirkungen, die bei immer mehr Menschen als Reaktion auf bestimmte Stoffe auftreten.

Das zweischneidige Schwert der Sozial- und Umweltstandards

Die Forderung nach sozialen und ökologischen Standards, gerade im Sektor der Textilindustrie gerne von Gewerkschaften als auch von Arbeitgeberverbänden erhoben, scheint auf den ersten Blick ein wirkungsvoller Lösungsansatz zu sein. Bei näherem Hinsehen jedoch zeigen sich die Gefahren, die damit auch verknüpft sein können. In erster Linie werden Standards als nichttarifäre Handelshemmnisse eingesetzt. So lagen beispielsweise bereits 1986 im Textilbereich die volkswirtschaftlichen Kosten des seit 1961 bestehenden Multifaserabkommens nach einer UNCTAD-Studie bei ca. 37 Milliarden DM für die Industrieländer und 50 Milliarden DM für die Entwicklungsländer. Dieses Faktum, ergänzt durch die Tatsache, daß die EU in der ersten Stufe der Umsetzung der Ergebnisse aus der Uruguay-Runde bei der Quotenfreigabe in einer Art und Weise gemauert hat, die mit Marktöffnung keinerlei Ähnlichkeit mehr aufweist, zeigt, wie wichtig ein sehr kritisches Hinterfragen nach den wirklichen Zielen von Sozial- und Umwelt-Standards ist. Sollen sie wirklich gerechte und den natürlichen Gegebenheiten angepaßte Produktionsbedingungen schaffen oder einen neuen Wall um den europäischen Markt herum errichten?

Weiterhin ist zu prüfen, ob die geforderten Standards im Sozialbereich nicht bereits durch die international verabschiedeten Konventionen der Internationalen Arbeitsorganisation – ILO – oder der Kinder- und Frauenkonvention der UNO erfüllt werden und statt der Produktion eines weiteren Stück Papiers lieber die tatsächliche Umsetzung der schon vorhandenen Papiere angegangen werden sollte.

Handlungsszenarien

Zu der Frage, welche Handlungsoptionen den Industrieländern zum Erhalt ihres Wohlstandes unter den gegenwärtigen politischen Rahmenbedingungen eigentlich noch haben, lassen sich zwei Thesen als Antwort formulieren: Man zettelt einen absatzfördernden Wirtschaftskrieg gegen die Transformations- und Entwicklungsländer an, um den wirtschaftlichen Abstand der letzten Jahrzehnte wieder herzustellen. Wer aber die ökonomische Aufrüstungspolitik gerade der asiatischen Staaten verfolgt hat, weiß, daß dieser Schuß im wahrsten Sinne des Wortes auch nach hinten losgehen kann. Die zweite, etwas weniger militärische Variante würde ein striktes Abschotten der eigenen Märkte durch protektionistische Handelsbarrieren darstellen. Auch hier ist die Frage zu stellen, wer dann den tatsächlichen Nutzen davon hätte.

Eine weitaus friedlichere Möglichkeit bestünde darin, die Ressourcenproduktivität – analog der Einsparbemühungen im Energiesektor – zu steigern und auf aufgeblähten Konsum zu verzichten. Verknüpft mit der nächsten These – Wohlstandsförderung in den Transformations- und Entwicklungsländern durch arbeitsfördernde Investitionen – könnte dies einen Weg skizzieren, der in einem sehr breitem Maße dem Gedanken der der Nachhaltigkeit gerecht wird. Wer im Umweltbereich Standards im Sinne der Sustainability verankern will, wird nicht umhin kommen, sich mit den immer länger werdenden Transportwegen auseinanderzusetzen und damit auch an die natürlichen Grenzen einer handelspolitisch grenzenlosen Weltwirtschaft stoßen. Die ökologische Belastung durch den ungehinderten Transport von Gütern ist schon jetzt nicht mehr tragbar. Spätestens wenn die Grenzen auch in den führenden Industriestaaten merklich überschritten sind, werden auch die letzten Neoliberalen einsehen müssen, daß ein globaler Markt ohne einen globalen institutionellen Rahmen nicht überlebensfähig ist.

☐ Arzneimittelsektor

Ein weiterer Beleg für die noch nicht an den veränderten wirtschaftlichen Realitäten ausgerichteten industriepolitischen Leitlinien in der EU ist der Pharmabereich. Die Kommission spricht in ihrem jüngsten Bericht[11] von einer Krise der Arzneimittel-Industrie, während der Tagespresse eine

Rekordgewinn-Meldung nach der nächsten zu entnehmen ist. Die vermeintliche Krise ist jedoch ein gutes Argument dafür, VerbraucherInnen- und PatientInnen-Interessen sträflichst zu vernachlässigen und statt dessen die zwingende Notwendigkeit der Förderung der Gen- und Biotechnologie immer wieder überdeutlich zu betonen.
Das Europäische Parlament hat aus diesem Grund in seiner, von der Autorin als zuständiger Berichterstatterin vorgelegten Stellungnahme[12] entsprechende Korrekturen eingefordert. An erster Stelle steht dabei die Verbesserung des PatientInnenschutzes in den verschiedensten Bereichen. Eine zentrale Rolle hierbei spielt die europäische Arzneimittelagentur, die European Agency for the Evaluation of Medicinal Products (EMEA) in London, die im Bereich der innovativen Arzneimittel – hierzu gehören auch die gentechnisch erzeugten Produkte – als zentrale Zulassungsstelle die 15 nationalen Ämter abgelöst hat.
Während die Gentechnologie als die Schlüsseltechnologie schlechthin dargestellt wird, von der quasi die Zukunft der europäischen Pharmaindustrie abhängt, ist bei den ethischen Bedenken der VerbraucherInnen nur von den „Ängsten in der Öffentlichkeit" die Rede, die durch bessere Aufklärung zu überwinden seien. Wie diese Aufklärung stattfinden soll, blieb aber offen. Nach dem Willen des Parlaments ist deshalb jetzt ein Ethik-Ausschuß in der Arzneimittelagentur einzurichten, um unabhängige Informationen über Arzneimittel sowie die Risikoabschätzung im Zusammenhang mit Arzneimittelzulassung und -produktion für die interessierte bzw. betroffene Öffentlichkeit sicherzustellen. Weiterhin sind PatientenvertreterInnen sowohl in das Managementboard der Agentur als auch in die beiden wissenschaftlichen Zulassungs-Ausschüsse (für Human- und Veterinärmedizin) zu berufen. Das Parlament befindet sich mit diesen Forderungen im Gleichklang mit der Weltgesundheitsorganisation (WHO), die gerade die Wichtigkeit des ungehinderten Zugangs zu möglichst objektiven Daten über Arzneimittel und ihre Zulassung bereits 1991 herausgestellt hat.

Anmerkungen

(1) Vgl. Position der irischen Grünen im Europäischen Parlament.
(2) Vgl. Thomas Schmitt: Vom Armenhaus zum „keltischen Tiger"; in: Handelsblatt, 3. Juli 1996, S.3.; Neues Leben in den Docks und Konzerne auf der Flucht; in: Der Spiegel, Nr. 12/1996, S. 29ff.
(3) Vgl. Europäische Kommission: Beihilfen und Darlehen der Europäischen Union, Brüssel-Luxembourg, 1995. Detaillierte Angaben zum EU-Haushalt finden sich auch im entsprechenden Kapitel dieses Buchs.
(4) Vgl. Position der schwedischen Grünen im Europäischen Parlament
(5) Vgl. Gérard Lafay: Europa braucht Handelspolitik; in: DIE ZEIT, Nr. 16 vom 12. April 1996, S.25f.
(6) Vgl. Rolf Simons: Standort Deutschland – Mindestens so stark wie andere Industrieländer versus Standort mit Strukturschwächen?; Vortrag auf dem wirtschaftspolitischen Workshop von Bündnis 90/Grüne, 21. Februar 1996.
(7) Dazu gesellen sich noch weitere 600 Mio. DM für ein von der Veba-Tochter VKR maßgeblich betriebenes Braunkohlekraftwerk, vgl. H.-J. Knipper: Der Aufbau Ost braucht weitere Hilfen; in: Handelsblatt vom 17. Juli 1996, S. 2.
(8) Vgl. Gabriela Simon: Vom Leben über die Verhältnisse; in: taz, 19. Juni 1996, S.10.
(9) Vgl. Oliver Schumacher: Gehetzte Jäger; in: DIE ZEIT, Nr. 20 vom 10. Mai 1996, S.30.
(10) Vgl. Timm Krägenow: Umweltkiller EU; in: Greenpeace-Magazin, Nr. 4/96, S. 14.
(11) KOM (93) 0718 endg. vom 2. März 1994.
(12) PE 215.156 endg. vom 2. April 1996.

Literatur

Stiftung Entwickl. u. Frieden: Globale Trends 1996, Frankfurt 1995

J. Rifkin: Das Ende der Arbeit und ihre Zukunft, Frankfurt 1995

Wolfgang Kreissl-Dörfler(Hrsg.): Mit gleichem Maß, Brüssel 1996

Günter Faltin/Jürgen Zimmer: Reichtum von unten, Berlin 1995

Ulrich Beck: Kapitalismus ohne Arbeit; in: Der Spiegel, Nr. 20/1996, S. 140ff.

Europäische Kommission, GD Wirtschaft und Finanzen: Jahreswirtschaftsbericht 1996

2

Umwelt und Demokratie – zwei Seiten einer Medaille

Greening the Treaty

Die Umweltunion im Maastrichter Vertrag verwirklichen

■ **Hiltrud Breyer**

Als Mitte April 1996 Fachbeamte der europäischen Umweltministerien zusammensaßen, kristallisierten sich Konturen einer umweltpolitischen Agenda für Maastricht II heraus. So wird diskutiert, das Prinzip der nachhaltigen Entwicklung im EG- und EU-Vertrag zu verankern. Entscheidend dabei ist, ob der Bezug zu den Verträgen von Rio, vor allem zum Entwicklungsmodell der Agenda 21, hergestellt wird, oder ob bloß die schon bisher im Vertrag enthaltene Formel vom „beständigen, nichtinflationären und umweltverträglichen Wachstum“ modifiziert wird.

Aus umweltpolitischer Sicht muß der Maastricht-Vertrag sowohl von seinen Zielsetzungen als auch von seinen institutionellen Regelungen her reformiert werden. Allerdings hat Umweltpolitik derzeit keine Konjunktur. Ökologische Zielsetzungen in der Politik geraten angesichts weltweiter ökonomischer Krisenerscheinungen immer mehr unter Druck. Nationalstaaten wie auch Staatenverbände konkurrieren unter der Zielsetzung „Verbesserung der Standortbedingungen“ immer schärfer gegeneinander. Dabei werden von Seiten der Industrie häufig Standortnachteile durch angeblich zu hohe Umweltschutzbestimmungen moniert. Zu viele und übertriebene restriktive Umweltschutzbestimmungen sowie zu lange Genehmigungsverfahren werden als Ursache für hohe Kostenbelastungen der Unternehmen, Wettbewerbsnachteile und Innovationsunfähigkeit ganzer Gesellschaften ausgemacht. Der alte Scheinkonflikt „Ökonomie versus Ökologie“ ist in den letzten Jahren wieder aufgebrochen und wird im Kampf um Wachstumsraten, Marktanteile und Arbeitsplätze weiter angeheizt.

Das Rollback in der Umweltpolitik vollzieht sich gleich in mehreren Bereichen:

▷ Hoffnungsvolle Initiativen im Umweltschutzbereich werden gebremst und eingeforderte Umweltstandards in ihrem Anforderungsniveau reduziert.

▷ Gleichzeitig werden sogar solche Bestimmungen beseitigt oder vereinfacht, die Umweltstandards bereits auf einem niedrigen Niveau festgeschrieben hatten.

▷ Mit Verweis auf ein falsch verstandenes Subsidiaritätsprinzip werden Regelungen für die gesamte EU abgelehnt bzw. auf detaillierte Bestimmungen verzichtet, so daß selbst in zentralen Feldern der Umweltpolitik die einzelnen Mitgliedstaaten noch weitgehende Autonomie genießen. Dies führt dazu, daß sowohl Effektivität als auch Qualität der Umweltstandards von Land zu Land stark variieren.

▷ Die EU führt nur halbherzig Steuerungsinstrumente ein, die den Unternehmern nur wenig Anreize bieten, sich ökologisch innovativ zu verhalten. Die EU achtet dabei zu sehr darauf, ob diese Instrumente auch marktkonform sind. Die Folge: Ökologische Innovationen unterbleiben, da die Anreize und Steuerungsmechanismen nicht stark genug sind.

▷ Mit dem Schlagwort von der „Selbstregulierung" hält eine neue (alte) Politik wieder Einzug: Die Politik definiert Rahmenbedingungen, und dem Ermessen privater Akteure bleibt es überlassen, inwiefern konkrete Schutzstandards umgesetzt werden.

▷ Die Umweltpolitik bleibt auch auf EU-Ebene ein Stiefkind, sie wird in andere Politikfelder, wie etwa in der Landwirtschaftspolitik, nicht oder kaum integriert.

Dazu kommt, daß die Regierungskonferenz zur Novellierung des Maastricht-Vertrages vor allem die offenen Fragen um die Wirtschafts- und Währungsunion, die Erweiterung um neue Mitgliedstaaten und die Gemeinsame Außen- und Sicherheitspolitik zu lösen haben wird. Gleichzeitig sind die nötigen Reformen der europäischen Institutionen zwingend nötig. Einige Mitgliedstaaten wie beispielsweise Deutschland hatten deswegen dafür plädiert, die anstehenden Verhandlungen von weiteren Themen zu entschlacken.

Umweltpolitische und umweltrelevante Entscheidungen tauchen erst weit unten auf der Tagesordnung der Konferenz auf. Die vorbereitende Reflexionsgruppe von Vertretern aller 15 Mitgliedstaaten hatte befunden, daß die Hauptsorgen und Nöte der europäischen Bürgerinnen und Bürger – genannt wurde neben Wirtschafts- und Arbeitsmaktproblemen eben auch der Umweltschutz – bei der Novellierung des Vertrages Erwähnung finden müssen. Sonst, so das Argument, drohe der Vertrag bei den Referenden in mehreren Mitgliedstaaten, durchzufallen. Die Lehre aus dem dänischen „Nein" bei der letzten Volksabstimmung ist angekommen.

Zur Debatte steht auch, Umweltklauseln in den einzelnen Fachartikeln, beispielsweise zu Verkehr, Landwirtschaft oder Strukturpolitik, zu verankern. Von anderer Seite wird der Nutzen einer Inflation von Umweltklauseln bezweifelt, die sich gebetsmühlenartig, zusätzlich zur Verankerung der Nachhaltigkeit im allgemeinen Zielkatalog der Verträge, immer wiederholen.

Vieldiskutiert im Vorfeld, wenn auch kaum mit einer ernsthaften politischen Chance versehen, war der Vorschlag, ein eigenes Energiekapitel in den EG-Vertrag aufzunehmen. Als einziger Mitgliedstaat hatte Österreich die Schaffung eines Energiekapitels und damit einhergehend die Auflösung des EURATOM-Vertrages befürwortet. Vor allem Frankreich, der größte Atomstromproduzent in der EU, hatte diesen Vorschlag kategorisch abgelehnt. Auch eigenständige Kapitel zu Tourismuspolitik und Katastrophenschutz wird es wohl nicht geben. Zur Zeit gibt es keine Konjunktur für die Ausweitung der EU-Kompetenzen.

Die Umweltpolitiker der Bundesregierung setzen bei den Verhandlungen um Maastricht II vor allem auf eine Verbesserung der Entscheidungsverfahren. Mehrheitsentscheidungen sollen in der Umweltpolitik zur Regel werden. Für die Einführung von Ökosteuern wird es jedoch weiter bei dem Einstimmigkeitsprinzip – und damit bei der britischen Vetomöglichkeit – bleiben. Bisher wurden auch „Maßnahmen im Bereich der Raumordnung, der Bodennutzung (...) sowie der Bewirtschaftung von Wasserressourcen" einstimmig getroffen. Hier scheint die Einführung des Mehrheitsverfahrens realistisch. Umweltpolitisch ist eine europäische Raumordnungspolitik oder die Nutzung der Wasserressourcen in transeuropäischen Leitungsnetzen jedoch zumindest von ambivalentem Charakter.

Die Diskussion über „Greening the Treaty"

Die Themen, die heute auf der umweltpolitischen Ebene der Regierungskonferenz anstehen, wurden frühzeitig durch die europäischen Umweltverbände vorbereitet. Schon 1990 im Vorfeld von Maastricht hatten sich die Brüsseler Umweltverbände mit ihrem gemeinsamen Forderungskatalog „Greening the Treaty" (Ökologisierung des Vertrages) zu Wort gemeldet – nach allgemeiner Einschätzung erfolgreich. Der Maastricht-Vertrag hatte die Aufnahme des Umweltschutzes in den Zielkatalog der EG und eine Stärkung des Umweltkapitels gebracht. Im Mai 1995 veröffentlichten sechs der europäischen Umweltdachverbände (European Environmental Bureau, WWF, Greenpeace, Friends of the Earth, Climate Network Europe, Transport & Environment) ihre Vorschläge deshalb unter dem Titel „Greening the Treaty II" erneut gemeinsam. Die Brüsseler Verbände schlagen neben der Stärkung des Umweltschutzes im EG- und EU-Vertrag auch institutionelle Reformen vor, beispielsweise eine Stärkung des Europäischen Parlamentes und die Ausweitung von Mehrheitsentscheidungen im Ministerrat. Die Vorschläge der Verbände wurden vielfach vom Europäischen Parlament, von den nationalen Umweltministerien und Parlamenten sowie anderen Akteuren aufgegriffen.

Die Tagesordnung der Regierungskonferenz

Am 21./22. Juni 1996 zogen die Staats- und Regierungschefs der EU auf einem Gipfeltreffen in Florenz eine Zwischenbilanz der bisherigen Verhandlungen. Eine Tagesordnung für den weiteren Verlauf der Regierungskonferenz wurde wegen des Streits um die Rinderseuche BSE nicht festgelegt.

Die Umweltverbände haben die Mitgliedstaaten bisher immer dazu aufgefordert, sich für eine Integration des Umweltschutzes in alle anderen relevanten Politikbereiche einzusetzen. Innerhalb der Reflexionsgruppe wurden allerdings die beiden Möglichkeiten, das Prinzip der nachhaltigen Entwicklung im Zielkatalog des Artikels 2 EG-Vertrag zu verankern und den Umweltschutz in die einzelnen Fachartikel zu integrieren, alternativ diskutiert. Forderung der Umweltverbände ist es, den Umweltschutz in alle relevanten Fachpolitiken hineinzuschreiben. Was aber passiert, wenn zum Schluß der Verhandlungen der Umweltschutz nur in einige, aber nicht in alle Fachpolitiken Eingang gefunden hat? Heißt das, daß Umweltbelange dann in die einen Politiken integriert werden müssen, in die anderen aber nicht? Interpretiert man die Verhandlungen der Reflexionsgruppe richtig, so erscheint es sehr unwahrscheinlich, daß beispielsweise das Landwirtschaftskapitel seine Umweltklausel bekommt. Die Mehrheit der Mitgliedstaaten möchte sich an das sensible Thema „Reform der Gemeinsamen Agrarpolitik" nicht heranwagen.

Ein erklärtes Ziel der Bundesregierung ist es, im EG-Vertrag die Möglichkeit für nationale Alleingänge im Umweltschutz zu stärken. Dazu müßte Artikel 100a des EG-Vertrages (4) präziser formuliert werden. Die erst vor kurzem beigetretenen Mitgliedstaaten Finnland, Schweden und Österreich erhoffen sich durch eine Klarstellung des Artikel 100a, ihre teilweise schon heute über Binnenmarktsrecht hinausgehenden Umweltvorschriften nicht aufgeben zu müssen.

Die Konvergenzkriterien der Wirtschafts- und Währungsunion verlangen zur Zeit allen Mitgliedstaaten eine strenge Sparpolitik ab. Die Kürzungen im deutschen Bundeshaushalt und in den Budgets der anderen Mitgliedstaaten gehen nicht nur auf Kosten sozialer Leistungen, sondern verhindern auch notwendige Investitionen in den Umweltschutz. So könnte es, ähnlich den Streichungen bei den Sozialleistungen, dazu kommen, daß umweltpolitische Investitionsprogramme, wie beispielsweise die Modernisierung der Bahn oder die energiesparende Sanierung des Gebäudebestandes in Ostdeutschland, der Haushaltskonsolidierung und dem vermeintlichen Sachzwang, die Konvergenzkriterien von Maastricht einzuhalten, geopfert werden.

Die geplante und wünschenswerte Erweiterung der EU um die Staaten Mittel- und Osteuropas wird erneut die Wettbewerbsbedingungen für die europäische Industrie und Landwirtschaft verschärfen. Der zu erwartende Wettbewerbsdruck muß deshalb ökologisch gesteuert werden. Dazu muß vorhandenes EU-Umweltrecht durch die Staaten Mittel- und Osteuropas frühzeitig übernommen werden. Es darf zu keiner Harmonisierung nach unten kommen.

Unsere Forderungen – Ökologisierung der Verträge

Bisher definiert der EG-Vertrag sein Ziel auf sehr verschwommene Weise, „beständiges, nichtinflationäres und umweltverträgliches Wachstum" herzustellen. Ziel der Gemeinschaft sollte statt dessen aber die „Förderung nachhaltiger und umweltgerechter Entwicklung" sein.

Dabei sollte der Nachhaltigkeitsbegriff der Agenda 21 von Rio Leitlinie sein. Es genügt nicht, den „Umweltschutz" im Zielkatalog des Artikels 2 des EG-Vertrages und in Artikel B des EU-Vertrages zu verankern. Nachhaltige Entwicklung bedeutet im Gegensatz zum herkömmlichen Umweltschutz eine Integration ökologischer Erfordernisse in die anderen Politiken, vor allem in die Wirtschafts- und Sozialpolitik. Die Neuregelung des Vertrages muß außerdem dafür sorgen, daß der Begriff „Nachhaltigkeit" auf einheitliche Weise verwendet wird. So übersetzt die deutsche Fassung des Maastricht-Vertrages das englische „sustainable" entweder als „beständig", als „nachhaltig", als „dauerhaft" oder als „umweltverträglich". Vor allem die Formulierung vom „beständigen Wachstum" kann zweideutig ausgelegt werde. Gemeint werden kann damit durchaus auch, daß das Wirtschaftswachstum immer weiter gehen muß.

Zusätzlich zur Festlegung des Unionszieles Nachhaltigkeit muß das „Recht der Bürgerinnen und Bürger auf eine saubere und gesunde Umwelt" festgelegt werden. Diese Formulierung würde ihre Wirkung nicht nur für den Umwelt-, sondern auch für den Verbraucherschutz, entfalten. Als Mindestanforderung an die Bundesregierung sollte diese in den Verhandlungen eine

□ Ökologische Sicherheit als neuer Baustein der gemeinsamen Außen- und Sicherheitspolitik

Seitdem Helmut Kohl auf dem letzten CDU-Parteitag eine neue globale Umweltinitiative angekündigt hat, herrscht bei den Beamten im Kanzleramt und Außenministerium Rätselraten. In einem Interview, das der Kanzler im Sommer vergangenen Jahres von seinem Urlaubsdomizil am Wolfgangsee der größten deutschen Boulevardzeitung gab, steckt die Auflösung. Die Rede ist von einem 'Weltumweltrat', einem grünen Pendant zum prominenten Weltsicherheitsrat. Seine Aufgabe läge in der Überwachung des globalen Umweltrechts und in Fragen der ökologischen Sicherheit. In ihm – so das Gedankenspiel – säßen die Großen der Welt zusammen, um die nach der Zeit des Kalten Krieges neu am Bewußtseinshorizont aufgetauchten Sicherheitsrisiken, wie die globale Klimaveränderung oder den weltweiten Atomschmuggel, in den Griff zu bekommen. Ein ständiger Sitz wäre der 'grünen Weltmacht' Deutschland gewiß.

Die Auguren tippten darauf, daß die Bundesregierung die für den Sommer 1997 angesetzte Sondergeneralversammlung der UNO zu Umwelt und Entwicklung dazu nutzen wird, ihre Initiative zu verkünden.

Fünf Jahre nach Rio soll dort auch über die Zukunft der damals zur Umsetzung des Aktionsprogrammes Agenda 21 ins Leben gerufenen UN-Kommission für nachhaltige Entwicklung entschieden werden. Das von der Agenda 21 postulierte Prinzip der nachhaltigen Entwicklung integriert bisher getrennt gedachte Politikbereiche wie Umwelt und Wirtschaft, Entwicklungs- und Außenpolitik. Die eigens neugegründete Kommission bleibt jedoch – auch unter dem zeitweisen Vorsitz des damaligen Bundesumweltministers Klaus Töpfer – ein Papiertiger ohne Beschlußkraft und ohne finanzielle Mittel.

Mit Leben erfüllt wurde lediglich die in Rio beschlossenen UN-Konventionen zum globalen Klimaschutz und zum Erhalt der Biodiversität. Doch auch diesen völkerrechtlich verbindlichen Vertragswerken fehlt ein Organ, um die korrekte Durchführung zu überwachen und im Zweifelsfall durchzusetzen. Deswegen wirkt die Vision eines Weltumweltrates mit umfassenden Kompetenzen so attraktiv. Gelänge es, das 'weiche Thema' Umweltschutz zu einer Frage der Weltsicherheit zu machen, so könnte ein Weltumweltrat gegen Verstöße gegen das Umweltvölkerrecht durch den Entzug finanzieller Hilfsmittel oder Handelssanktionen reagieren. Spätestens hier beginnen die realpolitischen Zweifel. Ob jemals der Klimasünder USA wegen zu hoher CO_2-Emissionen zu Strafzahlungen verurteilt werden würde?

Während auf UN-Ebene die Diskussion gerade erst begonnen hat, steht das Thema 'ökologische Sicherheit' bei den laufenden Revisionsverhandlungen des Maastrichter EU-Vertrages schon auf der Tagesordnung. Im Bericht der vorbereitenden Reflexionsgruppe zur Maastricht II Regierungskonferenz werden die Europäer dazu aufgefordert, ihrer Außen- und Sicherheitspolitik einen um soziale, ökonomische, demographische und ökologische Fragen erweiterten Sicherheitsbegriff zugrundezulegen. Die Ebenhausener Stiftung Wissenschaft und Politik fordert die EU dazu auf, im Rahmen der Maastrichter Revision ihre außenpolitische Identität zu klären und dabei eine 'Vorbild- und Führungsrolle in der internationalen Umweltpolitik' anzustreben.

Nicht nur im Bereich der Gemeinsamen Außen- und Sicherheitspolitik (GASP), der in Maastricht begründeten dritten Säule des EU-Vertrages, haben Umweltaußenpolitiker ein Handlungsfeld. Wenn es um die Ausgestaltung des Welthandelsregimes geht, um Hilfsprogramme für Mittel- und Osteuropa oder um die Aushandlung internationaler Verträge, sitzt neben den nationalen Regierungen inzwischen auch die EU-Kommission mit am Tisch. Und überall dort sollte es auch um Umweltinteressen gehen.

Formulierung anstreben, die der Verankerung des Umweltschutzes im Grundgesetz gleichwertig ist.

Umweltgerechte Agrarpolitik

Über 50 Prozent der europäischen Haushaltsmittel fließen in die Gemeinsame Agrarpolitik. Trotz dieses enormen finanziellen Aufwandes steckt die europäische Landwirtschaft wirtschaftlich in der Krise und richtet enorme ökologische Schäden an (vgl. den Beitrag von F.-W. Graefe zu Baringdorf).

In der Agrarpolitik wird besonders deutlich, wie stark der Schutz unserer Umwelt und die Wahrung der Interessen von Verbraucherinnnen und Verbrauchern miteinander zusammenhängen. So setzen sich Die Grünen im Europäischen Parlament seit Jahren gegen die Industrialisierung unserer Landwirtschaft mit den Mitteln der Bio- und Gentechnologie und für eine Kennzeichnung sogenannter Novel-Food-Produkte ein. Querverweise auf den Verbraucherschutz vor umweltbelasteten Lebensmitteln fehlen im Landwirtschaftskapitel des EG-Vertrages bisher völlig.

Die in Maastricht verabschiedete Erklärung zum Tierschutz fordert Rat, Parlament und Kommission dazu auf, „bei der Ausarbeitung und Durchführung gemeinschaftlicher Rechtsvorschriften in den Bereichen Gemeinsame Agrarpolitik, Verkehr, Binnenmarkt und Forschung den Erfordernissen des Wohlergehens der Tiere im vollen Umfang Rechnung zu tragen". Es ist zusätzlich erforderlich, daß der Tierschutz als Ziel im EU- und im EG-Vertrag verankert wird. Ziel ist es, Tiere nicht länger als 'Waren' und 'Agrarerzeugnisse' zu behandeln, sondern als eigenständige Lebewesen. Damit soll der ethischen Verpflichtung zu einheitlichen Standards im Umgang und Handel mit Tieren Vorrang vor dem Binnenmarktprinzip gewährt werden.

Transeuropäische Verkehrsnetze

Der Vertrag von Maastricht gab den Anstoß für die Planung der sogenannten transeuropäischen Verkehrsnetze. Die seitdem in Angriff genommenen Straßen- und Schienenverbindungen geraten vielfach in Konflikt mit dem existierenden EG-Naturschutzrecht. Abgesehen von der Notwendigkeit, einen generellen Umweltvorbehalt auch im Verkehrskapitel des Vertrages zu verankern, müssen die Mitgliedstaaten dazu verpflichtet werden, schon bei der Planung transeuropäischer Verkehrsnetze eine sogenannte Strategische Umweltverträglichkeitsprüfung durchzuführen.

Die Mittel, die aus dem neugeschaffenen Kohäsionsfonds für transeuropäische Verkehrsprojekte zur Verfügung gestellt wurden, sollten ausschließlich für umweltverträgliche Modernisierungs- und Ausbaumaßnahmen des öffentlichen Verkehrsnetzes, also von Schiene und, wo vertretbar, von Wasserwegen, verwendet werden.

Gemeinschaftliche Energiepolitik

Die Zuständigkeit für die Energiepolitik ist zur Zeit über mehrere Verträge verstreut. Aus historischen Gründen existieren mit dem Montanvertrag und dem EURATOM-Vertrag eigenständige Abkommen für die Kohle- und Nuklearpolitik. Im EG-Vertrag selbst fehlt ein Kapitel zur Energiepolitik. Die bisherige Energiepolitik der Gemeinschaft wurde deswegen beispielsweise auf die Vertragsbestimmungen zum Gemeinsamen Binnenmarkt und auf den Auffangartikel 235 (Vorschriften für unvorhergesehene Fälle) gestützt. Eine eigenständige Rechtsgrundlage für Klimaschutzmaßnahmen oder umweltpolitische Reformen der Energiewirtschaft fehlt (vgl. den Beitrag von Undine von Blottnitz).

Wegen der Schlüsselrolle des Energiesektors in einer modernen Volkswirtschaft und für den Klimaschutz ist deshalb die Schaffung eines eigenständigen Energiekapitels im EG-Vertrag und die Zusammenfassung verstreuter Kompetenzen überfällig. Dieses neuzuschaffende Energiekapitel sollte sich an einem vom Öko-Institut ausgearbeiteten Vorschlag an den Zielen Atomausstieg und Klimaschutz orientieren. Die Förderung erneuerbarer Energien und der Energieeinsparung sollten Vorrang vor der Weiterführung fossiler Energietechnologien erhalten. (Eine solche vertragliche Neuregelung würde auch die

Weichen für eine Umverteilung der EU-Forschungsmilliarden in Richtung Zukunftsenergien stellen.)

Der Ausstieg aus der Atomenergie ist eines der wichtigsten Ziele. Sieben Mitgliedstaaten (Portugal, Dänemark, Österreich, Irland, Luxemburg, Italien und Griechenland) haben bereits auf die Atomenergie verzichtet. Anstelle der Atomgemeinschaft EURATOM soll eine Europäische Solaragentur treten. Mit dem EURATOM-Vertrag wird seit Jahrzehnten ohne jegliche Kontrolle die Atomenergie gefördert. Inzwischen sollen mit EURATOM-Krediten der westeuropäischen Atommafia auch neue Absatzmärkte in Osteuropa geschaffen werden. Der Montan- und der EURATOM-Vertrag sollen dagegen aufgelöst und nur die Regelungen, die nicht obsolet geworden sind, wie etwa Kontrollmaßnahmen, in das Energiekapitel überführt werden.

Die Schaffung eines gemeinsamen Energiebinnenmarktes soll durch die Einführung einer gemeinschaftlichen Energiesteuer und die Verpflichtung der Energieerzeuger auf Integrierte Ressourcenplanung (IRP) flankiert werden. Um die Einführung einer Klimaschutzsteuer und von IRP zu ermöglichen, muß in diesen Bereichen das bisher geltende Einstimmigkeitsprinzip im Ministerrat durch das Mehrheitsverfahren unter gleichberechtigter Beteiligung des Europäischen Parlamentes abgelöst werden.

Die Einführung einer Energiesteuer bei gleichzeitiger steuerlicher Entlastung des Faktors Arbeit und die Finanzierung des ökologischen Umbaus sind ein Kernstück eines nachhaltigen Entwicklungsmodelles für Europa.

Nationale Vorreiterrollen erlauben

Nationale Vorreiterrollen haben eine wichtige Funktion bei der Entwicklung des gemeinschaftlichen Umweltrechtes erfüllt. Die Drohung der Dänen, Schweden und Finnen mit einem Alleingang beim Verbot von Müllexporten führte zur Verschärfung der Baseler Konvention gegen Müllexporte – einer der größten Erfolge der Umweltpolitik der 90er Jahre.

Der Europäische Gerichtshof hat bestätigt, daß nationale Vorreiterrollen schon unter der heutigen Gesetzgebung legal sind, wenn sie umweltpolitisch sind und eine europaweite Regelung nicht existiert. So bestätigte der EuGH gegen starke Widerstände der Industrie das dänische Verbot für Einwegflaschen. Die 1994 verabschiedete EG-Verpackungsrichtlinie bringt diesen umweltpolitischen Fortschritt jedoch erneut in Gefahr.

Bisher ist eine nationale Vorreiterrolle im Umweltschutz bei den Vorschriften zur Verwirklichung des Gemeinsamen Binnenmarktes nur im Ausnahmefall zulässig. Die Bedingungen dafür sind im Artikel 100a so wachsweich formuliert, daß die Kommission es bisher erst zweimal wagte, entsprechende Ausnahmeregelungen zu erlassen. In beiden Fällen ging es um das Verbot der krebserzeugenden Chemikalie PCP. Deutschland, Dänemark und Niederlande hatten beantragt, ihre nationalen PCP-Verbote entgegen einer „großzügigeren" EG-Regelung aufrechtzuerhalten.

Artikel 100a muß deswegen unzweideutig formuliert werden, damit Mitgliedstaaten über EU-weite Mindestharmonisierungen im Umweltbereich hinausgehen können. Nur wenn ein Beschwerdeführer nachweisen kann, daß nationale Umweltschutzinteressen vorgeschoben werden, um ungerechtfertigte Handelsbeschränkungen aufzurichten, darf der Binnenmarkt Vorrang behalten. Die Beweislast muß umgekehrt werden. Ziel muß es sein, zu einem Wettbewerb der „Umweltvorreiterstaaten" zu gelangen.

Struktur- und Regionalpolitik

Mit der Reform der EG-Strukturfondsverordnungen Anfang der neunziger Jahre haben die Umweltverbände und das Europäische Parlament einen großen Erfolg erzielt. Die Regionen (in Deutschland die Bundesländer) sind inzwischen dazu verpflichtet, in ihren gemeinschaftlichen Förderkonzepten die Verträglichkeit ihrer Regionalentwicklungsprogramme mit der Umweltgesetzgebung der Gemeinschaft nachzuweisen. So schön die Theorie, so unerfreulich die Praxis. Weil die mit der Überprüfung der Programme beauftragte Kommission entweder personell zu schwach besetzt oder politisch erpreßbar ist, fließen Struktur- und Kohäsionsfondsmittel weiterhin in Straßenbau und Gewerbegebiete, anstatt in den Ausbau einer zukunftsfähigen Verkehrs- oder Energieinfrastruktur.

Die bisherige Regionalförderung der EU führt zu einer Einebnung gewachsener Unterschiede der Regionen, anstatt deren individuelles endogenes Entwicklungspotential zu nutzen. Die Kommission als Hüterin der Verträge kann ihrer Aufgabe aufgrund mangelhafter Personal- und Finanzausstattung der Kontrolleure nicht gerecht werden. Deswegen müssen die Interventionsmöglichkeiten von Bürgerinnen und Bürgern und die Kontrollmöglichkeiten der Parlamente gestärkt werden.

Institutionelle Reformen – Das demokratische Defizit beseitigen

Mit den drei Verträgen zu Europäischer Gemeinschaft, Montanunion und Euratom sowie den außerhalb der Verträge geregelten Bereichen der gemeinsamen Außen- und Innenpolitik ist die Europäische Union für die Bürgerinnen und Bürger immer unübersichtlicher geworden. Gleichzeitig herrscht ein Kompetenzgewirr zwischen den verschiedenen Institutionen. Die hohe Zahl der verschiedenen Rechtssetzungs- und Entscheidungsverfahren ist nur noch für Experten nachvollziehbar. Einflußmöglichkeiten der Bürgerinnen und Bürger sowie der Verbände fehlen. Wie deren Handlungsspielräume ausgeweitet werden könnten, verdeutlichen die folgenden Beispiele:

1. Durch eine vereinfachte Umweltgesetzgebung! Allein für den Umweltschutz gibt es in der EU inzwischen vier verschiedene Gesetzgebungsverfahren, insgesamt sind es deutlich mehr. Um das Gesetzgebungsverfahren einfacher, verständlicher und schneller zu machen, sollten zukünftig alle Entscheidungen mit qualifizierter Mehrheit getroffen werden. Unter diese Regelung sollten ausdrücklich auch Ökosteuern wie die lange durch das Einstimmigkeitsprinzip blockierte Energie-/CO_2-Steuer fallen.

2. Initiativrecht für das Europaparlament! Bisher besitzt nur die Europäische Kommission, also die Verwaltung der Union, das Recht, neue Richtlinien und Verordnungen vorzuschlagen.

Dieses sogenannte Initiativrecht ist jedoch in parlamentarischen Demokratien das klassische Recht der Volksvertretung. Wer das Europaparlament deshalb als echte Vertretung der europäischen Bürgerinnen und Bürger betrachtet, muß ein eigenständiges parlamentarisches Initiativrecht schaffen. In einem weiteren Schritt könnte überlegt werden, dieses Initiativrecht auf die nationalen Parlamente auszuweiten. Die Ausweitung der Rechte des Europaparlamentes darf nicht zu einer Entmachtung der Rechte der Parlamente in den Mitgliedstaaten führen. Gerade diese Befürchtung ist Mitursache der europakritischen Haltung in den skandinavischen Staaten.

3. Öffentliche Akteneinsicht in EU-Dokumente! Die EU-Umweltinformationsrichtlinie ist der Einstieg in ein allgemeines Akteneinsichtsrecht für die europäischen Bürgerinnen und Bürger. Allerdings gilt dieses Recht bisher nur für originäre Umweltakten, also die Akten der Umweltbehörden selbst. Dabei ist es offensichtlich, daß auch – um nur zwei Beispiele zu nennen – bei den Behörden zur Verkehrs- oder Energieplanung umweltrelevante Akten vorliegen, die für ein Planfeststellungs- oder Beteiligungsverfahren eine Rolle spielen. Deswegen wird vorgeschlagen, das existierende Umweltinformationsrecht zu einem allgemeinen Akteneinsichtsrecht nach amerikanischem oder skandinavischem Vorbild auszuweiten. Auch in der EU brauchen wir ein „Freedom of Information Act", damit der Zugang zu allen relevanten Umweltentscheidungen garantiert wird, denn unsere Natur und Umwelt ist ein öffentliches Gut, und daher muß es ein selbstverständliches Recht sein, daß ein freier Zugang zu Informationen besteht. Die Umweltinformations-Richtlinie gilt bisher zwar für die Mitgliedstaaten, aber nicht für die Institutionen der Union, beispielsweise für die EU-Kommission selbst. Die Kommission hat sich bisher nur eine rechtlich nicht einklagbare Selbstverpflichtung auferlegt, den Bürgern und Verbänden auf Anfrage ihre Akten zu öffnen. Ein allgemeines Akteneinsichtsrecht auch für die Institutionen der EU selbst muß deshalb in den Grundrechtskatalog der Europäischen Verträge aufgenommen werden.

4. Klagemöglichkeit vor dem Europäischen Gerichtshof! Bisher können nur die Kommission, das Europäische Parlament

und die Mitgliedstaaten vor dem Europäischen Gerichtshof (EuGH) gegen die Verletzung der Europäischen Verträge klagen, beispielsweise bei fehlender oder mangelhafter Umsetzung von Richtlinien und Verordnungen durch die Mitgliedstaaten. Die Bürgerinnen und Bürger der 15 Mitgliedstaaten haben auch bei einer Beschwerde an die Europäische Kommission keinen Rechtsanspruch auf einen Schiedsspruch des höchsten europäischen Gerichtes. Vorgeschlagen wird deswegen, daß alle Unionsbürger und – als ihre selbstgewählte Vertretung – die Verbände ein allgemeines Klagerecht vor dem Europäischen Gerichtshof erhalten, denn Umwelt ist unser aller Gut. Leider ist bisher Deutschland einer der Mitgliedstaaten, die sich gegen ein solches europäisches Verbandsklagerecht wehren. Kein Wunder: Schließlich hat sich die Bundesregierung bis heute geweigert, der Vielzahl der Länderregelungen zur Verbandsklage einen bundesweiten Rahmen zu geben.

Die Empfehlungen des Sachverständigenrates

Auch der Rat von Sachverständigen für Umweltfragen empfiehlt in seinem Jahresgutachten 1996 der Bundesregierung, sich für eine Demokratisierung der umweltpolitischen Entscheidungsmechanismen in der EU einzusetzen.

So wird die Verlagerung umweltpolitischer Entscheidungen weg von Ministerrat und Europaparlament in aus Vertretern der Mitgliedstaaten zusammengesetzte Fachausschüsse kritisiert. Die Ermächtigung für Entscheidungen auf Ausschußebene wird in der Regel durch weitgefaßte Rahmenrichtlinien erteilt. Der Kommission wird ein Mitentscheidungsrecht eingeräumt. Nicht geregelt ist jedoch das Einbringen externen Sachverstandes und die Beteiligung der Öffentlichkeit. Auf informeller Ebene haben sich zwar Formen der Beteiligung ausgebildet, die jedoch ganz nach Thema und federführender Generaldirektion oder Abteilung der Kommission differieren. Dort, wo den Umwelt- und Verbraucherverbänden inzwischen eine Beteiligungsmöglichkeit eingeräumt wurde, also beispielsweise bei der Aufstellung für Kriterien für die Vergabe des europäischen Umweltabzeichens ('Umweltblume'), fehlen den Nichtregierungsorganisationen die personellen Kapazitäten, dieses Beteiligungsangebot, das oft fachlich stark spezialisierte Kräfte benötigt, auch wahrzunehmen. Obwohl die Umweltverbände auf dieses Problem aufmerksam gemacht und die Kommission um finanzielle Unterstützung gebeten hatten, wurde diesem Anliegen bisher nicht angemessen entsprochen.

Die Kommission bildet außerdem oft ad-hoc-Arbeitsgruppen aus Sachverständigen der Behörden der Mitgliedstaaten, sowie der Wirtschaft, der Wissenschaft und anderer Interessengruppen, um Vorschläge für Umweltstandards zu erarbeiten. Auch wenn der Ministerrat formal das letzte Entscheidungsrecht über in diesen ad-hoc-Gruppen erarbeitete neue Standards hat, so werden dort doch unter Ausschluß der Öffentlichkeit wichtige Vorentscheidungen getroffen, die von der politischen Ebene der Minister kaum zu kontrollieren und rückgängig zu machen sind. Die Umweltverbände wurden erst Anfang der neunziger Jahre im Rahmen der Motor-Vehicles-Emission-Group (MEVG), die für die Neufestsetzung der Abgasemissionen bei Kraftfahrzeugen eingesetzt worden war, an einer solchen formellen ad-hoc-Arbeitsgruppe beteiligt. Charakteristisch war die Zusammensetzung der MVEG. Neben je einer Vertreterin der Umwelt- und der Verbraucherverbände hatten die meisten Mitgliedstaaten als ihre Vertreter Experten ihrer heimischen Automobilindustrie nominiert. Unnötig zu sagen, daß trotzdem der Brüsseler Dachverband der europäischen Automobilhersteller (ACEA) einen eigenen Sitz erhalten hatte.

Umsetzung und Durchsetzung des EU-Umweltrechtes

Eines der größten Mankos der EU-Umweltgesetzgebung ist die mangelnde Umsetzung und Einhaltung europäischen Rechtes durch die Mitgliedstaaten. Derzeit laufen 265 Beschwerdeverfahren der Europäischen Kommission gegen ihre 15 Mitgliedstaaten wegen Nichtumsetzung von EG-Umweltrichtlinien. Manche Richtlinien, beispielsweise die Grundwasserrichtlinie aus dem Jahre 1979, wurden bisher durch keinen einzigen Mitgliedstaat umgesetzt. Bei anderen Umweltrichtlinien erfolgte die Umsetzung verspätet und unvollständig. Bevor sich das deutsche Umwelt- und Landwirtschaftsministerium auf die Umsetzung der Nitrat-Richtlinie durch eine Düngemittel-Verordnung einigen konnten, hatten sich erst der Deutsche Naturschutzring (DNR) und zehn andere Umwelt- und Verbraucherverbände bei der Kommission beschweren müssen, weil die gesetzliche Umsetzungsfrist abgelaufen war. Die grundlegende Naturschutzrichtlinie zum Schutz von Flora, Fauna und Habitaten (FFH-Richtlinie) müßte durch eine Änderung des Bundesnaturschutzgesetzes umgesetzt werden. Dies ist bis heute nicht erfolgt. Die aus dem Jahr 1979 stammende EU-Vogelschutz-Richtlinie wurde zwar umgesetzt, jedoch nach Ansicht zahlreicher Naturschutzverbände und auch der Kommission unvollständig. Der Europäische Gerichtshof verurteilte beispielsweise Deutschland, da die Landwirtschaftsklausel des Bundesnaturschutzgesetzes die Landwirtschaft von den Schutzverpflichtungen aus der Richtlinie weitgehend freistellt. Einen rechtsfreien ländlichen Raum wollten Europas höchste Richter nicht dulden. Konsequenzen hat die Bundesregierung aus dem Urteil bisher nicht gezogen.

Seit Inkrafttreten des Maastrichter Vertrages sieht der neue Artikel 171 die Möglichkeit von Geldstrafen für Nichtumsetzung europäischen Rechtes vor. Bisher hat die Kommission allerdings erst einmal ein Verfahren nach Artikel 171 eingeleitet. Dieses Instrument, mit dem die Kommission als nomineller Hüter des europäischen Rechtes dafür sorgen müßte, daß dieses respektiert wird, wurde bisher viel zu wenig genutzt. Bei der Weiterentwicklung des Vertrages durch die anstehende Regierungskonferenz ist es prinzipiell denkbar, das Instrumentarium finanzieller Sanktionen auszuweiten. So könnte die Mittelvergabe im Rahmen der gemeinsamen Agrarpolitik und der EU-Strukturfonds an die Einhaltung und korrekte Umsetzung von EU-Recht gekoppelt werden. Außerdem sollte bei nächster Gelegenheit die Kontrolle über die Umsetzung des gemeinschaftlichen Umweltrechtes von der überlasteten Kommission auf die dafür entsprechend auszustattende Europäische Umweltagentur übertragen werden.

Instrument Ökologischer Rat?

Ein anderer, von akademischer Seite gemachter Vorschlag eines „Ökologischen Rates", einer neuen, mit Beratungsfunktion und Vetorecht ausgestatteten Institution ökologisch kompetenter Einzelpersonen, fand dagegen keine Berücksichtigung im Papier der Verbände. Erfinder der Idee des Ökologischen Rates war der von dem St.Gallener Ökonomieprofessor Hans-Christoph Binswanger ins Leben gerufene „Arbeitskreis Europäische Umweltunion", eine Plattform mehrerer Wissenschaftler aus dem deutschsprachigen Raum. Variiert wurde die Idee vom deutschen Rat der Sachverständigen für Umweltfragen oder von Wissenschaftlern wie Mohssen Massarat und Reinhard Loske. Das Argument für den Ökologischen Rat läßt sich wie folgt zusammenfassen: Wir brauchen eine vom politischen Alltagsgeschäft unabhängige Institution von Ältesten, die alle Gesetzgebungs- und Planungsvorhaben der Union einer Art Zukunftsverträglichkeitsprüfung unterzieht, ohne selber in das kompromißreiche legislative Verfahren eingebunden zu sein. Von den Gegnern der Idee werden meist zwei Argumente vorgebracht: Sachverständigenräte sind, wenn sie einmal eingesetzt sind, nur sich und ihrem Gewissen verantwortlich und deswegen nur unzureichend demokratisch legitimiert. Außerdem wird die realpolitische Durchsetzbarkeit des Vorschlages bezweifelt. Es sei, so die Argumentation, sinnvoller, sich auf die Reform des Europaparlamentes zu konzentrieren, als eine völlig neue Institution zu propagieren.

Eine erfolgreiche Europapolitik erfordert klare politische Zeichen für eine ökologisch nachhaltige Entwicklung. Daher braucht die Regierungskonferenz den klaren politischen Willen, die Umweltunion zu verwirklichen und den Vertrag zu erGRÜNEN.

□ **Dokumentation**

Schlußfolgerungen des Europäischen Rates von Florenz am 21./22. Juni 1996 – Mögliche Änderungen des EGV im Umweltbereich durch „Maastricht II“ (Wortlaut):

1. Ziele: Für den Fall, daß es für notwendig erachtet werden sollte, die Ziele der gemeinschaftlichen Umweltpolitik genauer festzulegen, vertritt der Vorsitz aufgrund der ersten Betrachtungen die Ansicht, daß diese Präzisierung in folgenden Bereichen erfolgen könnten:

▷ In genereller Hinsicht durch Einführung des Konzepts der „nachhaltigen Entwicklung“ („substainable development“) in Art. 2 EGV;

▷ Auf der Ebene der Umweltpolitik selbst durch einige Ergänzungen der in Art. 130rEGV genannten Ziele;

▷ Auf der Ebene der anderen sektorspezifischen Politiken (Landwirtschaft, Verkehr, Netze) durch Einführung einer Bestimmung, in der auf die erforderliche Vereinbarkeit dieser Politiken mit der Verwirklichung der allgemeinen umweltpolitischen Ziele verwiesen wird.

2. Beschlußverfahren: Es sind noch zwei Hauptpunkte eingehend zu prüfen:

▷ Die Ausdehnung des Prinzips der Abstimmung mit qualifizierter Mehrheit auf bestimmte Aspekte der Umweltpolitik, für die zur Zeit (nach Art. 130s, Abs. 2) noch die Einstimmigkeit gilt und die folgendes betreffen: Vorschriften überwiegend steuerlicher Art, Maßnahmen im Bereich der Raumordnung und der Bodennutzung sowie der Bewirtschaftung der Wasserressourcen und Maßnahmen, welche die Energieversorgung der Mitgliedstaaten berühren;

▷ Die Ausweitung des Mitentscheidungsverfahrens sowohl in den Bereichen, für die derzeit die qualifizierte Mehrheit gilt, als auch in den Bereichen, in denen dieses Abstimmungsverfahren künftig zur Anwendung gelangen könnte.

3. Klärung der Zuständigkeit zwischen der Gemeinschaft und den Mitgliedstaaten: Nach Art. 100a Abs. 4 EGV kann ein Mitgliedstaat unter bestimmten Bedingungen einzel-

staatliche Maßnahmen ergreifen, die strenger sind als die Gemeinschaftsnormen, wenn dies durch Erfordernisse im Sinne des Art. 36 EGV oder in Bezug auf den Schutz der Arbeitsumwelt oder den Umweltschutz gerechtfertigt ist. Der Vorsitz hat bei der Aussprache zwei mögliche Konzepte festgestellt, von denen das erste eindeutig bevorzugt wird.

▷ Beibehaltung des Status quo aufgrund der Risiken, die mit einer Diskussion über eine Bestimmung verbunden wären, in der ein sehr empfindliches Gleichgewicht zwischen gegensätzlichen Interessen zum Ausdruck kommt, die zu äußerst schwierigen Verhandlungen geführt hatten.

▷ Klarstellung dieser Bestimmung, um die verfahrensmäßigen Unklarheiten in Bezug auf die Umstände und Bedingungen zu beheben, unter denen die Mitgliedstaaten auf nationale Maßnahmen zurückgreifen können.

In diesem Zusammenhang wurde auch vorgeschlagen, den Umweltschutz in das Verzeichnis der Ausnahmen vom Grundsatz des freien Warenverkehrs (Art. 36 EGV) aufzunehmen.

Anmerkungen

Birdlife International, CNE, EEB, T&E, FoEE, Greenpeace International, WWF [Hrsg.]: Greening the Treaty II – Sustainable Development in a Democratic Union, o.O. 1995.

Breyer, Hiltrud: Dokumentation des Rollback in der Umweltpolitik der EU. Anforderungen an die Regierungskonferenz zur Verwirklichung der Umweltunion, Brüssel 1996.

Deutscher Naturschutzring (DNR) [Hrsg.]: Hintergrundpapier zum EU-Gipfel in Florenz. Maastricht II muß den Umweltschutz voranbringen, Bonn/Berlin 1996.

Haigh, Nigel & Kraemer, R. Andreas: Sustainable Development in den Verträgen der Europäischen Union; in: Zeitschrift für Umweltrecht: Juni 1996.

Öko-Institut [Hrsg.]: Revision of the European Treaties in the Energy Sector, Darmstadt 1995.

Rat von Sachverständigen für Umweltfragen [Hrsg.]: Umweltgutachten 1996, Stuttgart 1996.

Zurück in die Zukunft

Hindernisse für eine Neuformulierung der europäischen Energiepolitik

■ **Undine von Blottnitz**

Energiepolitik in Europa bietet ein vielfältiges Bild: Das sind Solarzellen in Spanien, aber auch Atomkraftwerke in Frankreich oder Deutschland. Das sind Verordnungen, Richtlinien und Förderprogramme. Transeuropäische Netze genauso wie regionale Alternativkonzepte. Die energiepolitischen Aktivitäten der Europäischen Gemeinschaft entbehrten von Beginn an einer zukunftsfähigen Gesamtkonzeption. Und noch heute hemmen die verstaubten Paragraphen aus der Anfangszeit der EU die Entwicklung einer nachhaltigen, umweltfreundlichen Energiepolitik in Europa.

Ein vollständiges Bild kann der folgende Text nicht zeichnen. Dafür soll er Überblick geben über die Anfänge europäischer Energiepolitik und den EURATOM-Vertrag, bis hin zur neuen Richtlinie zur Schaffung eines Binnenmarktes für Energie. Vorgestellt werden Ideen für ein eigenständiges Energie-Kapitel im EG-Vertrag. Ein Exkurs wirft ein Schlaglicht auf die verflochtene europäische Atomindustrie. Exemplarisch auch für andere EU-Programme wird schließlich das Verwirrspiel um die Effizienzförderung SAVE II geschildert.

Ulrich Beck formulierte: „Alle Kunst der Experten kann niemals die Frage beantworten: Wie wollen wir leben?" Und dennoch müssen wir – ob mit oder ohne Experten – schnell eine Antwort finden. Weil die Frage nach dem Wie unseres Lebens längst zur Überlebensfrage geworden ist. Nicht nur für uns, sondern für viele andere Menschen in weit entfernten Teilen der Welt, deren Schicksal uns nur aus den Katastrophenmeldungen des Fernsehens erreicht. Wenn Bilder von Dürre, Sturm oder Fluten wieder einmal die trügerische Ruhe der Festung Europa erschüttern, reagieren auch die Institutionen.

Das Europäische Parlament verabschiedet eine dringliche Resolution. Die Opfer bekommen Geld, Medikamente und Decken. Hilfsorganisationen stellen Zelte auf...

Die Ursachen aber werden nicht bekämpft. Denn das hätte tiefe Einschnitte in den europäischen Alltag zur Folge. In der EU müßten derzeit etwa 370 Millionen Menschen ihren Lebensstil ändern, ihre Ansprüche und ihre Vorstellung vom Glück. Unser Schicksal sei die Nötigung, das Politische neu zu erfinden, sagt Ulrich Beck. Recht hat er, und er trifft damit auch gleich den wunden Punkt der europäischen Energiepolitik. Die ist erstarrt in überkommenen Strukturen. Notwendiger Wandel vollzieht sich nur schleppend. Von der Erfindung einer neuen Energiepolitik ist Europa weit entfernt. Und die Wurzeln des Übels reichen bis an den Anfang der Gemeinschaft. Noch heute fesseln einstige Entscheidungen Kreativität und Innovation. Daher lohnt ein Blick zurück.

Europäische Integration und Energie – eine gemeinsame Geschichte

Ein wichtiger Antrieb für die Bildung der Europäischen Gemeinschaft nach zwei furchtbaren Kriegen erwuchs aus dem Willen der Sieger, Deutschland kriegsunfähig zu machen. Sicherer Frieden bedurfte daher zwingend der Vergemeinschaftung der wichtigsten Energiequelle – der Steinkohle – sowie der eng damit verflochtenen Eisen- und Stahlproduktion. Aus dem Vorhaben, die ungleich verteilten energetischen Ressourcen allen europäischen Staaten zugänglich zu machen, entwikkelte sich die Europäische Gemeinschaft für Kohle und Stahl (EGKS, Montanunion): ein supranationales Abkommen (Frankreich, Italien, Belgien, Luxemburg, die Niederlande und die Bundesrepublik Deutschland) über die Verteilung der Steinkohle und die Entwicklung der Eisen- und Stahlindustrie.

Im Laufe der Zeit traten auch die neuen EG-Mitglieder bei. Europäische Integration und energiepolitische Interessen gingen so Hand in Hand. Die Entscheidungen von damals aber wirken noch bis ins nächste Jahrtausend. Erst 2002 läuft der EGKS-Vertrag aus. Davon wird noch die Rede sein.

Energiepolitische Fehlentscheidung Euratom

Die wohl größte energiepolitische Fehlentscheidung mit europäischer Dimension wurde 1957 getroffen: die Gründung der Europäischen Atomgemeinschaft (Euratom). Ziel war, der angeblichen Zukunftsenergie Atomkraft den Weg zu ebnen und sie gemeinschaftlicher Kontrolle zu unterstellen. „Aufgabe der Atomgemeinschaft ist es, durch die Schaffung der für die schnelle Bildung und Entwicklung von Kernindustrien erforderlichen Voraussetzungen zur Hebung der Lebenshaltung in den Mitgliedstaaten und zur Entwicklung der Beziehungen mit den anderen Ländern beizutragen", steht deswegen gleich im ersten Artikel.

Bedingungslos setzte die Politik auf das atomare Feuer und entwarf die wohl gigantischste Subventionsmaschinerie, von der je eine europäische Energieform profitieren konnte. Und das fast gänzlich ohne parlamentarische Kontrolle. Denn immer dann, wenn der Euratom-Vertrag Rechtsgrundlage gemeinschaftlicher Vorhaben ist, wird das EP nur angehört. Mitwirkungs- oder gar Mitentscheidungsbefugnisse sind nicht vorgesehen, wenn zum Beispiel im Bereich der europäischen Forschungsrahmenprogramme über deren atomaren Anteil beschlossen wird (1994 wurden für den Programmzeitraum allein für die Fusionsenergie 1,8 Milliarden DM Forschungsfördergelder bewilligt). Auch die Maastrichter Verträge haben daran nichts geändert. Die gebotene Kehrtwende europäischer Energiepolitik wird auch Maastricht II nicht bringen. Eine echte Reform mit dem Willen zum atomaren Ausstieg sowie zur konsequenten Förderung der erneuerbaren Energien innerhalb eines zukunftsweisenden Energiekapitels im EU-Vertrag ist nicht in Sicht. Die Regierungschefs haben dieses wichtige Thema gar nicht erst auf die Tagesordnung genommen...

Ein letzter zusammenfassender Blick zurück: Der EGKS-Vertrag widmete sich der Verteilung der in den 50er Jahren knappen Kohle. Wettbewerbsbeschränkungen und Handelshemmnisse wurden durch ihn abgebaut. Der EAG-Vertrag unterstützte umfassend den Auf- und Ausbau der Atomenergie vor allem durch gemeinsame Forschungs- und Entwicklungsprogramme. Der Handel und ein möglichst sicherer Umgang mit den spaltbaren Stoffen wurden reglementiert. Im Vertrag über die Europäische Wirtschaftsgemeinschaft (EWG) schließlich wurde der Energiebereich nicht gesondert behandelt. Energiedienstleistungen ordnete man dem Bereich des freien Warenverkehrs zu. Konsequenzen zog man daraus lange nicht. Erst heute, im Herbst 1996 und rund 40 Jahre nach Vertragsunterzeichnung, stehen abschließende Regelungen für den grenzüberschreitenden Handel mit Strom kurz vor der Verabschiedung. Auf einem Sonderrat einigten sich Europas Energieminister am 20. Juni 1996 auf den Text einer entsprechenden Richtlinie. Der darin angestrebte Binnenmarkt für Energie macht ökologisch keinen Sinn. Im Gegenteil: Die Gefahren für die Umwelt überwiegen.

Ein Binnenmarkt für Energie

Worum geht es? Seit Ende der 80er Jahre wurde über den Richtlinienentwurf erbittert gestritten. Was die italienische Ratspräsidentschaft in der ersten Jahreshälfte 1996 als großen Erfolg verbuchte, ist in Wahrheit ein ökologisch höchst bedenklicher Versuch, die einzelstaatlich sehr unterschiedlich organisierten Strategien der Energieversorgung in einem großen europäischen Kraftakt zu verbinden. Die diversen nationalen Konzeptionen reichen von der Versorgung durch eine einzige staatliche Gesellschaft (Frankreich) über dezentrale, abgegrenzte Gebiete in Ausschließlichkeit versorgende Elektrizitätsversorgungsunternehmen (Deutschland) bis hin zu einer in einem Pool organisierten Elektrizitätswirtschaft (Großbritannien), in der Abnehmer- und Lieferantenwahl möglich ist. Profiteure werden die energieintensiven Großindustrien sein. Für die Bürgerinnen und Bürger ändert sich nämlich vorerst wenig. Für kleine, dezentrale Stromerzeuger wird die Luft noch dünner im großen, harten europäischen Wettbewerb. Wieder einmal spielen ökonomische Interessen und deren Repräsentanten die Ökologie an die Wand.

Deutsche Industrievertreter haben traditionell über zu hohe Strompreise gejammert und sich mit allerlei Tricks auch gegen ökologische Steuern gewehrt. Nun sollen sich für die großen Energiefresser zuerst die Türen des Binnenmarktes öffnen. Im gesamteuropäischen Stromsortiment einkaufen dürfen zunächst nur jene Kunden, die jährlich mehr als 100 Gigawattstunden verbrauchen. Darüber hinaus werden die nächstgrößeren Stromkunden berücksichtigt, bis die Nachfrage der vorgeschriebenen Mindestquote entspricht. Ob Verteilerunternehmen (regionale Stromversorger oder Stadtwerke) Marktzugang bekommen, soll in den Mitgliedstaaten selbständig entschieden werden. So will es das Subsidiaritätsprinzip.

Die Regelungen des Richtlinienentwurfs sind kompliziert. Er sieht eine schrittweise Öffnung der einzelstaatlichen Märkte ab 1999 vor. Jedem Land soll eine Mindestmarktöffnungsquote von 23 Prozent verordnet werden, die nach sechs Jahren auf 33 Prozent steigt. Kalkuliert wird die Quote anhand des Anteils, der auf Großkunden mit einem Jahresverbrauch von mehr als 40 Gigawattstunden (das sind 40 Millionen kW/h) entfällt. Dieser Berechnungswert soll nach drei Jahren auf 20 und nach weiteren drei Jahren schließlich auf 9 Gigawattstunden sinken. In Deutschland bedeutet dies Marktöffnung für anfänglich 600 und nach acht Jahren rund 2.800 Industriebetriebe.

Um Ungleichgewichte zwischen den verschieden organisierten Mitgliedstaaten zu vermeiden, hat man sich Schutzklauseln ausgedacht. Ein Land muß seinen Markt nur soweit für ausländische Anbieter öffnen, wie es umgekehrt auch das Lieferland tut. Ob diese Regelung allerdings auch vor dem Europäischen Gerichtshof Bestand hat, ist unklar. Diese Unsicherheit macht den deutschen Stromern mächtig Angst. Und deren Reaktionen zeigen deutlich, wo die Gefahren liegen.

Im Management der deutschen Stromkonzerne nutzt man die europäische Liberalisierung zum Generalangriff auf das, was an Deutschlands Stromgesetzgebung überhaupt sinnvoll ist. Beklagt werden wörtlich „politische Sonderlasten wie zum Beispiel Konzessionsabgaben, höhere Umweltschutzanforderungen, Behinderung der Kernenergie und das Stromeinspeisungsgesetz“. Ein fairer Wettbewerb auf europäischer Ebene – so meinen die Stromer – sei nur dann zu haben, wenn diese Hindernisse fallen. Es ist allerhöchste Vorsicht geboten, daß die neue europäische Stromrichtlinie nicht die letzten Chancen auf eine nachhaltige Umstrukturierung der Energieerzeugung zunichte macht. Die vom deutschen Wirtschaftsminister geplante Novellierung des Energierechts zeigt, wie weit die Demontagepläne schon fortgeschritten sind. Der Liberale Rexrodt setzt ganz allein auf die Kräfte des Marktes. Aus seinem Ministerium heißt es denn auch schon, man wolle den deutschen Energiemarkt gleich von Beginn an zu 100 Prozent öffnen. Vor den Risiken schließt der Minister die Augen. Die zweite Lesung im Dezember '96 im Europäischen Parlament bot die Gelegenheit, grüne Mindestanforderungen an den liberalisierten Energiebinnenmarkt vorzustellen.

Sinkende Strompreise – und die sind im internationalen Wettbewerb zu erwarten – können keine Antwort auf steigende CO_2-Ausstöße sein. Das Gegenteil ist nötig. Wenn die Strompreise die ökologische Wahrheit sagen sollen, dann müssen sie steigen. Am besten im Rahmen einer ökologischen Steuerreform auf europäischer Ebene. Die deutsche Bundesregierung hat sich auf diesem Gebiet in den vergangenen Jahren als konsequenter Bremser erwiesen. Hoher Verbrauch darf kein Argument mehr für billige Preise sein. Energie sparen und regenerativ erzeugen, das muß Europas Anliegen für die Zukunft werden. Die neue Stromrichtlinie reproduziert bloß phantasielos die ungehemmte Wettbewerbspolitik. Unverzichtbare Rahmenbedingung für einen europäischen Energiemarkt ist das Primat der Sparsamkeit. Diesbezüglich befinden sich gleich mehrere andere Richtlinienentwürfe auf dem europäischen Abstellgleis. Unter anderem werden diverse Energieeinsparrichtlinien durch deutsches Veto im Ministerrat blockiert. Diese Beispiele für vertane Chancen werden weiter unten im Rahmen der Erörterung des SAVE-Programms noch erwähnt.

Geklärt und ausgeschlossen werden müssen vor der Verabschiedung der Energiebinnenmarkts-Richtlinie vor allem auch deren Auswirkungen auf ökologisch sinnvolle einzelstaatliche Regelungen. Für Deutschland bedeutet das eine unbedingte Absicherung des Stromeinspeisungsgesetzes, das regenerativer Energieerzeugung kostendeckende Preise garantiert. Sinnvoll wäre, daraus eine europäische Einspeisungsrichtlinie zu entwickeln, damit EVU-Klagen wegen Wettbewerbsverzerrungen auch für die Zukunft keine Chancen haben. Ein europäischer Strompool, neutrale Transportnetze, Ausstieg aus der Atomenergie, absoluter Vorrang für erneuerbare Energieträger, Kraftwärmekopplung und Energieeinsparung müssen in eine europäische Energierichtlinie integriert werden, wenn sie denn zukunftstauglich werden soll.

Die europäische Realität sieht aber leider anders aus. Die langen Leitungen in den Köpfen der Stromer und der verhandelnden Wirtschaftsminister korrespondieren fatal mit den viel zu langen Leitungen eines europäischen Energiebinnenmarktes. Wo dezentrale Lösungen gefragt wären, setzt man auf die Gigantomanie transeuropäischer Netze. Das ist der falsche Weg.

Die Neuordnung der europäischen Vertragsgrundlage

Weder die Maastricht-Verhandlungen noch die bisherigen Folgekonferenzen widmeten sich konsequent einer Neuordnung der antiquierten Strukturen der Gemeinschaft. Dabei müßte schleunigst der vertragliche Boden für eine europäische Energiewende bereitet werden. Die nötige Neuerfindung des Politischen droht sonst an überkommenen Vereinbarungen zu scheitern.

Die sektorale Verteilung energiepolitischer Kompetenzen auf drei unterschiedliche vertragliche Gemeinschaften (EGKS-, Euratom- und EWG-Vertrag) behindert eine vernünftige Energiepolitik in der EU. Der erste Schnitt muß beim Euratom-Vertrag angesetzt werden. Er muß tief sein und der Atomindustrie Schmerzen bereiten. Das EAG-Vertragsziel, die Atomenergie zu fördern, ist obsolet. Den wirtschaftlichen Durchbruch hat diese lebensbedrohliche Technik bedauerlicherweise durch die verschwenderischen einzelstaatlichen sowie gemeinschaftlichen Subventionen längst geschafft. Und das im Vertragstext formulierte Förderziel führt seit langem zu Wettbewerbsverzerrungen gegenüber anderen Energieträgern. Vor allem die erneuerbaren Energien bleiben so strukturell chancenlos.

Überholt ist auch der EGKS-Vertrag. Wachstumsorientierte Ziele und die Stärkung der Eisen- und Stahlindustrie haben mit der Realität am Ende des 20. Jahrhunderts nur noch wenig gemein. Im Gegenteil: Allenthalben werden Produktionen und Arbeitsplätze in diesen Bereichen abgebaut. Auch wenn die Kohle noch einen hohen Anteil an der europäischen Primärenergieversorgung hat, wird unsere Zukunft im Bereich der erneuerbaren Energien liegen. Oder wir werden gar keine Zukunft haben.

Der EWG-Vertrag schließlich kann keine ausreichende Grundlage für die notwendigen Veränderungen sein. In ihm werden nicht einmal energiepolitische Zielsetzungen formuliert. Er hält keine Rechtsgrundlage für Aktivitäten im Energiebereich bereit, so daß bereits Artikel 235 (Erlaß von Rechtsvorschriften für unvorhergesehene Fälle) herangezogen werden mußte.

Was im Energiebereich ferner fehlt, ist demokratische Kontrolle. Die Rechte des Europäischen Parlamentes wurden im Zuge der Maastricht-Verhandlungen zwar gestärkt. Die Gesetzgebungsverfahren der drei Gemeinschaften blieben bei dieser Harmonisierung aber ausgespart. Die bereits erwähnten eklatanten Mängel des Euratom-Vertrages haben weiter Bestand. Vor allem bei der Verteilung der Forschungsetats macht sich das schmerzlich bemerkbar. Innerhalb des 4. Forschungsrahmenprogramms der EU wurden so insgesamt mehr als 1,2 Milliarden ECU (das sind über 2 Milliarden DM) im Atombereich verteilt. Lediglich für den Bereich der nichtnuklearen Energien (rund 980 Millionen ECU) ist eine Parlamentsbeteiligung zwingend vorgeschrieben. So unterschiedliche Rechtsetzungsverfahren innerhalb der Europäischen Union entbehren jeder sachlichen Grundlage. Sie nähren vielmehr den Zweifel daran, daß im Atombereich alles mit rechten Dingen zu geht.

Ein Energiekapitel für den EG-Vertrag

Demokratiemangel und veraltete Strukturen können nicht die Basis sein, auf der Europa die Energiewende vollzieht. Erfolgversprechend wäre, die Energiepolitik in einem gesonderten Kapitel des EU-Vertrages zu behandeln. Mit klaren ökologischen Zielsetzungen. Mit verbriefter demokratischer Kontrolle.

Und nicht zuletzt mit dem Verzicht auf Atomenergie. Allein die im Bereich Sicherheitsüberwachung (Safeguards) formulierten Artikel des Euratom-Vertrages sollten erhalten bleiben. Denn das tödlich strahlende Erbe der Atomenergie bleibt uns und den nachfolgenden Generationen erhalten.

Es ist überhaupt nicht einzusehen, warum die Atomenergie in der mittlerweile auf 15 Staaten gewachsenen EU immer noch ihre alten Vorteile genießt. Sieben Mitgliedsländer haben bereits auf die atomare Energieerzeugung verzichtet, und dennoch finanzieren sie über ihren Beitrag zum EU-Haushalt den atomaren Wahnsinn weiter mit. Aus dieser Richtung muß endlich größerer politischer Druck erwachsen, um den EU-Vertrag um ein ausstiegsorientiertes Energiekapitel zu ergänzen. Leitlinien eines solchen Energiekapitels müssen Risikominderung für Mensch und Umwelt, Ressourcenschonung und soziale Gerechtigkeit sein. Wir wollen einen verbrieften Vorrang für Energieeinsparungen und den Einsatz erneuerbarer Energien in regionalen Strukturen.

Um das zu erreichen, brauchen wir hohe Standards für Energieeffizienz und Umweltschutz, Chancengleichheit für alternative Energieformen und transparente Preise. Dazu gehört Minimalkostenplanung ebenso wie gesamtgesellschaftliche Kostenrechnungen, die Einführung einer ökologischen Steuerreform und verstärkte internationale Zusammenarbeit auf dem Gebiet effizienter Energienutzung. Und natürlich gehört die volle Beteiligung des Europäischen Parlamentes im Rahmen einer Demokratisierung der energiepolitischen Strukturen als wichtiger Baustein in dieses neue, zukunftsfähige Konzept. Ebenso wie die oben bereits erwähnte Demokratisierung der Stromerzeugung und Verteilung. Wenn diese Schritte getan sind, ließe sich endlich eine Energieversorgung organisieren, die die Lebensperspektiven der nachfolgenden Generationen erhält, anstatt sie zu zerstören.

Trotz aller Anstrengungen scheinen solche Perspektiven heute noch fern vom europäischen Alltag. In den Mühlen der Institutionen und Lobbyisten, der Mitgliedstaaten und Wirtschaftsverbände werden innovative Ideen professionell zermahlen. Die Maschinerie zur Verhinderung von ökologisch sinnvollen, ja dringend notwendigen Entscheidungen läuft wie geschmiert – auf europäischer aber auch auf einzelstaatlicher Ebene.

In Deutschland zum Beispiel liefert der ausdauernde Kampf der kleinen Gemeinde Schönau gegen die Kraftübertragungswerke Rheinfelden ein Exempel dafür, wie schwierig – aber durchaus erfolgreich – ökologischer Strukturwandel zu erringen ist. Der Versuch der Schönauer, ihre Stromversorgung selbst in die Hand und das dafür notwendige Netz in Besitz zu nehmen, beschreibt einen weiteren wichtigen Aspekt der angestrebten energiepolitischen Demokratisierung: Regionalisierung und geknackte Monopole. In einem liberalisierten europäischen Energiemarkt, wie ihn die Ministerräte derzeit konstruieren, werden ähnliche Initiativen – aber auch die meisten der heute in Deutschland existierenden Stadtwerke – keine Chance mehr haben, den Stromgiganten Paroli zu bieten.

Auslöser für die Schönauer Initiative war die Reaktorkatastrophe von Tschernobyl. Das Unglück sensibilisierte die Menschen für den erheblichen Anteil atomar erzeugten Stromes, der täglich auch aus ihren heimischen Steckdosen floß. Diesen Anteil – in Schönau geht es um rund 40 Prozent – durch erneuerbare Energiequellen zu ersetzen, ist das Ziel. Den Atomstromanteil der Elektrizitätsproduktion in der EU auf Null zu bringen, ist auch ein Ziel der Grünen im EP. Wie gesagt verzichten bereits sieben Mitgliedstaaten auf die risikoreichste aller Energieformen. Angesichts der immer noch völlig ungelösten Entsorgung der tödlichen Abfallstoffe, der zahlreichen Unfälle und erheblichen radioaktiven Gefährdungen durch Brennstoffproduktion, Kraftwerke, Wiederaufarbeitungsanlagen und oberirdische provisorische Lagerstätten sowie in Anbetracht der Risiken unzähliger Transporte strahlender Fracht quer durch Europa, sollten die Ausstiegsländer schnell Nachahmer finden.

Gorleben: Ein Exempel europäischer Atompolitik

Am Beispiel der Auseinandersetzungen um das Gorlebener Zwischenlager offenbart sich exemplarisch der ganze Wahnsinn europäischer Atompolitik. In der zugigen Halle, deren Genehmigungsverfahren dem einer einfachen Kartoffelscheune glich, stehen derzeit zwei gefährliche Behälter. „Castor“ nannte die Atomindustrie diese stählernen Kolosse, deren hochradioaktiver wärmeentwickelnder Inhalt bei Gorleben in den kommenden 40 Jahren abkühlen und auf seine endgültige Lagerung warten soll.

Die Möglichkeit der Endlagerung des Mülls im nahen Gorlebener Salzstock wird immer noch „erkundet“, so heißt es im Behördendeutsch. Weit mehr als eine Milliarde Mark hat die Bundesrepublik allein in dieses Salzloch investiert, obwohl Experten dem Vorhaben keinerlei Chancen einräumen, weil der zerklüftete Salzkoloß unter Tage aus vielerlei Gründen nicht tauglich ist. Und so werden die beiden Castorbehälter und deren mögliche Nachfolger – wenn wir den gefährlichen Unsinn nicht doch noch stoppen können – wohl noch viel länger als die genehmigten 40 Jahre in der Kartoffelscheune stehen.

Der erste Castor wurde am 25. April 1995 im Gorlebener Zwischenlager aufgestellt. Er enthält abgebrannte Brennelemente aus dem baden-württembergischen AKW Philippsburg und steht jetzt für das, was die deutsche Atomindustrie vollmundig „direkte Endlagerung“ nennt. Gemeint ist damit, daß der atomare Müll nicht den Umweg über die ausländische Wiederaufarbeitung geht, sondern direkt in die Gorlebener Leichtbauhalle transportiert wird. Der Auftrag der Atomindustrie, diesen Castor von mehr als 10.000 PolizistInnen und mit Millionenaufwand in den niedersächsischen Landkreis Lüchow-Dannenberg schaffen zu lassen, war nichts als ein idiotischer Machtbeweis. Die Lagerkapazitäten an den AKW-Standorten sind längst nicht erschöpft. Fahrlässig und ohne jede Not wurde der strahlende Transport quer durch Deutschland in eine Halle gekarrt, die keinen wirklichen Schutz bieten kann.

Am 8. Mai 1996, geschützt durch einen gigantischen und brutalen Polizeieinsatz, rollt der zweite Castor ins Gorlebener Zwischenlager. In seinem Innern birgt das stählerne Gebinde Glaskokillen aus der französischen Wiederaufarbeitungsanlage am Kap de La Hague. Eingeschmolzen ins Glas wurden dort die brisantesten Anteile des strahlenden Mülls, der am Ende der Wiederaufarbeitung abgebrannter Brennelemente aus deutschen Atomkraftwerken entstanden ist. Die ersten deutsch-französischen Verträge über die Wiederaufarbeitung abgebrannter deutscher Brennelemente stammen bereits aus den frühen 70er Jahren. Mittlerweile sind Kontrakte bis ins nächste Jahrtausend geschlossen. Gleich tonnenweise wurde und wird weiterhin deutsches Plutonium in Frankreich abgetrennt, aber dort auch gelagert oder zu MOX-Brennelementen weiterverarbeitet. Mittlerweile bieten die französischen Atomiker ganze Paketlösungen zu Dumpingpreisen an, um ihre atomare Maschinerie am Leben zu halten: Da werden langfristige Zwischenlagermöglichkeiten für abgebrannte Brennstoffe, Atommüll und Plutonium offeriert – auch wenn das eindeutig französischen Gesetzen widerspricht. Konkurrenzlos günstige MOX-Brennelemente sind ebenfalls im Angebot. Verbunden mit solchen Offerten sind natürlich in jedem Fall viele gefährliche Transporte zwischen den weit verstreut liegenden französischen Anlagen.

Grenzenloser Atomtourismus

Die Atomindustrie hat ein gigantisches Netz über Europa geworfen. Brennstoffproduktion, Atomkraftwerke, Wiederaufarbeitungsanlagen oder Lagerstätten sind über weite Teile der Gemeinschaft verteilt. Verbunden werden diese Knotenpunkte des Netzes durch die Transporte strahlender Stoffe, die den atomaren Organismus am Leben halten. Die Gefahr hat keinen festen Ort. Sie rollt, fliegt und schwimmt. Tagtäglich werden strahlende Frachten auf der Straße, dem Schienenweg, in Schiffen und Flugzeugen bewegt. Der Glaskokillenbehälter im Gorlebener Zwischenlager ist strahlender Ausdruck der engen Verflechtung der europäischen Atomindustrie. Die Normandie und Niedersachsen sind Endpunkte einer der vielen Transportschneisen des Todes, die durch das Gebiet der Europäischen Union geschlagen worden sind. Andere enden im britischen Windscale/Sellafield, reichen bis nach Spanien oder Schweden, nach Finnland oder in die Niederlande.

Die deutsch-französische Zusammenarbeit im „zivilen“ Bereich der Atomenergienutzung läuft seit gut vier Jahrzehnten wie geschmiert. Anlagen, die in Deutschland nicht durchgesetzt werden konnten, stehen mittlerweile beim westlichen Nachbarn – finanziert vor allem mit dem Geld deutscher EVUs. Bis 1989 stammten etwa 70 Prozent der in der UP2-Anlage von La Hague aufgearbeiteten Leichtwasserreaktorbrennstoffe aus deutschen Atomkraftwerken. Die neue UP3-Anlage, die dort 1989 ihren Betrieb aufgenommen hat, wurde zu rund 40 Prozent von deutschen Energieversorgern vorfinanziert. Deutsche EVUs sind finanziell eng verflochten mit der französischen Atomindustrie. Neben den Investitionen in Anlagen zur Brennstoffproduktion oder Wiederaufarbeitung halten sie auch diverse Beteiligungen an Frankreichs Atomkraftwerkpark. Das Badenwerk zum Beispiel investierte nicht nur in den brisanten Brüter Superphénix, sondern auch in die Reaktoren von Fessenheim und Cattenom. Die Gegenleistung der Franzosen: Stromlieferungen zum Spottpreis. Kein Wunder also, daß auch der baden-württembergische Umweltminister keine Ausstiegsinitiativen erkennen läßt. Schließlich ist sein Land ja Gesellschafter der Badenwerke. Ein weiteres Beispiel der reibungslosen deutsch-französischen Kooperation liefern Siemens und Framatome. Die Reaktorbauer gründeten 1989 eine Filiale, um den neuesten Traum der Atomindustrie voranzutreiben: Entwicklung und Bau des European Pressurized Reactors (EPR).

Ob unterwegs oder an den Ziel- und Ausgangsorten der Transporte, überall droht das Risiko einer todbringenden Havarie. Die radioaktive Verseuchung der irischen See durch die Ableitungen der WAA Windscale/Sellafield oder die an Leukämie erkrankten Kinder aus der Nähe des deutschen Atomkraftwerks Krümmel machen eines ganz deutlich: Die von den Atomikern gepriesene Sicherheit europäischer Atomanlagen ist eine Lüge. Für die Grünen gibt es daher keine Alternative zum Ausstieg aus jeglicher Atomenergienutzung. Dazu gehört auch das Ende der Wiederaufarbeitung und der damit verbundenen Plutoniumindustrie. Diese Welt braucht weder Atombomben noch MOX-Brennelemente, in denen das abgetrennte Plutonium wiederverwendet werden soll. Die Bewältigung des strahlenden Erbes der Atomwirtschaft ist eine der größten Aufgaben unserer Gesellschaft. Und das Risiko wächst mit jedem Tag mehr, an dem wir zulassen, daß die Atomfabriken weiterlaufen.

In Gorleben, dort wo seit Mai 1996 der zweite Castorbehälter steht, schließen die Betreiber der Anlage vor der Bedrohung einfach die Augen. Bei ihren Beschreibungen der Sicherheit langfristiger Lagerung atomaren Mülls jonglieren sie schamlos mit Jahrzehnten, Jahrhunderten, wagen sogar Prognosen über Tausende von Jahren. Als sie sich ihre Kartoffelhalle genehmigen ließen, verzichteten sie auf die Konstruktion eines auch Flugzeugabstürze überstehenden Gebäudes. Ihre Begründung war einfach: Nahe der DDR-Grenze würden nie Flugzeuge fliegen, hieß es. Die DDR ist längst perdu. Und mit ihr auch all die Prognosen. Sie taugten nicht einmal für ein knappes Jahrzehnt. Heute steht die Halle im Tieffluggebiet.

SAVE – Die letzte Chance, das CO_2-Reduktionsziel zu erreichen

Energieeinsparung und rationelle Energieverwendung können neue und alte, fossile oder atomare Kraftwerke schneller überflüssig machen als regenerative Energien. Die geringsten Risiken für Mensch und Natur bestehen, wenn Energie gespart wird. Eine gemeinschaftliche Energieeffizienzinitiative steht denn auch im Mittelpunkt des EU-Programms SAVE, dessen Fortsetzung zur Zeit Thema scharfer politischer Auseinandersetzungen ist. SAVE I (1991-1995) war mit 35 Millionen ECU nur sehr bescheiden ausgestattet und vor allem darauf ausgerichtet, zur Vorbereitung einer Reihe von legislativen und administrativen Aktionen zu dienen. So sah der Kommissionsvorschlag 1990 noch 13 Bereiche für Richtlinien zur Erhöhung der Energieeffizienz vor. Tatsächlich wurden bisher aber nur drei Richtlinien des Rates und eine Ausführungsrichtlinie der Kommission verabschiedet. Sie betrafen den Wirkungsgrad von Warmwasserboilern, die Etikettierung von Haushaltsgeräten und die völlig unzulängliche Richtlinie (93/76/EWG) zur Begrenzung der CO_2-Emissionen durch effektivere Energienutzung. Darin werden die Mitgliedstaaten aufgefordert, in den im SAVE I-Programm genannten restlichen Bereichen Programme durchzuführen. Eine rechtsverbindliche Vorschrift dafür gab es aber leider nicht. Unter Berufung auf das Subsidiaritätsprinzip hatten die Mitgliedstaaten diese lasche Form durchgesetzt – mit dem Erfolg, daß viele Gemeinschaftsinitiativen gar nicht erst umgesetzt wurden. Weitere von der Kommission geplante Richtlinienvorschläge blieben gleich ganz in der Schublade. Die Richtlinie zur Einführung von Wärmemessern beispielsweise: Sie hätte rund 4,75 Millionen Tonnen Rohöleinheiten an Ersparnis gebracht und eine CO_2-Reduzierung im Jahr 2010 von 12 Millionen Tonnen.

Die Förderung von Informations-Netzen und einige andere Aktivitäten waren durchaus positiv. Aber der entscheidende Teil des Programms – der legislative nämlich – verkümmerte in der Subsidiaritätsdebatte. Die Anwendung des Subsidiaritätsprinzips ist angesichts des grenzüberschreitenden Charakters der CO_2-Problematik und der Notwendigkeit fortschreitender Harmonisierung der Umweltstandards im Binnenmarkt völlig fehl am Platz.

Im Rahmen von SAVE II sollten solche Fehler eigentlich ausgemerzt werden. Doch dieses grüne Vorhaben stößt auf erbitterten Widerstand bei den Regierungen der EU-Mitgliedsländer. Und das wider besseres Wissen. Harte Divergenzen bestehen im Rat – wie sollte es anders sein – vor allem hinsichtlich der Haushaltsausstattung von SAVE II. Die Kommission hatte in ihrem Vorschlag 150 Millionen ECU angegeben, war damit aber sofort auf erheblichen Widerstand bei den Mitgliedstaaten gestoßen. Während des italienischen Ratsvorsitzes schrumpfte der Budgetvorschlag erst auf 80, dann auf 70 Millionen ECU zusammen. In weiteren Verhandlungen drückten die Ratsmitglieder – vor allem auf Bestreben Deutschlands – die Summe auf 50 Millionen. Der jüngste Gemeinsame Standpunkt des Rates sieht gar nur noch 45 Millionen ECU vor. Und das für ein Programm, von dem sogar Energiekommissar Christos Papoutsis sagt, es böte die letzte Chance, die CO_2-Reduktionsverpflichtungen der EU einzuhalten. Dänemark, Finnland, Griechenland, Irland, Luxemburg, Spanien, Schweden und Portugal haben eine Erklärung ins Protokoll einer Brüsseler Energieministertagung aufnehmen lassen, in dem sie bedauern, daß es nicht möglich war, sich über einen substantielleren Haushalt zu verständigen. Auch dieses Schlaglicht auf eine der vielen politischen Entscheidungen in Brüssel macht einmal mehr deutlich: Die ewigen Beteuerungen deutscher MinisterInnen, sie seien Vorreiter in Sachen europäischer Umweltpolitik, sind eine Mär.

Es besteht noch Hoffnung, daß das Budget vor der letzten Lesung nach oben korrigiert werden kann. Denn nach oben korrigiert worden sind bereits die CO_2-Prognosen der Kommission, die sich eigentlich auf eine Stabilisierung des Treibhausgasausstoßes bis zum Jahr 2000 auf dem Niveau von 1990 festgelegt hatte: Mittlerweile wird mit einer achtprozentigen Steigerung gerechnet! „Die Europäische Union steht vor einer Epoche eines ständig steigenden Energiebedarfs", heißt es lapidar in einem Papier über die „Prioritäten des irischen Ratsvorsitzes". Wie die damit verbundenen Umweltzerstörungen verhindert werden können, darüber schweigt sich der Ratsvorsitz vornehm aus.

Die Politik nicht aus der Hand nehmen lassen

In der Rückschau war festgestellt worden, daß die größten Erfolge des ersten Programms durch legislative – also für alle bindende – Maßnahmen zustande gekommen waren. Daraus wird jedoch nichts gelernt. Im Gegenteil: Die Kommission will sich in ihrem Vorschlag nun ausdrücklich nichtlegislativen Initiativen zuwenden. Ein unseliger Trend, der auch auf anderen Gebieten immer mehr um sich greift: Weg von bindenden Vorschriften, hin zu freiwilligen Vereinbarungen oder Selbstverpflichtungen der Industrie. Da sollen Böcke zu Gärtnern werden. Ein politischer Vorstoß, der nicht unwidersprochen hingenommen werden darf und von den Grünen auch nicht hingenommen wird.

Die Industrie versucht sich von politischen Vorgaben zu befreien. Und rennt damit bei den in vielen Bereichen des Gesetzesvollzuges überforderten Staaten offene Türen ein. Der

Markt werde es schon richten, glaubt und hofft man in Brüssel sowie in den Hauptstädten der Union. Grüne Politik weist in eine andere Richtung. Auch und ganz besonders in Europa. Sie will lokale und regionale Zusammenhänge stärken. Insbesondere bei der Energieversorgung. Das wird die Menschen aus den verschiedenen Ländern nicht trennen. Es wird sie zusammenführen, weil sie alle voneinander lernen können.

Keine Angst vor Bangemann

Höchste Zeit für Mitbestimmung in der Agrarpolitik

Friedrich Wilhelm Graefe zu Baringdorf

Jenseits aller parlamentarischen Mitbestimmung wurde die europäische Landwirtschaft von 30 Jahren Gemeinsamer Agrarpolitik in die Industrialisierung getrieben. Doch immer deutlicher zeigen sich die Umweltschäden und die Gefährdung der Verbraucherinnen und Verbraucher durch diese Landwirtschaftspolitik. Die Rinderseuche BSE hat sogar die angebliche Wirtschaftlichkeit der „rationellen" Fleischproduktion ad absurdum geführt. Es ist höchste Zeit, die Agrarpolitik wieder vom Kopf auf die Füße zu stellen und sie unter demokratische Kontrolle zu bringen.

„Eine unreife Abstimmung, wie im Gefühlsrausch!" Industriekommissar Bangemann war außer sich, als das Europäische Parlament im März 1995 den Entwurf zur Patentierung von Lebewesen ablehnte, und drohte eine strengere Gangart an. Auch vom Mißbrauch der in Maastricht 1992 gnädig zugestandenen Mitbestimmung war die Rede.

Dabei hatte das Parlament nur Gebrauch von der Möglichkeit gemacht, einen ihm unzureichend erscheinenden Vorschlag der Kommission und des Rates (in diesem Fall kurioserweise des Vermittlungsausschusses zwischen Parlament und Rat) abzulehnen und damit die EU-Administration aufzufordern, einen besseren Weg zur Lösung des Patentproblems zu erarbeiten.

Die Agrarpolitik hatte an diesem Ereignis einen entscheidenden Anteil: Eine der Kernfragen bei der Patentierung von Lebewesen war – neben grundsätzlichen ethischen Einwendungen und einer breiten Ablehnung von Patenten auf menschliche Gene sowie der Keimbahntherapie – das Recht der Bauern in Europa und vor allem in den sogenannten Entwicklungsländern, ihr Saatgut und ihr Vieh zur Vermehrung auf dem Hof frei zu nutzen und es im Rahmen der ländlichen Nachbarschaftshilfe auch mit Bäuerinnen und Bauern der Umgebung zu tauschen. In der Sprache der EU-Verwaltung bezeichnet man diese Freistellung von eventuellen Patentgebühren als Landwirteprivileg. Wir reden lieber von ihrem Recht, da es sich um den traditionellen Umgang mit lebendigen Ressourcen handelt. Erst deren Patentierung schafft ein Privileg für Monsanto und andere Chemiegiganten, Gebühren für den Anbau und die Fortpflanzung von Lebewesen zu kassieren.

Während der Debatte um die Patentierung von Lebewesen kamen die Agrarpolitiker in eine ungewohnte Lage: Die anderen Europäischen Institutionen mußten ihnen ausnahmsweise zuhören und auf ihre Ansichten Rücksicht nehmen. Denn obwohl (oder gerade weil) die Agrarpolitik fast zwei Drittel des EU-Haushalts verschlingt, werden alle für die Landwirtschaft und die Entwicklung des ländlichen Raums wesentlichen Entscheidungen am grünen Tisch der europäischen Agrarminister gefällt. Das Parlament wird auch nach der EU-Reform von 1992 in einem Anhörungsverfahren nur um seine Meinung gebeten. Dann wird – oft das Gegenteil – entschieden. Der einzige Weg, mit dem das Parlament in Landwirtschaftsfragen seinen Unmut äußern kann, ist paradoxerweise die Verweigerung seiner Meinungsäußerung. So konnten die Grünen in einigen sensiblen Punkten das Parlament dazu bringen, die Abstimmung über einen Bericht zu unterlassen, um damit die Kommission an den Verhandlungstisch zu zwingen.

Ein aktuelles Beispiel für diesen parlamentarischen Kniff sind unsere Verhandlungen um eine Novelle des Saatgutverkehrsgesetzes. In diesem Verfahren steht unser Kampf sowohl gegen die genetische Erosion in der Landwirtschaft als auch gegen die unkontrollierte Einführung der Gentechnik im Mittelpunkt.

Die Vielfalt wieder auf den Acker bringen – Das Beispiel des EU-Saatgutrechts

Seit der Jahrhundertwende sind nach Berechnungen der FAO etwa 75 % der durch jahrtausendelange landwirtschaftliche

Praxis entstandenen Pflanzensorten verschwunden. Vor allem in den letzten 50 Jahren sahen sich die Bäuerinnen und Bauern weltweit durch sinkende Nahrungsmittelpreise und die amtliche Beratung dazu gezwungen, anstelle von traditionellen regionalen Sorten moderne Hochertragsvarietäten anzubauen. Doch der Name täuscht: Hochleistung bringen diese Sorten nur, wenn sie mit einen hohen Input an Düngern, Pflanzenschutzmitteln und evtl. Bewässerung gefüttert werden. Die widerstandsfähigen, robusten und an die lokalen Bedingungen angepaßten Varietäten sind diesem kurzsichtigen Rationalisierungsdruck in ungeahntem Maße zum Opfer gefallen. So wurden in Indien Anfang des Jahrhunderts noch 30.000 Reissorten genutzt, während heute ganze 12 Sorten drei Viertel der Anbaufläche bedecken. Von den rund 7.000 Apfelsorten, die in den Vereinigten Staaten um 1900 noch angebaut und gegessen wurden, sind gerade noch 15 % übriggeblieben.

Neben dem Druck zur Rationalisierung haben die Handelsnormen für Nahrungsmittel zu diesem Verlust erheblich beigetragen. Sei es die Mindestgröße von Äpfeln, Pfirsichen und Kartoffeln oder der vorgeschriebene Eiweißgehalt von Brotgetreide: was dem Standard nicht entspricht, darf nicht verkauft werden. Doch nicht nur die Endprodukte, auch das Saatgut unterliegt strengen Handelsnormen. Die Sortenschutz- und Saatgutverkehrsgesetze liegen in nationaler Kompetenz, werden aber seit 1966 zunehmend von Rahmengesetzen der europäischen Gemeinschaft harmonisiert. Die EG-Agrarverwaltung hat sich seitdem das Ziel gesetzt, mit der Beschränkung des Handels auf Hochertragssorten die auf der Fläche erzeugte Menge zu steigern und die Rationalisierung voranzutreiben. Experten haben der EU nun vorgerechnet, daß allein die Einführung des Gemeinsamen Sortenkatalogs auf einen Schlag über 1.500 Gemüsesorten aus dem Handel katapultierte.

Vor allem das Kriterium der Homogenität, die eine Sorte aufweisen muß, um zum Handel zugelassen zu werden, macht es vielen Züchtern und Vermehrern unmöglich, eine amtliche Zulassung für traditionelle Landsorten zu erreichen. Während moderne Züchtungen, vor allem Hybridsorten, stabil reproduzierbare Eigenschaften aufweisen, findet sich bei vielen Wildsorten eine recht hohe Streuung einzelner Merkmale, die ihr Saatgut zu unberechenbar für eine durchrationalisierte Agrarproduktion werden läßt.

Die europäischen Nichtregierungsorganisationen, die vom Aussterben bedrohte Sorten anbauen und vermehren, bewegen sich seit Jahren am Rande der Legalität, da sie ihre Schützlinge nicht verkaufen dürfen. Sie greifen daher zu so ungewöhnlichen Mitteln wie die englische Henry Doubleday Research Association, die größte Forschungsanstalt für biologischen Land- und Gartenbau im Inselreich. Ihre große Sammlung von Obst- und Gemüsevarietäten bildet eine „Saatgutbibliothek“, in der sich Gärtner und Forscherkollegen das Saatgut ausleihen und sich verpflichten, nach der Ernte einige Samen und eine Beschreibung der speziellen Sorteneigenschaften zurückzubringen. Dieser „Club der Gesetzesumgeher“ stellt so eine regelmäßige Aussaat der Bestände sicher und bringt gleichzeitig seinen Mitgliedern die Reize vielfältiger Varietäten näher.

Für die Agrarverwaltung der EU sind solche Vereine bestenfalls Ansammlungen harmloser Idealisten. Denn die wirkliche Sicherung der pflanzengenetischen Ressourcen findet nach ihrer Logik im Kühlschrank und anschließend im Forschungslabor statt. In den europäischen Genbanken lagern mehrere Millionen Saatgutproben sowie Nutztiersperma und -embryonen, tiefgekühlt und fernab der evolutionären Herausforderungen einer sich immer schneller verändernden Umwelt. Sie sollen bei Bedarf als Genlieferanten herangezogen werden, wenn, wie beispielsweise bei den gängigen Gerstensorten, die Widerstandsfähigkeit gegen Schädlinge und Krankheiten nachläßt.

Obwohl sogar die Ernährungs- und Landwirtschaftsorganisation der Vereinten Nationen (FAO) den Ansatz, die genetische Vielfalt in Genbanken zu erhalten, für gescheitert erklärt, ist der Handel mit alten Varietäten noch immer eingeschränkt und zum Großteil sogar verboten.

Die Grünen haben bei der Erarbeitung des Berichts zur Novelle des Saatgutverkehrsgesetzes eine Ausnahmeregelung für den Handel mit bedrohten und regional angepaßten Varietäten gefordert. Die EU-Kommission ist nach langen Verhandlungen und der zweimaligen Rücküberweisung in den Ausschuß (so lautet der terminus technicus für die Verweigerung der endgültigen Meinungsäußerung) bereit, diese Sorten bei der Zulassung angemessen zu beurteilen und anstelle der „harten Kriterien" Homogenität und Reinheit andere Gütekriterien miteinzubeziehen, die die praktische Erfahrung der Züchter und Bauern berücksichtigen.

In der Auseinandersetzung um die gentechnisch erzeugten Nutzpflanzen ist eine Einigung noch nicht in Sicht. Der Entwurf der Kommission sieht eine detaillierte Regelung des Umgangs mit gentechnisch verändertem Saatgut vor. Denn die bisherigen Entscheidungen zur Zulassung von herbizidresistentem Raps bzw. Soja sind Einzelfallentscheidungen, die sich ausschließlich im Rahmen der EU-Freisetzungsrichtlinie von 1990 bewegen. Die Novelle der Saatgutverkehrsrichtlinie soll die Früchte der Gentechnik einbeziehen und so dem Regelungsbereich der Freisetzungsrichtlinie entziehen, insbesondere was die Umweltverträglichkeitsprüfung (UVP) betrifft.

Auch dahinter verbirgt sich wieder ein institutioneller Trick der EU-Verwaltung. Fragen der Gentechnik werden bisher unter dem Gesichtspunkt des Umwelt- und Verbraucherschutzes bzw. der Forschungs- und Industriepolitik behandelt. Daher gilt für diese Gesetzesentwürfe das Mitbestimmungsverfahren (meist nach Artikel 100a des Unionsvertrags). Die Frage der Zulassung von Saatgut wird jedoch als technisches Detail der Agrarpolitik gehandelt und untersteht deshalb dem Artikel 43, der lediglich die Anhörung des Parlaments vorsieht und den technischen Verwaltungsausschüssen der Kommission eine hohe Befugnis einräumt.

In seiner Stellungnahme hat sich das Parlament für eine deutliche Kennzeichnungspflicht des gentechnischen Saatguts ausgesprochen und die Zuständigkeit der Freisetzungsrichtlinie für eine UVP unterstrichen. Die EU-Agrarverwaltung lehnte diese Änderungen jedoch zuerst ab. In langwierigen Verhandlungen wurden mehrere Kompromißformulierungen festgeschrieben, die letztendlich aber am Veto des Industriekommissars Bangemann scheiterten. Über den endgültigen Ausgang des politischen Tauziehens wird zur Zeit noch verhandelt.

Die Haushaltskompetenz inhaltlich nutzen – Das letzte Mittel des Parlaments

Die biologische Vielfalt und ihre genetische Erosion ist schon seit Jahren Anlaß für eine zähe Auseinandersetzung zwischen Parlament und Kommission. In mehreren Entschließungen wurde die EU-Kommission aufgefordert, eine Studie in Auftrag zu geben, die den Einfluß der Gemeinsamen Agrarpolitik auf das Verschwinden von Nutzpflanzenvarietäten und Tierrassen untersucht, und ein Programm zu erarbeiten, das die Erhaltung der verbliebenen seltenen Sorten und ihre landwirtschaftliche Nutzung fördert.

Nachdem die Agrarverwaltung auf diese Resolution – wie zu erwarten – wiederholt nicht reagierte, nutzten die Grünen die Haushaltskompetenz des EP: Ab 1991 wurde eine Haushaltslinie für ein Programm zur Erhaltung der genetischen Vielfalt eingeführt. Damit war die Kommission im Zugzwang, diese Haushaltslinie inhaltlich zu füllen. 1993 legte sie ein Programm vor, das jedoch die Zielsetzung des Parlaments verfehlte und vielmehr dem klassischen biotechnologischen Ansatz in der EU-Agrarforschung entsprach.

Auch in diesem Fall gelang es dem Parlament nur nach langwierigen Verhandlungen und mit Hilfe des oben beschriebenen verfahrenstechnischen Tricks, wesentliche Desiderata wie die Beteiligung von Nichtregierungsorganisationen oder die Förderung der Nutzung seltener Varietäten festzuschreiben.

Nachdem das Programm 1995 begann und auch die praktische Durchführung weiterhin – entgegen seiner vertraglich eingeschränkten Kompetenz – vom Parlament kritisch begleitet wird, präsentierte die Kommission im Mai 1996 auf der FAO-Konferenz zu pflanzlichen genetischen Ressourcen in Leipzig stolz ihre Erfolge – nicht ohne zynische Kommentare bei den beteiligten Parlamentariern und Verbänden auszulösen.

Zugegeben – es hat einen gewissen Reiz, unter solch schwierigen Bedingungen sämtliche Schlupflöcher auszunutzen, um Gehör zu finden. Aber es kann nicht angehen, daß ein gewaltiger europäischer Verwaltungsapparat weiterhin jenseits jedweder parlamentarischer Kontrolle eine einseitige Politik der

Rationalisierung und Intensivierung durchsetzt. Jede Forderung nach demokratischer Mitbestimmung des Parlaments wurde bisher mit der Arroganz der Macht beantwortet: Die Landwirtschaftsminister der Mitgliedstaaten seien schließlich auch gewählte Volksvertreter, ließen die Regierungen süffisant verkünden.

Spätestens seit dem Rinderwahnsinn mehren sich jedoch die Stimmen in der europäischen Öffentlichkeit, die sich für einen Richtungswechsel in der Landwirtschaftspolitik und die überfällige Demokratisierung der agrarpolitischen Entscheidungen einsetzen. Denn entgegen der oft verbreiteten Behauptung, bei BSE handele es sich um höhere Gewalt oder eine Naturkatastrophe (so zum Beispiel der britische Staatssekretär für Landwirtschaft, Mr. Richard Parker, vor dem BSE-Untersuchungsausschuß des Europäischen Parlaments), ist der Rinderwahnsinn ein grausames Symptom einer über Jahre verfehlten Politik.

BSE: Billigfüttern – (Not)Schlachten – Entschädigen

Die Rinderseuche BSE hat gezeigt, wie schnell kurzsichtige Rationalisierungen eine langfristige Krise hervorrufen können. Der Rinderwahnsinn ist keinesfalls eine „englische Krankheit", sondern ein erschütterndes Beispiel für die unvermeidlichen Folgen der Industrialisierung der Landwirtschaft und der Anonymisierung der Märkte. Salmonellenverseuchte Eier, Schweinepest, Hormonskandale und BSE sind das unausweichliche Ergebnis der Massentierhaltung und der fortgesetzten Entwertung von Lebensmitteln.

Nachdem die britische Regierung über zehn Jahre lang jeden Ansatz zu einer präventiven Seuchenpolitik verhindert hat und sich von den Interessensverbänden hat knebeln lassen, wird die Bekämpfung der Seuche in Großbritannien und ganz Europa mehrere Milliarden Mark aus der Steuerkasse verschlingen. Die vom Agrarministerrat verabschiedeten Stützungsprogramme für den Rindfleischmarkt sprengen innerhalb weniger Monate den Landwirtschaftshaushalt, ohne daß sie den VerbraucherInnen Sicherheit geben oder eine Politik signalisieren, die an den Wurzeln des Rinderwahns ansetzt.

BSE ist eine unerwünschte, aber vorhersehbare Folge der jahrelangen staatlichen Förderung einer einseitigen Industrialisierung der Landwirtschaft. Die Verwendung von Tierkadavern und aufbereitetem Kot, die prophylaktische Anwendung von Antibiotika und die systematische Beimischung von Hormonen und β-Antagonisten zum Tierfutter sind die Konsequenz dieser Politik und unvermeidlicher Bestandteil der industriellen Tierhaltung. Die Agrarpolitik muß definitiv aus dieser Rationalisierungslogik ausbrechen, weil sie eine tiergerechte Fütterung und Haltung unmöglich macht, Lebensmittel kontinuierlich entwertet und die Landwirtschaft ingesamt in der Öffentlichkeit in Mißkredit bringt.

Richtig gerechnet führen die Folgekosten des Rinderwahns alle wirtschaftlichen Vorteile der industriellen Tierhaltung ad absurdum. Wenn die Beimischung von Tierkadaver- und Knochenmehl zum Tierfutter, wie es scheint, die Seuche ausgelöst haben, werden alle kurzfristigen wirtschaftlichen Vorteile des Kadaver-Recyclings von den nun für den Staat unausweichlichen Seuchenbekämpfungskosten in den Schatten gestellt. Für jedes Kilo Rindfleisch, das ein Bauer verkauft, hat der Steuerzahler schon denselben Betrag in die Intervention investiert.

Die zur Eindämmung der Seuche beschlossenen Schlachtpläne sind notwendig, aber unzureichend. Denn Ausgleichszahlungen darf es ohne eine Neuausrichtung der Agrarpolitik nicht mehr geben. Den betroffenen Rindfleischerzeugern müssen konkrete Bedingungen zur Umstellung auf tiergerechte Haltungsformen und Fütterung, regionale Verarbeitung und Vermarktung sowie für nachvollziehbare Herkunftsbezeichnungen gestellt werden.

Die Ausmaße des Rinderwahnsinns hätten durch die demokratische Kontrolle der europäischen Agrarverwaltung erheblich begrenzt werden können. Denn nicht nur die Grünen, sondern die große Mehrheit des Europaparlaments warnte schon 1990 vor den Risiken für die menschliche Gesundheit und forderte strikte Seuchenbekämpfungsmaßnahmen in Großbritannien und vor allem eine Eindämmung der Tiermehlverfütterung. Doch diese Resolution wurde, ebenso wie die darauffolgenden, von der Kommission bestenfalls zur Kenntnis genommen und abgeheftet.

Diese Situation hat sich drastisch geändert, seit das Parlament den Beschluß faßte, einen Untersuchungsausschuß zu BSE einzusetzen, der unter anderem klären soll, inwiefern die Kommission die Gefahren des Rinderwahns bewußt heruntergespielt und weshalb sie nicht schon früher und entschiedener nach dem Vorsorgeprinzip gehandelt hat. Wie schon im März 1995 staunen die im Untersuchungsausschuß vertretenen Agrarpolitiker über ihren plötzlichen Kompetenzzuwachs. Die Verwaltungsdirektoren sind empört oder zumindest baß erstaunt darüber, daß sie von Parlamentariern genötigt werden können, zu unangenehmen Fragen Stellung zu nehmen.

Aus der Sicht der Mitgliedstaaten scheint all dies nichts Besonderes. Jede Regierung untersteht der Kontrolle des nationalen Parlaments. Ihre Entscheidungen können durch das Veto der Volksvertreter blockiert oder verändert werden. Diese politische Normalität der parlamentarischen Demokratie muß innerhalb der nächsten Jahre auch in die Brüsseler Agrarpolitik einziehen, damit die verkrusteten Strukturen der Agrarverwaltung kreative Risse bekommen.

Denn ohne parlamentarische Mitbestimmung werden viele der wohlklingenden Vorhaben der Kommission zur Integration von Landwirtschaft und Naturschutz oder zur artgerechten Tierhaltung und zur Förderung der Qualität von Lebensmitteln die Ausnahme bilden, die die Regel der industrialisierten und umweltschädigenden Produktion bestätigen. Damit sich eine solche Krise der europäischen Landwirtschaft nicht wiederholt, muß die Agrarpolitik in die parlamentarische Mitbestimmung der europäischen Legislative eingebunden werden!

3

Zivile Innenpolitik

Geheim, heimlich, unheimlich

Die Innenpolitik der Europäischen Union

■ **Claudia Roth und Petra Hanf**

Der politische Kampf für ein bürgerrechtliches Fundament ist die Überlebensfrage der europäischen Integration. Die Maastrichter Revisions-Konferenz müßte ein Großprojekt gegen absolutistische europäische Politik anzetteln. Das ist aber leider pure Phantasie. Der folgende Beitrag wird mit einem Schlaglicht auf die Schengen- und Europolpolitik eröffnet. Im Mittelpunkt steht die Auseinandersetzung mit den restriktiven Inhalten und vordemokratischen Strukturen des Maastrichter Vertrags im Zeichen der Regierungskonferenz. Fallbeispiele sind der Datenschutz und die Auseinandersetzung um die Unionsbürgerschaft versus europäischer Bürgerrechte.

Beginnen wir mit einem Schlaglicht auf die alltägliche Arbeit, genauer mit den vielen vergeblichen Versuchen, Informationen zu erhalten. Wissen ist Macht – das gilt in Brüssel in besonderer Weise. Wie zum Beispiel im Herbst 1994: Ich sehe noch den Bonner Innenminister und amtierenden Ratspräsidenten Manfred Kanther vor dem Innenausschuß des Europaparlaments (EP) sitzen und mit der allerfreundlichsten Miene erklären, daß es einen Entwurf der Europol-Konvention, eine Art Grundgesetz für die europäische Polizei, noch gar nicht gibt, obwohl ich das Papier auf Umwegen und dank guter Kontakte in diesem Moment schon in Händen hatte und ihm daraus vorlas...

Der Maastricht-Vertrag proklamiert Transparenz, und eine Vielzahl von Beschlüssen hängt das Öffentlichkeitsprinzip aus dem Fenster – doch drinnen im Europäischen Haus sieht es ganz anders aus. Fast alle Türen sind verschlossen, und dahinter sitzen die nationalen Regierungen wie anonyme Machthaber und bauen an der Festung Europa.

Regelmäßig beruft sich die Beratungsbürokratie auf den „Schutz des öffentlichen Interesses" oder die „Wahrung der Vertraulichkeit" – gegenüber JournalistInnen und ParlamentarierInnen gleichermaßen. Das angebliche „öffentliche Interesse" müsse vor der Öffentlichkeit geschützt werden. Europäische Innen- und Rechtspolitik – das ist eine Geheim-Veranstaltung der Exekutive: Sie beraten wie Verschwörer, heimlich, still, leise – gerade so als täten sie was Verbotenes: Und in der Tat – sie tun etwas Verbotenes. Sie zerstören die Demokratie in Europa, sie verhöhnen den Parlamentarismus und schalten darüber hinaus auch noch die nationalen Parlamente aus.

Im Innenausschuß des Europa-Parlaments kann man das Elend der europäischen Innen- und Rechtspolitik portionsweise erleben. Ausgerechnet auf den Gebieten des Rechts und der Rechtssicherheit für BürgerInnen sind die demokratischen Defizite am größten. Ist das die europäische Form der Demokratie, die man den jungen und beitrittswilligen Staaten im Osten Europas lehren will?

Schengen ist Kerneuropa

Das Vertragswerk von Schengen ist ein Beispiel für eine in der Form und der Sache hochgefährliche Politik.[1] Zur Form: Administrative Systeme ohne jegliche Kontrolle werden an allen europäischen Verträgen vorbei errichtet, ein reguläres Gesetzgebungsverfahren wird umgangen, die Gewaltenteilung aufgehoben. Wohin das führt, zeigen Inhalt und Praxis des Schengener Vertrages: Ihm zufolge sollte im Vertragsgebiet Freizügigkeit herrschen – für die Sicherheit soll durch „Ausgleichsmaßnahmen" gesorgt werden. Doch das Interesse an diesen Ausgleichsmaßnahmen war stets sehr viel größer als das Interesse an der Freizügigkeit. Deshalb genügen den nationalen Regierungen die scharfen Kontrollen an den Grenzen nicht; sie kontrollieren auch im Schengen-Inland intensiv.

Schengen ist das Modell eines Kerneuropa-Konzepts, das den anderen EU-Staaten, aber auch deren Nachbarstaaten, übergestülpt wird. Was in Schengen gekocht wurde, muß ganz Europa essen. Es entsteht ein Europa, in dem es nur um Waren,

Kapital und Dienstleistungen geht. Die an sich seit dem 1. Januar 1993 gleichermaßen garantierte Freizügigkeit von Personen innerhalb der Europäischen Union steht dagegen nach wie vor auf dem Papier.

Die Grenzöffnung ist angeblich vor allem eines – gefährlich: Flüchtlinge, Einwanderer, Drogensüchtige und Kriminelle werden in einem Atemzug genannt. Sie sind die Begründung dafür, die alten Kontrollen mit neuen Methoden aufrecht zu erhalten und noch zu verschärfen. Europa wird, mit vereinten Kräften der nationalen Regierungen, mit Angst besetzt. Und dabei könnte, sollte, müßte Europa für einen neuen demokratischen Schub stehen. Europa müßte zeigen, wie ein demokratischer Dialog entsteht. Statt dessen zeigt die EU, wie Demokratie in der Anonymität von Brüssel verschwindet. Die Spitzen der nationalen Verwaltungen reisen aus den europäischen Hauptstädten an, erklären sich in Brüssel zur Legislative, schreiben sich ihre eigenen Gesetze, die sie dann, in ihre Länder zurückgekehrt, ausführen – und wenn dort Kritik laut wird, dann erklären sie, daß man gegen den mächtigen Gesetzgeber in Brüssel nichts machen könne.

Der Alltag einer Europaparlamentarierin besteht darin, diesem Spiel à la Sherlock-Holmes auf die Schliche zu kommen und Gegenstrategien zu entwickeln. Es gilt, die Klandestinität solcher Politik anzuprangern und für mehr Transparenz und öffentliche Kontrolle zu sorgen – denn nur das bildet die Basis für Widerstand von unten.

Außerhalb jeder demokratischen Kontrolle

Mit der Verabschiedung einer Konvention wurde im Sommer 1996 die Einrichtung von Europol beschlossen.[2] Ursprünglich gedacht als Koordinationsstelle zur Bekämpfung von Drogenkriminalität und schwerer politisch motivierter Straftaten, ist Europol jetzt auch zuständig für den Kampf gegen Terrorismus, den Schmuggel nuklearen Materials, illegale Einschleusung, Menschenhandel und Kraftfahrzeugverschiebung.

Der Ausdehnung der Themenpalette entspricht die Ausdehnung des Personenkreises, den Europol im Auge behalten soll:

Eine Straftat ist nicht mehr nötig, um ins Fadenkreuz der neuen Behörde zu geraten, auch potentielle Zeugen oder Opfer können schon im Vorfeld der Straftat beobachtet werden.

Europol ist eine eigenständige Rechtspersönlichkeit und handelt weder auf Weisung eines Staatsanwalts noch auf Anordnung eines Gerichts. Das Fehlen nahezu jeglicher justiziellen oder parlamentarischen Kontrolle zeigt: Die staatliche Gewaltenteilung wird zugunsten eines möglichst reibungslosen Funktionierens einer europäischen Polizeibehörde außer Kraft gesetzt.

Die Gründung von Europol signalisiert der Öffentlichkeit die Handlungsentschlossenheit der verantwortlichen Innenpolitiker. Mit der immer gleich bleibenden Argumentation, sie müßten mit der technischen Entwicklung der Kriminalität Schritt halten, versuchen Polizeipraktiker seit Jahrzehnten, ihren Handlungsspielraum zu erweitern. Die Grauzone von geheimpolizeilich organisierter Vorfeldermittlung (Kontrolle von Menschen, die nach polizeilichen Vorstellungen eventuell Straftaten begehen könnten) wird verstärkt. Zentralisierte Polizeistrukturen ziehen eine überflüssige Bürokratisierung nach sich. Ihr Beitrag zur Strafverfolgung wird aufgrund der großen Entfernung zu den „Milieus“ vor Ort gering.

Diese Politik ist deshalb besonders fragwürdig, weil ursachenorientierte politische Konzepte (Änderung der Drogenpolitik, Nicht-Verbreitung nuklearer Materialien, Abmilderung der Drittstaatenregelung, die „Schleppern“ hohe Verdienstmöglichkeiten eröffnet, Abbau des ökonomischen Gefälles zwischen Ost- und Westeuropa u.v.m.) vernachlässigt werden und die dahinter stehenden Probleme sich folglich weiter verschärfen. Am Ende unseres Beitrags kommen wir auf die Forderungen der Grünen im Bereich der Sicherheitspolitik zu sprechen.

Die Zusammenarbeit im Maastrichter Vertrag

Die Zusammenarbeit der EU-Staaten im Bereich der Innen- und Justizpolitik ist in der sogenannten Dritten Säule des Maastrichter Vertrags geregelt. Die Asylpolitik, die Sicherung der Außengrenzen, die Einwanderungspolitik, die Bekämpfung von internationalen Betrügereien und Drogenabhängigkeit, die verstärkte Zusammenarbeit von Polizei, Zoll und Justiz werden dort zu einer „Angelegenheit von gemeinsamem Interesse" erklärt. Für einige Bereiche hat die Kommission Initiativrecht, in anderen, wie der polizeilichen Zusammenarbeit – aktuell vor allem Europol – kann sie nicht initiativ werden.

Dort, wo sie etwas hätte tun können (z.B. im Bereich der Integration von Eingewanderten oder der Menschenrechte in der EU) hat die Kommission ihr Initiativrecht kaum genutzt. Nur allzu oft versteckt sie sich kritiklos hinter den Positionen des Rates. Andererseits kann die Kommission aber auch in der Dritten Säule – da es sich im Ergebnis nicht um Gemeinschaftsrecht handelt, sondern entweder um nicht bindendes Recht (Standpunkte, Maßnahmen, Entschließungen) oder aber um völkerrechtliche Konventionen – kaum in den Umsetzungsprozeß eingreifen. Ihr wurden weder Kontrollbefugnisse zugestanden noch ist sie – wie sonst in der EU – das Exekutivorgan.

Die Gremien, die in der Innen- und Justizpolitik aktiv sind, sind mit dem Maastrichter Vertrag umbenannt worden, die Strukturen allerdings blieben die gleichen. Höchste Ebene sind nach wie vor die halbjährlich stattfindenden Ministertreffen; darunter staffeln sich die sogenannten Lenkungsgruppen, in denen Ministerialbeamte die Entscheidungen des Ministerrates vorbereiten.

Vorsitz der EU und Kommmision müssen das Europäische Parlament regelmäßig über ihre Arbeit unterrichten. Zu den „wichtigsten Aspekten" sollen das EP angehört und seine Auffassungen „gebührend berücksichtigt" werden. Was aber die „wichtigsten Aspekte" sind, das definiert der Rat selbst.

Der Europäische Gerichtshof kann laut Maastrichter Vertrag in Einzelfällen zuständig gemacht werden, allerdings nur dann, wenn es um Übereinkommen geht, und nur, wenn sich die Mitgliedstaaten auf seine Zuständigkeit einigen können – was bisher nicht der Fall war und wahrscheinlich auch in Zukunft nicht der Fall sein wird. Generell hat er keine Prüfungsbefugnis.

Die Gemeinschaftsorgane sind im Gegensatz zu früher – als die innen- und justizpolitische Zusammenarbeit noch rein zwischenstaatlich organisiert war – im Maastrichter Vertrag also teilweise miteinbezogen. Die insbesondere von der Bundesregierung, aber auch der SPD-Opposition seit Jahren angestrebte stärkere Vergemeinschaftung im Bereich Inneres und Justiz hat der Maastrichter Vertrag noch nicht gebracht, eine sogenannte „Evolutivklausel" hält den Weg dahin allerdings offen. Im wesentlichen hat der EU-Vertrag die bis dahin praktizierte Form der Zusammenarbeit bestätigt, das Verfahren ist kaum durchsichtiger, vor allem aber nicht demokratischer geworden.

Worüber wird bei der Regierungskonferenz verhandelt?

Bürgernähe, Transparenz und Demokratie sind Begriffe, die im Zusammenhang mit der Regierungskonferenz eine zentrale Bedeutung haben. Die bisherige Arbeit der Verhandlungskommission zeigt jedoch deutlich das Dilemma: Einerseits möchte man diesen Ansprüchen gerecht werden, um die Skepsis der Bürger und Bürgerinnen gegenüber der Europäischen Union abzubauen, andererseits wollen sich die Verantwortlichen kaum in die Karten sehen lassen, geschweige denn mehr wirkliche Demokratie. So will man zum Beispiel den Grundsatz der Transparenz in der Neufassung des Vertrages erwähnen, gleichzeitig durch die Wahl der Formulierung aber sicherstellen, daß dieser Grundsatz keine unmittelbaren Auswirkungen mit sich bringt.

Von der Bundesregierung schon lange befürwortet, treten nun fast alle Regierungen (außer Dänemark und Großbritannien) für eine stärkere Vergemeinschaftung der Innen- und Justizpolitik ein. Es zeichnet sich ab, daß unter der Überschrift „Ein Raum der Freiheit, Sicherheit und Justiz" ein neuer Titel in den Vertrag aufgenommen wird. Die Bereiche Asyl-, Einwanderungs- und Visapolitik und Zollzusammenarbeit würden dann in die erste Säule des Vertrages überführt werden. Dies würde bedeuten, daß die dort angewandten Verfahren und Rechtsakte, Richtlinien und Verordnungen mit rechtsverbindlichem Charakter angewandt werden könnten. Im Unterschied zum üblichen Verfahren in der ersten Säule wollen die meisten Mitgliedstaaten aber nicht das alleinige Initiativrecht der Kommission in diesen Bereichen akzeptieren, auch die Mitgliedstaaten selbst sollen ein Initiativrecht erhalten.

Die Optionen, die von den Verantwortlichen in Bezug auf die Rolle des Europäischen Parlaments diskutiert werden, reichen von Mitentscheidung bis zur bloßen Anhörung. Auch über die Stärkung der Rechte der nationalen Parlamente – ob sie nur allgemein miteinbezogen werden oder vor einer Entscheidung beraten sollen – ist noch nicht entschieden.

Bei den Bereichen, die nicht vergemeinschaftet werden sollen, insbesondere der Polizeizusammenarbeit, bliebe es bei der bisherigen Form der zwischenstaatlichen Zusammenarbeit. Mehr Effektivität ist aber auch hier zur Richtschnur der Diskussion geworden. So wird im Rahmen der Regierungskonferenz schon über operative Befugnisse für Europol diskutiert, ein Ansatz, der über die ausgehandelte Konvention weit hinausgeht.

Die Niederländer präsentierten zusätzlich den Vorschlag, den Schengener Vertrag in das Gemeinschaftsrecht zu integrieren. Dem soll jedoch nur unter der Prämisse zugestimmt werden, daß die Effektivität von Schengen dadurch nicht gefährdet wird und die Durchführungsbestimmungen ebenso wie die Vereinbarungen zur Norderweiterung von Schengen (Einbeziehung der nordeuropäischen Staaten, die nicht Mitglied der EU sind) voll und ganz übernommen werden.

Die meisten Mitgliedstaaten befürworten außerdem die Ausweitung der Kompetenzen des Europäischen Gerichtshofes bei der innen- und justizpolitischen Zusammenarbeit. Auf welche Weise dies praktiziert werden soll, ist noch unklar; sicher scheint jedoch, daß einzelne Bürger oder Bürgerinnen, die sich in ihren Grundrechten verletzt fühlen, nur sehr eingeschränkt werden klagen können.

Die Frage der Zuständigkeit des Europäischen Gerichtshofes war in der Vergangenheit immer wieder Anlaß zu Konflikten unter den Mitgliedstaaten. Fast ein Jahr lang scheiterte die förmliche Unterzeichung der Europol-Konvention am Widerstand Großbritanniens gegen die Zuständigkeit des Europäischen Gerichtshofes für die Auslegung der Konvention. Schlußendlich einigte man sich darauf, daß man sich nicht einigen konnte – durch eine Protokollerklärung im Anhang der Konvention hat nun jeder Staat selbst bestimmt, ob er den Gerichtshof in Konfliktfällen zuständig machen will oder nicht. Wie in vielen anderen Fragen, die die EU beschäftigen, ist es auch im Bereich Inneres und Justiz oft Großbritannien, das mit dem Hinweis auf seine Souveränität gemeinsame Entscheidungen blockiert oder unverbindlicher als von den anderen gewünscht gestaltet. Vor dem Hintergrund dieser Erfahrung wird ein flexibleres Verfahren, das einzelnen Staaten eine abweichende Position erlauben soll, diskutiert. Sollte sich diese Vorstellung durchsetzen, hätten wir allerdings ein „Europa à la carte", eine Europäische Union, in der die BürgerInnen des einen Staates mehr Rechte haben als andere. In jedem Fall will man weg vom Zwang zur Einstimmigkeit: In Zukunft soll es mehr Mehrheitsentscheidungen, mehr Flexibilität geben.

Immerhin debattierte die Regierungskonferenz in diesem Frühjahr ausführlich über die Aufnahme von Grundrechten in den Vertrag. Denn auch der Luxemburger Gerichtshof selbst hält es für fraglich, daß das derzeitige System „ausreicht, um (dem einzelnen) einen effektiven Rechtsschutz gegen Verletzungen seiner Grundrechte zu gewähren". Die Forderung nach einem Grundrechte-Katalog ist dabei aber mittlerweile ebenso vom Tisch wie die nach sozial-ökonomischen und ökologischen Grundrechten. Man will sich an der Europäischen Menschenrechtskonvention (EMRK) orientieren, das heißt eventuell der EMRK durch eine Vertragsänderung direkt beitreten. Die Tatsache, daß man sich dann der Rechtssprechung des Straßburger Gerichtshofes für Menschenrechte unterwerfen müßte, bereitet einigen Mitgliedstaaten allerdings ziemliche Probleme.

Die anfänglich sehr weitgehende Forderung nach Ausschluß eines Mitgliedstaates, dem schwerwiegende Grundrechtsverletzungen nachgewiesen werden, aus der Europäischen Union wurde im Lauf der Verhandlungen auf ein moderateres Maß zurückgeschraubt. Aktuell geht es um Sanktionen zwischen politischer Mißbilligung und der Aussetzung von Mitgliedschaftsrechten.

Unbestritten scheint zur Zeit hingegen, daß in den Vertrag eine Antidiskriminierungsklausel aufgenommen werden wird.

Der Textvorschlag sieht vor, eine Diskriminierung aus Gründen der Rasse, des Geschlechts, der nationalen oder ethnischen Zugehörigkeit, einer Behinderung, des Alters, der sexuellen Ausrichtung, der Glaubenszugehörigkeit und der sozialen Herkunft zu verbieten. Adressat eines solchen Verbots sind die Organe der EU, eine unmittelbare Wirkung für die Gesetzgebung der Mitgliedstaaten hätte eine solche Klausel nicht. Diskriminierung aus Gründen der Behinderung soll unter Umständen noch einmal mit einer gesonderten Vorschrift verboten werden.

Eine rechtliche Basis für die Bekämpfung von Rassismus und Fremdenfeindlichkeit ist ebenfalls in der Debatte. Die Bundesregierung kann sich auch für diesen Bereich eine Vergemeinschaftung vorstellen.

Vorwiegend heiße Luft wird zum Thema Unionsbürgerschaft verbreitet. Neben einer Klarstellung, daß die Unionsbürgerschaft nicht die Staatsbürgerschaft ersetzt, sollen die mit der Unionsbürgerschaft verbundenen Rechte und Pflichten in einem Kapitel zusammengefaßt werden. Man will sich um eine positivere Formulierung bemühen, die den Mehrwert der Unionsbürgerschaft angemessen im Bewußtsein der Bürger und Bürgerinnen verankert. Gegen eine inhaltliche Anreicherung der Unionsbürgerschaft bestehen aber Einwände von verschiedenster Seite. Sozial-ökonomische Rechte sollen wegen der denkbaren finanziellen Konsequenzen nicht aufgenommen werden, eine Ausdehnung des Wahlrechts für EU-AusländerInnen über die Kommunal- und Europawahl hinaus stößt überwiegend auf Bedenken. Von einer Ausweitung der Unionsbürgerschaft auf Nicht-EU-Bürger mit festem Wohnsitz in der EU ist nicht einmal die Rede.

Zusammenfassend läßt sich feststellen: Den Regierungen der Mitgliedstaaten geht es bei der Verbesserung der justiz- und innenpolitischen Zusammenarbeit in erster Linie um mehr Effektivität, in zweiter Linie um den Anschein einer bürgernahen Union. Zu erwarten sind viele schöne Worte, aber kaum wirkliche Verbesserungen.

Die Vergemeinschaftung von Teilen der innen- und justizpolitischen Zusammenarbeit ist ein zweischneidiges Schwert.

Was die Asyl- und Einwanderungspolitik angeht, wird sie seit geraumer Zeit auch von Nicht-Regierungsorganisationen gefordert. Hintergrund ist die nüchterne Feststellung, daß in den vergangenen Jahren besonders die Asylpolitik und die Kontrolle der Außengrenzen auf schleichendem Wege innerhalb der Mitgliedstaaten der EU harmonisiert wurden, ohne Öffentlichkeit, ohne eine auch nur entfernte Einbeziehung demokratischer Institutionen. Von einer Vergemeinschaftung verspricht man sich ein Mehr an Öffentlichkeit und damit auch ein Mehr an Einflußmöglichkeiten. Eine Vergemeinschaftung dieser Bereiche birgt allerdings auch die Gefahr in sich, daß schon bestehende international verbindliche Standards, wie z.B. die Genfer Flüchtlingskonvention, von der EU neu definiert und unterlaufen werden.

Inhaltlich – das machen die bisher verabschiedeten Entschließungen in diesem Bereich deutlich – ist von einer gemeinschaftlichen Asyl- und Einwanderungspolitik wohl kaum eine Entschärfung der repressiven Politik zu erwarten.

Ein unübersichtliches Regelungswirrwarr im Datenschutz

Die Verabschiedung der EU-Datenschutzrichtlinie von 1995 war ein erster Schritt zur Sicherung des Datenschutzes innerhalb der EU. Allerdings bedarf die Richtlinie in vielen EU-relevanten Bereichen der spezifischen Ergänzung. Denn die Datenschutzrichtlinie gewährleistet keinen Datenschutzstandard, der den Risiken gerecht würde, die durch den Einsatz neuer Informations- und Kommunikationstechniken, insbesondere durch die Schaffung transeuropäischer Netze, entstehen.

Obwohl die EU im Bereich Informationstechnik gewaltige Summen zur Förderung konkreter Projekte ausgibt (z.B. AIM, EuroCard), findet z.B. keine systematische Technikfolgenabschätzung statt, die die datenschutzrechtlichen Konsequenzen des Technikeinsatzes untersucht. Auswirkungen auf die Grundrechte des Einzelnen – und dazu gehört die informationelle Selbstbestimmung – bleiben nach wie vor unbeachtet und geraten gerade auf überstaatlicher Ebene so immer mehr in Gefahr.

Hinsichtlich des Datenschutzes bei gemeinsamen Maßnahmen der EU im Bereich der dritten Säule droht mittlerweile ein unübersichtlicher Regelungswirrwarr, denn bei den gemeinsamen Maßnahmen, die jeweils in eigenständigen Konventionen oder Beschlüssen geregelt sind, bestehen unterschiedlich hohe Datenschutzstandards, die nur selten aufeinander abgestimmt sind. Soweit Teile der Dritten Säule dem Gemeinschaftsrecht unterliegen, ist die EU-Datenschutzrichtlinie anwendbar. Aber: Die Europol-Konvention beispielsweise wird unter Verweis auf nationales Datenschutzrecht betrieben, das über den dort stattfindenden multilateralen Datenaustausch gerade keine Angaben enthält.

Verkompliziert wird die Situation noch dadurch, daß einige Staaten der EU, insbesondere der Schengen-Verbund, gesonderte Verträge mit Datenschutzregelungen abgeschlossen haben, die jedoch nicht den Verkehr zwischen allen EU-Staaten regeln und zum Teil auch nicht rechtsverbindlich sind wie z.B. die Empfehlungen des Europarates.

Die Vielzahl der Kontrollinstanzen, die nebeneinander, unkoordiniert und teilweise mit zu geringer personeller und organisatorischer Ausstattung arbeiten, führt zu einer Zersplitterung von Kompetenzen und zu einem hohen Koordinierungsbedarf, was ihre Effektivität deutlich mindert. Für die Öffentlichkeit ist dies alles äußerst verwirrend. Alle Datenschutz-Kontrollaufgaben der EU sollten deshalb bei einer Stelle – bei einem europäischen Datenschutzbeauftragten – konzentriert werden. An diese Stelle sollte sich jede/r wenden können, wenn er/sie der Ansicht ist, durch Stellen der EU in seinen/ihren Rechten verletzt zu sein. Daneben müßte diese Stelle auch die EU-Organe datenschutzrechtlich beraten und informationstechnische EU-Projekte begleiten.

Grundrechte auf Datenschutz und auf unbeobachtete Kommunikation durchsetzen

Bei der Weiterentwicklung der Europäischen Union ist es unabdingbar, daß dem Grundrechtsschutz eine angemessene Bedeutung beigemessen wird. Dies sollte dadurch geschehen, daß die

Verträge zur Europäischen Union mit einem Grundrechtekatalog, in den das Grundrecht auf Datenschutz und das Grundrecht auf unbeobachtete Kommunikation Eingang finden, ergänzt werden. So könnte sich eine einheitliche Rechtsprechung zum Datenschutz entwickeln, an die sowohl die EU-Organe wie auch die nationalen Stellen gebunden werden. Den Bürgerinnen und Bürgern würde deutlich erkennbar, daß ihnen ein einklagbares Recht auf Datenschutz garantiert ist.

Unionsbürgerschaft – neue Hierarchie in der EU

Mit dem Unionsvertrag wurde durch Art. 8ff die sogenannte Unionsbürgerschaft eingeführt und als Errungenschaft für Bürger und Bürgerinnen der Union gepriesen. Abgesehen von dem Begriff verbirgt sich jedoch hinter der Unionsbürgerschaft inhaltlich wenig neues: Die in Art. 8a Abs. 1 garantierte Freizügigkeit war bereits als Personenfreizügigkeit Bestandteil des Binnenmarktes. Auch das Petitionsrecht beim Europäischen Parlament, das Art. 8c des Vertrages garantiert, gab es schon. Neu ist das aktive und passive Wahlrecht bei Kommunalwahlen und bei den Wahlen zum Europäischen Parlament am Wohnsitz, der auch in einem Mitgliedstaat sein kann, dessen Staatsangehörigkeit man nicht besitzt.

Und damit ist das problematische Wort gefallen: Die Konstruktion der Unionsbürgerschaft krankt daran, daß sie an die Staatsangehörigkeit eines Mitgliedstaates der EU anknüpft. Nur mit dieser können die Unionsbürgerrechte wahrgenommen werden. Das führt zu einer zusätzlichen Diskriminierung innerhalb der Gesellschaften der Mitgliedstaaten. Wo bislang zwischen In- und AusländerInnen unterschieden wurde, wird nun zwischen InländerInnen, UnionsbürgerInnen und Drittstaatsangehörigen unterschieden. Ein/e türkische/r oder polnische/r MitbewohnerIn, der/die seit Jahrzehnten in einem Mitgliedstaat der EU lebt, kann weder bei den Kommunalwahlen, noch bei den Europawahlen wählen, während ein/e französische/r oder finnische/r Mitbürger/in, der/die erst kurz in einem Mitgliedstaat der EU lebt, wählen und gewählt werden kann.

Auch die Freizügigkeit, die nach Art. 7a des Unionsvertrages durchaus auch Personen anderer Staatsangehörigkeit umfassen konnte, erhält nun einen neuen Zuschnitt – sie wird beschränkt auf Staatsangehörige der Union.

Europäische Bürgerrechte statt Unionsbürgerschaft

Die Unionsbürgerschaft ist an die Staatsangehörigkeit in einem der Mitgliedstaaten der EU geknüpft. Damit die in der Union lebenden Drittstaatsangehörigen zu UnionsbürgerInnen werden, müßte daher zunächst auf nationaler Ebene die doppelte Staatsangehörigkeit durchgesetzt werden.

Die Mehrzahl der nichtstaatlichen Organisationen fordert die Ausdehnung der Unionsbürgerschaft auf alle seit mindestens 5 Jahren legal in der EU Lebenden. Dies ist in ihrer Zielrichtung eine unterstützenswerte Forderung, die allerdings die Wahrnehmung von Rechten – über den Umweg über die Unionsbürgerschaft – letztlich wieder an die Staatsbürgerschaft knüpft.

Deshalb fordern wir umfassende europäische Bürgerrechte für alle, Bürgerrechte, die allein an den Aufenthalt im Raum Europäische Union anknüpfen. Unabhängig von der Staatsangehörigkeit sollen alle durch den Binnenmarkt vermittelten Rechte allen hier Lebenden zugute kommen. Europäische Bürgerrechte umfassen z.B. die Freizügigkeit, die Niederlassungsfreiheit, die Dienstleistungsfreiheit, das Wahlrecht zum Europäischen Parlament sowie die damit einhergehenden sozialen Rechte.

Dem Unionsvertrag muß deshalb eine Charta europäischer Bürgerrechte vorangestellt werden. Er muß um weitere politische und bürgerliche Rechte wie das Recht auf Versammlungsfreiheit, Religionsfreiheit und andere Rechte der Europäischen Menschenrechtskonvention ergänzt werden.

Forderungen an eine europäische Asylpolitik

Durch das Urteil des Bundesverfassungsgerichts zum Asylrecht, das sehr stark auf europäische Lösungen verweist, hat das

Thema Europäische Union und Asylpolitik Konjunktur. Das ist zum einen sehr begrüßenswert, denn das Thema Europa und Asyl führt immer noch ein Schattendasein, obwohl die Relevanz des Themas in den letzten Jahren immer mehr Initiativen, Verbänden und Organisationen deutlich geworden ist. Zum anderen liegt darin aber auch die Gefahr, daß man nach dem niederschmetternden Urteil des Bundesverfassungsgerichts neue Hoffnungen auf die Europäische Union setzt, Hoffnungen darauf, über europäische Lösungen in der Asylpolitik verlorenes Terrain zurückzugewinnen.

Bis jetzt ist das, was auf EU-Ebene im Bereich der Asylpolitik verabredet wird, soft law, unverbindliche Empfehlungen, Entschließungen, Schlußfolgerungen. Was aber eben nicht heißt, daß das, was die Minister im Rat für Inneres und Justiz der EU oder auch den Gremien, die es daneben auf europäischer Ebene gibt, verabreden, ohne Folgen bleibt. Im Gegenteil: Die Londoner Entschließungen von 1992 zu sicheren Herkunftsländern, sicheren Drittstaaten und offensichtlich unbegründeten Asylanträgen sind mittlerweile in den meisten europäischen Ländern einzelstaatlich in verbindliches Recht umgesetzt worden. Inhaltlich sind sie fast deckungsgleich mit dem, was uns die Änderung des Grundgesetzes, des Artikels 16, in der Bundesrepublik gebracht hat. Von ihrem politischen Inhalt her sind alle diese Entschließungen eine Harmonisierung auf dem kleinsten gemeinsamen Nenner. Der formale Rahmen, in dem dies geschieht, ist undemokratisch und nicht transparent. Er funktioniert ohne parlamentarische Kontrolle, ohne Diskussion und Abstimmung in den nationalen Parlamenten, ohne Debatte im Europäischen Parlament. Die Öffentlichkeit erfährt fast nichts, und eine breitere Opposition wird durch den Mangel an Information und Einflußmöglichkeiten stark behindert.

Wenn es bei der zwischenstaatlichen Zusammenarbeit im Bereich Inneres und Justiz bleibt, bleiben die nationalen Regierungen unsere Haupt-Ansprechpartner, und wir werden mehr Initiativen im Bundestag zum Thema Europa und Asyl ergreifen müssen. Sollte es jedoch, und eine Mehrheit in der EU ist dafür, zu einer Vergemeinschaftung (oder einer schrittweisen Vergemeinschaftung mit verbindlicheren Rechtsinstrumenten) kommen, wird auch das Europäische Parlament miteinbezogen werden.Um ein Mehr an Demokratie zu erreichen, fordern wir die Einführung von Gemeinschaftsverfahren in diesem Politikbereich, was nicht automatisch die Abkehr vom Einstimmigkeitsprinzip bedeutet. Denn das jetzt praktizierte Einstimmigkeitsprinzip kann auch kleine liberale Errungenschaften wie z.B. die der Drogenpolitik in den Niederlanden retten.

Dem pauschalen Ruf nach einer Vergemeinschaftung können wir uns trotz des demokratischeren Verfahrens, das dann zum Standard würde, nicht anschließen. Die Asylpolitik der Europäischen Union würde sich ja nicht quasi automatisch dadurch zu einer humaneren Politik entwickeln, daß sie vergemeinschaftet würde. Wir fordern darum, daß der Abschnitt des Maastrichter Vertrages, der sich mit der Asylpolitik beschäftigt, auch festlegt, daß sich die Europäische Union an die international vereinbarten Standards, wie sie z.B. der Exekutivausschuß des UNHCR in seinem Handbuch für faire und gerechte Asylverfahren festhält, befolgt. Das Subsidiaritätsprinzip sollte nach unten (das, was national oder regional geregelt werden kann, sollte auch dort geregelt werden) wie nach oben (das, was international auf breiterer Ebene wie z.B. im Europarat oder in der UNO schon vertraglich abgesichert wurde) beachtet werden. Eine gemeinschaftliche Asylpolitik sollte außerdem festhalten, daß es jedem Mitgliedsland freigestellt ist, höhere Standards anzuwenden. Denn die Gefahr, daß die Europäische Union Intention und Inhalt z.B. der Genfer Flüchtlingskonvention durch die Festlegung von europäischen Mindeststandards aushöhlt, ist groß. Der Verweis auf die Genfer Flüchtlingskonvention und die Europäische Menschenrechtskonvention ist bereits jetzt Bestandteil des Maastrichter Vertrages, ohne daß dies unmittelbare Folgen gehabt hätte. Darum bleibt auch unsere Forderung nach einer Vertragsänderung bestehen, die einen Beitritt der Europäischen Union zur Europäischen Menschenrechtskonvention ermöglichen soll.

Die Europäische Union muß die Achtung der Menschenrechte in den Mittelpunkt ihrer Zielsetzungen rücken. Dies betrifft zum einen die Menschenrechte innerhalb der EU, hier speziell die der Flüchtlinge und Asylsuchenden. In seinem aktuellen Menschenrechtsbericht kritisiert auch das Europäische Parlament vehement den Umgang mit Flüchtlingen in der Europäischen Union. Zum anderen betrifft das Thema Menschenrechte aber auch die Zusammenarbeit in der Außen- und Sicherheitspolitik wie auch in der Außenwirtschaftspolitik. Statt wie bisher die Zusammenarbeit mit Drittstaaten an deren Bereitschaft zu Rückübernahmeverträgen zu binden, muß die Achtung der Menschenrechte bei der Zusammenarbeit zu einem wichtigen Kriterium werden.

Öffentliche Kontrolle und Dezentralisierung der Polizeistrukturen

Unbeschadet der generellen Kritik an der Polizeikooperation auf EU-Ebene setzen sich Bündnis 90/Die Grünen für die Anwendung von Gemeinschaftsverfahren bei der polizeilichen Kooperation ein, denn dies verspricht immerhin verbesserte Kontrollmöglichkeiten durch die nationalen Parlamente und das EP, den Gerichtshof und den Rechnungshof. Wir fordern eine inhaltliche substantielle Kontrolle für Europol und den Bereich der polizeilichen Zusammenarbeit durch

▷ umfassende Kontrollbefugnisse des Europäischen Parlaments und der nationalen Parlamente

▷ die Einrichtung einer unabhängigen Kontrollinstitution neben der Datenschutzkontrolle etwa im Sinne der in Deutschland geforderten Polizeibeauftragten

▷ Vorkehrungen gegen die zu erwartende Eigendynamik der Kooperationsstrukturen: Die Notwendigkeit der internationalen Kooperation und ihre Erfolgsbilanz müssen regelmäßig durch unabhängige Gutachter überprüft werden. Diese Überprüfung muß die Gesamtheit der internationalen Polizeikooperation berücksichtigen, denn in den verschiedenen institutionellen Zusammenhängen (z.B. Interpol) gibt es z.T. parallele Zuständigkeiten. Keinesfalls darf Europol operative Befugnisse erhalten.

Probleme der inneren Sicherheit müssen so dezentral wie möglich gelöst werden. Das Subsidiaritätsprinzip muß ernstgenommen und mit konkreten Kriterien angefüllt werden. Es muß – insbesondere was die „polizeiliche Zusammenarbeit zur Verhütung und Bekämpfung des illegalen Drogenhandels" angeht – intensiv geprüft werden, was in den Mitgliedstaaten und Regionen sachgerechter gestaltet werden kann als nach möglichst einheitlichen Vorgaben aus Brüssel. Dabei gilt zu beachten, daß ursachenorientierte Problemlösungskonzepte, wie eine liberalere Drogenpolitik, Vorrang gegenüber dem Ausbau von Polizeistrukturen haben müssen.

Was wir jenseits einer Vertragsänderung aber am dringendsten brauchen, ist die Öffentlichkeit, sind die Initiativen und Organisationen, die ihre Ansätze zu einer europäischen Zusammenarbeit ausbauen müssen. Mit den Kirchen haben wir einen wichtigen neuen Bündnispartner gefunden. Und wir brauchen noch mehr neue Bündnisse: Mit den Initiativen gegen den Sozialabbau genauso wie den Bürgerrechtlern, den Menschenrechtlern, den Initiativen aus der Dritte-Welt-Arbeit. Dabei muß die Lobbyarbeit, wie sie z.B. von Amnesty, den Kirchen oder auch dem UNHCR geleistet werden, ebenso verstärkt werden wie der direkte Druck von unten und die Aufklärung einer breiteren Öffentlichkeit.

Anmerkungen

(1) Das Schengener Abkommen soll die innereuropäischen Grenzkontrollen überflüssig machen. Die Binnengrenzen können danach ohne Personenkontrollen überschritten werden. Die Ausgleichsmaßnahmen bestehen aus der Verstärkung und Harmonisierung der Kontrollen der Außengrenzen, einer einheitlichen Visapolitik, der Einrichtung eines automatisierten Fahndungs- und Informationssystems, gemeinsamer Regelungen zum Datenschutz, zur Zuständigkeit für Asylverfahren und zur Rechtshilfe in Strafsachen.

(2) Informationssystem als Basis für den Aufbau eines europäischen Polizeiamtes.

Zum Europa der Bürger

Bürgerrechte und Bürgerbeauftragter in der Europäischen Union

■ **Wolfgang Ullmann**

Bisher waren die Völker immer Voraussetzung der Staaten. Für die Europäische Union gilt diese historische Vereinfachung nicht, das europäische Volk muß noch erfunden werden. Mit dem Vertrag von Maastricht haben sich die Repräsentanten und Institutionen unwiderruflich auf die Suche nach ihren Bürgerinnen und Bürgern begeben. Doch das Eingeständnis der Bürgerferne läßt sich nicht ohne weiteres in Bürgernähe umformulieren. Der Autor beleuchtet die Schwierigkeiten des Bürgerbeauftragten.

Eine immer engere Union der Völker Europas, in der die Entscheidungen möglichst bürgernah getroffen werden – so umschreibt gleich der erste Artikel des Vertrages von Maastricht das Selbstverständnis der Europäischen Union. Eine der wichtigsten Neuerungen des gleichen Vertrages ist die Einführung eines vom Europäischen Parlament zu ernennenden und ihm gegenüber berichtspflichtigen Bürgerbeauftragten.

Aber wer eigentlich sind die Bürger und Bürgerinnen, von denen hier die Rede ist, bei „bürgernahen Entscheidungen" wie beim „Bürgerbeauftragten"? Der Maastrichtvertrag führt mit dem Artikel 8 eine Unionsbürgerschaft ein, die klar umschriebene Rechte beinhaltet: die freie Bewegung im ganzen Unionsbereich; aktives und passives Wahlrecht bei Kommunalwahlen und Wahlen zum Europäischen Parlament in allen Mitgliedsländern (Art. 8b); Petitionsrecht an den Petitionsausschuß und an den Bürgerbeauftragten des Europäischen Parlaments.

Wie werden diese Rechte den Menschen lebensnah erfahrbar? Das Recht der Freizügigkeit wohl nur auf Flugplätzen, wenn Schilder darauf hinweisen, daß es für EU-Angehörige besondere Aus- und Eingänge gibt. Das dürfte im Ergebnis darauf hinauslaufen, daß der EU-Durchschnittsbürgerin und dem Durchschnittsbürger diese Erfahrung nur bei der Urlaubsreise zuteil wird.

Alle vier bzw. fünf Jahre freilich können sämtliche EU-Bürger und -bürgerinnen von ihrem europäischen Wahlrecht Gebrauch machen. Aber ob just die Beteiligung an Kommunalwahlen geeignet ist, ein besonderes Selbstgefühl im Zusammenhang mit der Unionsbürgerschaft zu vermitteln? Und ob die Teilnahme an der Wahl zum Europäischen Parlament ein Gefühl für die Bürgernähe der Brüsseler und Straßburger Institutionen erzeugt? Die relativ niedrige Wahlbeteiligung spricht nicht gerade dafür. Daß mit dem Programm möglichst bürgernaher Entscheidungen etwas anderes gemeint sein muß als die geschilderten Inhalte der Unionsbürgerschaft, das braucht wohl nicht erst dargetan zu werden!

Dazu kommt, daß die Abhängigkeit von der Staatsbürgerschaft in einem Mitgliedsland der EU zu schwerwiegenden Rechtsungleichheiten für diejenigen führt, die, aus einem Nicht-EU-Land stammend, schon generationenlang in einem EU-Land leben, ohne dessen Staatsbürgerschaft erhalten zu können. Die zahlreichen in der Bundesrepublik seit mehreren Generationen ansässigen Türken sind nur ein Beispiel. Offenkundig waren es diese Tatbestände, die dazu geführt haben, daß beim Vertragsabschluß von Maastricht das Amt des Bürgerbeauftragten (Ombudsmann) geschaffen wurde, das vom Parlament schon 1979 verlangt worden war.

Die Kompetenzen dieses Bürgerbeauftragten bestehen laut Art. 138e darin, daß er von jedem Unionsbürger, jeder Unionsbürgerin, aber auch von jeder juristischen Person, die in einem der Mitgliedsländer ansässig ist, Beschwerden gegen die Organe der Union (außer den beiden Gerichtshöfen) entgegennehmen kann. Der Vorteil für die Beschwerdeführenden beim Bürgerbeauftragten besteht darin, daß sie im Gegensatz zum Verfahren beim Petitionsausschuß des Parlaments damit rechnen können, daß ihre Beschwerde sofort einem Prüfungsverfahren unterworfen und entschieden oder weitergeleitet wird.

Der im Juli 1995 durch das Europäische Parlament gewählte erste Bürgerbeauftragte Jakob Södermann – vor Antritt seiner

Tätigkeit in Straßburg Ombudsmann des finnischen Parlaments – hat seit Beginn seiner Tätigkeit 982 Beschwerden erhalten, 684 davon im letzten Jahr. Zur Bearbeitung dieser Eingänge stehen ihm 16 Mitarbeiter, davon sechs Juristen, zur Verfügung. Höchst interessant ist die Aufteilung der Adressaten. Mit weitem Abstand rangiert die Kommission an der Spitze (165 Beschwerdefälle), gefolgt vom Parlament mit 13, während lediglich 3 den Rat und noch weniger andere Organe der Union betreffen. Lediglich in 181 Fällen wurden Untersuchungen eingeleitet. Man sieht: Die Anzahl der nicht bearbeitbaren, weil inhaltlich ungültigen Beschwerden ist enorm hoch. Dieses äußerst ungünstige Zahlenverhältnis sowie die Tatsache, daß sich nur drei Beschwerden gegen den – für das Geschehen in der Europäischen Union letztlich verantwortlichen – Rat richten, zeigt die unvermindert andauernde Bürgerferne der Europäischen Union. Offenkundig hat nicht einmal das knappe Tausend der engagierten Unionsbürger, die das Instrument der Beschwerde nutzten, eine klare Vorstellung von den Vorgängen in der Union und von denen, die für diese Vorgänge die Verantwortung tragen.

Zweifellos spiegelt sich in diesen Zahlen die keineswegs überzeugende Arbeitsteilung des Europäischen Parlaments. Menschen-, Grundrechts- und Bürgerrechtsfragen werden mit durchaus unklaren Zuständigkeitsabgrenzungen nicht weniger als drei Ausschüssen zugewiesen, dem Petitionsausschuß, dem Ausschuß für Innere Angelegenheiten und dem Rechtsausschuß, dessen offizieller Name „Ausschuß für Rechtsangelegenheiten und für Bürgerrechte" lautet. Man erkennt unschwer: Angesichts dieser Arbeitsschwerpunkte bleibt der Bürgerbeauftragte zunächst auf administrative Fragen beschränkt. Es wird niemandem verborgen bleiben, daß sich in dieser offenkundigen Einschränkung der Kompetenzen des Europäischen Bürgerbeauftragten zwei zentrale Punkte in der augenblicklichen Verfassung der Europäischen Union offenbaren: die inhaltliche Schwäche des Unionsbürgertums als bloßes Anhängsel der nationalen Staatsbürgerschaft und die Ungeklärtheit der Grundrechtsgarantie und des Grundrechtsschutzes in der Europäischen Union.

Daß der Grundrechtsschutz zu den Zielen und Aufgaben der Union gehört, unterliegt keinem Zweifel. Der Maastrichtvertrag enthält fortlaufend in seinem Artikel F Abs. 2 eine Festlegung, nach der die Union sich verpflichtet, die Grundsätze der Europäischen Menschenrechtskonvention von 1950 zu achten. In Titel VI, der die Gemeinsame Justiz- und Innenpolitik zum Inhalt hat, wird auf diese Grundverpflichtung zurückgegriffen (Artikel K2). Sie wird hier zum Rahmenprinzip für die in Artikel K1 aufgezählten Felder gemeinsamer Justiz- und Innenpolitik erhoben. Aber schon diese Kombination der beiden Artikel F Abs. 2 und K2 macht auf eine Grundproblematik dieser Festlegung aufmerksam: In der Gemeinsamen Justiz- und Innenpolitik sind die Subjekte dieser Politiken nach wie vor die Mitgliedstaaten und nicht die Union, was natürlich auch auf die Grundrechtsverpflichtung zurückwirkt und auch in diesem Falle die Union weitgehend kompetenzlos beläßt. Dieser Sachverhalt wird auch dadurch bekräftigt, daß es in Artikel F Abs. 2 die Verfassungsüberlieferungen der Mitgliedstaaten sind, die als „allgemeine Grundsätze des Gemeinschaftsrechtes" wirksam bleiben bzw. wirksam werden sollen.

Was kann unter solchen Umständen also der rechtliche Sinn der Bestimmung sein, die Union achte die Grundsätze der Europäischen Menschenrechtskonvention? Nur zwei Antworten sind möglich: Es kann heißen, daß die Union in ihrer Gesetzgebung nicht den Bestimmungen der Konvention zuwiderhandelt und weiter die auf ihrer Grundlage gefällten Urteile des Europäischen Menschenrechtsgerichtshofes in Straßburg anerkennt – obwohl dieser im Gegensatz zum Europäischen Gerichtshof in Luxemburg gar kein Organ der Europäischen Union ist!

Diese unbefriedigende Situation hat den seit langem verfolgten Plan angeregt, die Europäische Union als solche möge der Europäischen Menschenrechtskonvention beitreten, damit diese zu einer ihrer Rechtsgrundlagen werde. Immerhin hat diese Absicht zur Folge gehabt, daß bei den Beratungen über die Bioethikkonvention des Europarates von vornherein ein Beitritt der Europäischen Union ins Auge gefaßt wurde. Aber das auf eine Initiative des Europäischen Parlaments ergangene

Urteil des Europäischen Gerichtshofes, nach dem der derzeit geltende Unionsvertrag keine Kompetenznorm für einen solchen Beitritt enthält, hat all diesen Absichten ein Ende gesetzt und damit die Union selbst – was man eigentlich nur begrüßen kann! – wieder unter verstärkten Druck gesetzt, ihre Grundrechtsposition in eigener Verantwortung zu bestimmen.

Einer Charta von Grundrechten, deren Definitionen dann für Organe und Politiken der Union verbindlich wären, ist unerläßlich. Bisher läßt sich dem regelmäßigen Streit bei der Verabschiedung des jährlichen Berichtes über die Lage der Menschenrechte in der Europäischen Union kein Ende setzen. Es muß endlich geklärt werden, ob unter Menschenrechten nur die subjektiven und individuell einklagbaren Rechte einzelner oder auch deren sozialen und kulturellen Voraussetzungen zu verstehen und darum als Gegenstände des Berichtes anzusehen sind.

Die Regierungskonferenz wäre eine günstige Gelegenheit, auch diese Frage im Rahmen der Überprüfung des Maastrichtvertrages zu thematisieren. Das scheint auch auf der Ebene des sonst eher konservativ agierenden Rates deutlich geworden zu sein. Denn unter den Schlußfolgerungen der Ratskonferenzen von Turin im März 1996 und Florenz im Juni 1996 finden sich auch Formulierungsvorschläge, die in die Richtung der hier angestellten Überlegungen gehen. Sie können als immerhin erste Ansätze beurteilt werden.

So wurde zum Beispiel erwogen, im EU-Vertrag ausdrücklich zu erklären, die Unionsbürgerschaft ersetze nicht die nationale Staatsbürgerschaft, sondern komme zu dieser hinzu. Eine Formulierung, die viele Fragen aufwirft, zum Beispiel ob es sich hier nicht um eine eher restriktive Feststellung des status quo handele. Aber andererseits – und das ist ihr Positivum – löst sie auch die Frage aus, was denn nun eigentlich der Inhalt dessen sei, das zur nationalen Staatsbürgerschaft hinzukomme. Und der Hinweis auf den bisherigen Inhalt der Artikel 8 bis 8e des Unionsvertrages wäre, wie wir oben gesehen haben, sicher keine befriedigende Antwort.

In Erkenntnis dieser Sachlage hat man vier weitere wichtige Änderungen wenigstens ins Auge gefaßt. Erstens eine Neufassung des Artikels A, der die Mitgliedschaft in der Union an die Einhaltung (statt bloßer „Achtung“) der Grundsätze der Freiheit und Demokratie knüpft. Freilich heißt es dann in bezug auf Menschenrechte und Grundfreiheiten wieder nur „Achtung“. Die Verpflichtung auf die Europäische Menschenrechtskonvention wird vorgezogen und ersetzt den alten Artikel B (über die Unionspolitiken).

Um so wichtiger wäre angesichts des sehr schwachen Inhalts dieser Korrekturen die Annahme der Einführung eines neuen Artikel 6a, einer Nichtdiskriminierungsklausel, deren Inhalt die Anerkennung bestimmter Grundfreiheiten voraussetzte. Zwingend wäre dann die ebenso vorgeschlagene Änderung des Artikels 173 Unionsvertrag zum Zweck einer Kompetenzerweiterung des Europäischen Gerichtshofes, der mit ihr eine Zuständigkeit zur Kontrolle über die Einhaltung der Grundrechte der Unionsbürger erhielte.

Wirksam werden kann das alles freilich nur, wenn aus der derzeitigen merkwürdigen Kombination der Europäischen Gemeinschaften und Politiken eine wirkliche politische Union würde. Aber wie soll sie das je werden, ohne daß sie unter Mitwirkung aller Unionsbürgerinnen und -bürger eine Verfassung erhält, die nicht nur „möglichst bürgernah“, sondern bürgerbestimmt und grundrechtsdefiniert ist. Allein auf dieser Grundlage könnte auch der Bürgerbeauftragte eine Wirksamkeit entfalten, die ihn über eine bloße Kompetenz zur Adminstrationsüberprüfung zur Autorität eines Bürgerinnen- und Bürgeranwalts erhöbe.

Die geschilderten Wirkungsgrenzen der Freiheit der Europäischen Bürgerbeauftragten sind mehr als die typischen Anfangsschwierigkeiten einer neugegründeten Institution. Aber soviel ist jetzt schon gewiß: Die von allen Organen der Union angestrebte Bürgernähe ihrer Tätigkeit wird ohne die Arbeit des Ombudsmannes nicht verwirklicht werden können. Das Europäische Parlament sollte sich darum für die Verbesserung seiner personellen Ausstattung und die Stärkung seiner institutionellen Kompetenzen einsetzen.

Drogenpolitik in Europa

Im Dämmerzustand zwischen Legalisierung und Prohibition

Daniel Cohn-Bendit

Was gut ist für die Wirtschaft, das ist auch gut für die organisierte Kriminalität. Kaum jemand wird die Deregulierung des Finanzverkehrs freudiger begrüßen als die internationalen Drogenringe, die zur Zeit um die 500 Milliarden Narco-Dollar jährlich umsetzen und im legalen Wirtschaftskreislauf waschen und reinvestieren müssen. Neben der Beschaffungskriminalität der Süchtigen wird das Gemeinwesen vor allem durch die Unterwanderung ganzer Wirtschaftszweige bedroht. Und im Kampf gegen das Verbrechen unterhöhlen die staatlichen Drogenkrieger Schritt für Schritt die Bürgerrechte. Dabei stellt sich die Ideologie der totalen Prohibition immer klarer als Garant für das Wachstum und die Gewinne der Drogenkriminalität heraus. Paradoxerweise sind somit in erster Linie nicht die Drogen, sondern der gesellschaftspolitische Umgang mit ihnen der Kern des Problems.

Auch wenn es manchen zuwiderläuft, lautet die Frage bereits jetzt nicht mehr, ob man Drogen legalisieren wird oder nicht, sondern wann und wie. Dieser Prozeß ist im Gang. Die Zeichen hierfür sind untrüglich. Auf der einen Seite hat die Anti-Prohibitionsbewegung an Stärke gewonnen, an Anerkennung, an Präsenz. Auf der anderen Seite stellt sich das Gerüst der Verbotsargumente als an allen Seiten brüchig heraus. Es vergeht kein Tag, an dem nicht ein General des Anti-Drogenkrieges öffentlich verkündet, daß dieser Krieg von vornherein verloren ist und daß jede Steigerung der Repression als markanteste Folge die Stärkung der Macht der organisierten Kriminalität sein werde. Wie dem auch sei, wird auf internationaler Ebene die Repressionsfront, wie sie von den Vereinten Nationen verordnet ist, nicht ewig haltbar sein. Ihre Wirkung ist sowohl zweifelhaft als auch verheerend. Das Ziel, Drogen zu vernichten und ihre Verbreitung einzudämmen, ist offenkundig eine Sackgasse. Wenn wir den offiziellen Schätzungen der Hauptorganisationen, die zum Krieg der Drogen aufgestellt wurden (Interpol und UNO, die die Menge der beschlagnahmten Drogen zwischen 5 und 10 % einschätzen), Glauben schenken und bedenken, welche internationalen Repressionsapparate in Gang gesetzt wurden, kann man nur ein totales Debakel konstatieren. Auf der anderen Seite scheint es, daß 90 bis 95 % der illegalen Drogen frei zirkulieren. Man muß doch vollkommen verantwortungslos sein, um nicht zu bekennen, wie katastrophal diese Ergebnisse sind. Hinzu kommt, daß die Kosten der Aufrechterhaltung eines solchen Systems immer weniger tragbar werden. In der Tat stellen viele Verbots- und Freigabe-Verfechter gemeinsam fest, daß die Ergebnisse weit davon entfernt sind, ihren Aufwand zu rechtfertigen. Bezüglich der Schlußfolgerungen gehen die Positionen vollkommen auseinander. Wir sagen, daß ein anderer Weg eingeschlagen werden muß, daß der bisherige Weg unweigerlich zum Scheitern führt. Die Urheber des „gegenwärtigen Modells" behaupten, daß man mit mehr finanziellen, personellen, juristischen und technischen Mitteln und mehr Zusammenarbeit bessere Ergebnisse erreichen würde. Aber wenn wir über Effizienz nachdenken, muß man überlegen, was getan werden müßte, um zu erreichen, daß nur 50 % der Drogen in Umlauf blieben. Das hieße, daß die Wirksamkeit der Repression mit 5 oder gar 10 multipliziert werden müßte. Dies würde zweifelsohne eine Militarisierung des Anti-Drogenkrieges bedeuten, die eine exponentielle Steigerung der Macht des Repressionsapparates erfordert. Kurzum, es geht um nicht mehr und nicht weniger als den Verzicht auf Demokratie. Und das nur für einen Bruchteil des angestrebten Ergebnisses, denn 50 % der Drogen würden noch immer im Umlauf sein. Was ist diesen bedeutungsvollen Zielen noch hinzuzufügen?

Ein konkretes Beispiel, um diese These zu erläutern: Gibt es einen Ort in der Gesellschaft, der mehr kontrolliert, mehr bewacht, geschlossener ist als die Gefängnisse? Jeder, der ein wenig Einblick in die Situation der Gefängnisse hat, wird widerspruchslos behaupten können, daß sie Stätten eines regen Handels sind. Diese Einsicht ist das Ergebnis eines langen Bewußtwerdungsprozesses, der sich qualitativ wie quantitativ entwickelt hat.

Von der Demokratie zur Narcokratie

Die Anti-Prohibitionsbewegung hat Anfang der 60er Jahre begonnen, Gestalt anzunehmen. Damals waren fast ausschließlich die USA vom Problem des Heroins betroffen, und das auch nur am Rande. Damals ging es darum, den Konsum dessen, was wir „weiche Drogen" nannten, zu erlauben – es handelte sich um Cannabis und Cannabisderivate. Das Hauptargument bestand darin, den Staat daran zu erinnern, daß er nicht befugt war, dem Individuum den persönlichen Genuß zu verbieten. Hier ging es ursprünglich ausschließlich um den Kampf, den individuellen Gebrauch zu entkriminalisieren, der der Gesellschaft schließlich nicht schadete.

Mit dem stetigen Wachstum des Marktes hat sich ein Kampf entwickelt, in dem es nicht mehr nur um individuelle Freiheiten geht, sondern auch und vor allem um den Schutz des Rechtsstaates und der Demokratie. Die Legalisierungskampagne aller Drogen betrifft nämlich jeden Bürger, sei er Konsument oder nicht. Die Verbote und die Repression haben die Drogenhändler dazu gedrängt, ihr Hauptgeschäft auf „schärfere" Ware zu konzentrieren, auf härtere Produkte, die bei gleichem Risiko ertragsträchtiger sind und riesige Verbreitungsmöglichkeiten bieten. Auf diese Weise haben Opiumderivate, die bis dahin in Europa nur geringfügig Absatz fanden, die Verbreitung gefunden, die wir inzwischen kennen. Der Durchbruch des Heroins auf dem Markt hat die Ausgangsbedingungen des Problems massiv verändert, insbesondere für die Anti-Repressions-Überlegungen. Einerseits läßt sich vom gesundheitlichen Standpunkt – jeder aufrichtige Wissenschaftler wird da zustimmen – eine relative Unschädlichkeit der Hanfderivate und eine Abwesenheit von Abhängigkeitsinduktion feststellen. Hingegen sind die Opiumderivate – in erster Linie Heroin – höchst schädliche Produkte, die Abhängigkeit verursachen –

physisch und/oder psychisch. Da der Handel unkontrollierbar ist und der Konsum unterdrückt werden soll, liegt die Gefahr des Produktes schließlich mehr im Faktor der Illegalität als im immanenten Charakter des Produktes selbst.

In diesem Zusammenhang ist das Fehlen einer wirklichen Präventionspolitik und wissenschaftlichen Aufklärung auf haarsträubende Weise offenbar. Nur ein Beispiel: Hat es jemals eine Kampagne gegeben, die auf die Gefahr von gleichzeitigem Konsum von Extasy und Alkohol hingewiesen hätte? Wieviel Gelegenheitskonsumenten von Extasy mußten vor allem in Großbritannien sterben, nur weil sie über die fatalen Auswirkungen dieser Mischung nicht informiert waren? Gleichzeitig konnten die kriminellen Organisationen, denen das Verbot ein Handelsmonopol von illegalen Drogen zuspielte, bisher nie gesehene Gewinnspannen erzielen. Das Verbot zwang die Händlerringe zu einer enormen Effizienz. So läßt sich aus einer Marketing-Perspektive feststellen, daß der hohe Preis eines Produktes den eigentlichen Zuwachsfaktor für seine Verbreitung darstellt und daß dank der Repression eine ständig wachsende Rendite im Drogenhandel erzielt wird. Dies ist nicht das kleinste Paradoxon, das die Prohibition hervorbrachte. Die Hauptgefahr in der Entwicklung liegt also gerade nicht in der Entkriminalisierung eines Drogendeliktes, sondern ist die Verwandlung der Demokratie in eine „Narcokratie". Denn während die Macht der internationalen Mafia-Organisationen Entscheidungen und Meinungen beeinflußt, ist die einzige Antwort eine Steigerung der Repression, die Begrenzung der demokratischen Garantien und die Einschränkung der Bürgerrechte und der persönlichen Freiheit. Um nur ein paar Maßnahmen zu nennen: Umkehrung von Beweislagen, Durchsuchung ohne Befehl, das Abhören von Telefongesprächen, verlängerte Inhaftierungen, Einschränkung von Verteidigungsrechten etc. Kurzum, unter dem Deckmantel des Anti-Drogenkampfes ist alles erlaubt.

In Anbetracht einer Eskalierung sowohl der Proportionen des Marktes als auch der „perversen" Effekte, oder vielmehr der logischen Auswirkungen des Verbotes, hat die Bewegung für die Legalisierung eine Argumentation entwickelt, aus der deutlich wird, daß der repressive Umgang mit der Drogenfrage die

Verantwortung für die Verbreitung der Gefahr trägt. Die „perversen Effekte" des Verbots, die von den gegenwärtigen Entscheidungsträgern als notwendige Übel gesehen werden, haben sich schnell als gefährlicher entpuppt als die Gefahr, die sie bekämpfen wollten. Auf gesundheitlicher und sozialer Ebene hat die Marginalisierung, das Verbot und die Repression die Drogenkonsumenten aus sozialen und medizinischen Auffangnetzen herausgetrieben, was zu gesteigertem Risikoverhalten führte. Die Illegalität ist auch für die miserable Qualität der Stoffe verantwortlich, die im Umlauf sind und keiner Kontrolle unterliegen. Einige positive Zeichen in diesem düsteren Bild stellen Alternativprogramme dar, die meist von Städten wie Frankfurt am Main und neuerdings auch Turin gefördert werden. In Frankreich scheint Methadon seitens der Staatsgewalt ebenfalls als ein wirksames Medikament zur Behandlung von Heroinabhängigkeit anerkannt zu sein und wird nicht mehr als Teufelsmixtur abgetan.

Der Jahresumsatz des Drogenhandels wird von der UNO auf 500 Milliarden Dollar geschätzt. Diese international organisierte Kriminalität, die den illegalen Handel betreibt, schleust sich ein, bringt die Verbreitung von Korruption mit sich und schafft es sogar, die höchsten Etagen von Wirtschaft, Finanzen, Politik und Medien ins Wanken zu bringen, sowohl in Export- wie auch in Import-Ländern. Es wäre nützlich, diesen Umsatz mit den Budgets der reichen Länder für Entwicklungshilfe in der Dritten Welt zu vergleichen, oder mit den Mitteln, die sie für Soziales zur Verfügung stellen, oder selbst mit den Bruttosozialprodukten von Wirtschaftsmächten wie die Bundesrepublik oder Frankreich, um das Ausmaß des Desasters einzuschätzen. Es ist jedem einleuchtend, daß die verschiedenen Kartelle und Mafia-Organisationen, ausgestattet mit einer solchen Finanzmacht, in der Lage sind, Regierungen und staatliche Institutionen in ihrem Sinne zu beeinflussen – um das „Weiter so" in der Drogenpolitik zu erzwingen. Die enormen Gewinnspannen des Drogenhandels ermöglichen es, massive Investitionen in Wirtschafts- und Finanzkreisläufen zu tätigen, so daß es ganze Säulen der legalen Ökonomie der Industrieländer gibt, die sich bereits in den Händen der organisierten Kriminalität befinden. Andererseits hat das Verbot die Entwicklung urbaner Kriminalität begünstigt, so daß in Großstädten inzwischen zwei Drittel der Delikte im Zusammenhang mit Drogen stehen, oder besser gesagt, mit den Drogengesetzen. Alle Bürger, vor allem die schwächsten, werden auf diese Weise potentielle Opfer dieser Micro-Kriminalität. In den Vorstädten der großen europäischen urbanen Zentren ist der Drogenhandel – solange die Situation der ständigen Arbeitslosigkeit keinen Hoffnungsschimmer mehr zuläßt – zum einzigen Zufluchtsweg von Hunderttausenden von Jugendlichen geworden. Ganze Familien leben vom Drogenhandel, und man kann in manchen Familien beobachten, wie der älteste Sohn das Studium kleinerer Geschwister mit Dealen finanziert. Die Vogel-Strauß-Politik hat keinen Sinn: Dealen ist Bestandteil unserer Gesellschaft.

Die Wirtschaft der Drogen

Die Grundsatzkritik der wirtschaftlichen Auswirkungen des Drogenverbots sollte vertieft werden; zum einen weil dieser Aspekt bisher unterbeleuchtet geblieben ist, vor allem aber weil der Prozeß, in dem das Verbot selbst zum Faktor der Steigerung des Handels und des Konsums verbotener Drogen geworden ist, nicht mehr als Nebenwirkung abgetan werden kann, mit der man notgedrungen leben muß, um noch größeres Übel in Schach zu halten. Im Gegenteil, wenn die Verantwortung eines Verbotssystems für die Steigerung der Verbreitung von Drogen festgemacht ist, fällt doch die Gesamtkonstruktion in sich zusammen. Niemand bestreitet, daß das Verbot von Drogen das extrem hohe Preisniveau bewirkt. Der Preis von Heroin wird vom Anfang bis zum Ende der Kette mit 1.700 multipliziert (nach: Questioning Prohibition – 1994 International Report on Drugs, International Antiprohibitionist League). Es ist die Auswirkung von dem, was man auch „crime tarif“ oder „criminalization tax“ nennt, eine Art Risikoprämie, die sich der Händler gönnt. Die breiten Gewinnspannen sind ein derartiges Lockmittel, daß sich immer Leute finden werden, die das Risiko der Verbreitung auf sich nehmen. Umgekehrt und paradoxerweise ist auf der Ebene des Konsumenten der extrem hohe Preis keineswegs eine Hürde, im Gegenteil, sie ist der Motor für die Entwicklung des Marktes. Die Auswirkung der „criminalization tax“ und des „multi-level-marketing“ zusammengenommen, stellen sich in der Drogenwirtschaft als beängstigend effizient dar. Somit sind die Heroinabhängigen dazu verdammt, ihren eigenen Konsum zu finanzieren. Sie sind gezwungen, auf Diebstahl oder Prostitution zurückzugreifen, aber auch selbst zu kleinen Dealern zu werden und auf diese Weise eine Klientel zu rekrutieren, die sich für diese gepanschten Produkte interessiert und fortan selbst vervielfacht. Die künstlich gemachte Rarität eines Produktes, das es in Massen gibt, dessen Preis unerreichbar hoch ist und das somit zum Motor der Verbreiterung der Kundschaft wird, ist nicht der einzige Widerspruch, den das Verbot nach sich zieht. Im Grunde zeigt sich die Wirtschaft der Drogen als ein hyperleistungsfähiges System, das die positiven Auswirkungen des Monopols und der Konkurrenz steigert, während Nachteile verringert werden, um dann wieder die Gewinne zu maximieren und die Nachfrage ständig steigen zu lassen. Geschichtlich verläuft, international betrachtet, die Kurve der Steigerung von Verbreitung und Konsum parallel zur Kurve der Steigerung von Repression. Es ist die Ironie der Geschichte: Der Kapitalismus und die Logik des Marktes sind stärker als jede Repression. Um sich daran zu erinnern, muß man nur schauen, was aus den Ländern des Warschauer Paktes geworden ist.

Modelle neuer Reglementierungen

Die Diskussion könnte sich darauf beschränken, die jetzige Handhabung zu kritisieren und es dem Gesetzgeber zu überlassen, einen neuen Rahmen zu schaffen. Da sich aber die traditionelle politische Klasse in dieser Hinsicht als fantasielos erweist, ist es angebracht, neue Wege aufzuzeigen. Die Debatte ähnelt in vielen Punkten der über die Abtreibung. Einmal legalisiert, läßt sich feststellen, daß die Abtreibungsrate keineswegs steigt, daß sich die Abtreibungsbedingungen aber medizinisch und psychologisch erheblich verbessert haben. Aber im Falle der Drogen wie der Abtreibung zeigt sich, wie eine fundierte Argumentation nicht ausreicht, um zu überzeugen, da es auf symbolischer Ebene viel verlockender ist, als Kreuzritter der Antidrogen-Kampagne aufzutreten – unabhängig von der unisono anerkannten Ineffizienz eines solchen Kreuzzuges – denn ein „Händler des Todes“ zu sein oder bestenfalls als „Kapitulationist“ zu gelten.

Es gilt, Modelle der Reglementierung vorzuschlagen. Diese können in drei Hauptgruppen eingeordnet werden, die auch untereinander nicht inkompatibel sind: das medizinische Modell, das Modell des passiven Handels und das „liberalistische“ Modell. Das medizinische Modell ist sicherlich das am wenigsten revolutionäre, es nimmt am wenigsten Abstand vom heutigen Modell. Seine Gegner halten ihm vor, daß es sich darauf beschränkt, die Bestrafung eines Verhaltens durch seine Medikalisierung zu ersetzen. Dieser Ansatz hat immerhin den Vorteil, daß es für die Öffentlichkeit etwas Beruhigendes hat. Das Modell des passiven Handels befürwortet, daß in jedem Land ein Staatsmonopol des Imports und des Handels von bisher verbotenen Substanzen geschaffen wird. Dieses Modell zielt darauf, die Verfügbarkeit für den Konsumenten zu gewährleisten, ohne durch Verbot den Markt zu fördern. Das sogenannte „liberalistische System“, dessen Gallionsfigur ohne Zweifel der amerikanische Ökonom Milton Friedman ist, überläßt es dem Markt, das Angebot, die Nachfrage, die Verfügbarkeit, den Preis und die Vielfalt der Substanzen zu regulieren. Bei diesem Ansatz wird kaum von den heilenden Kräften des Marktes gesprochen, die Mehrheit nimmt hier Abstand, eine gewisse Verantwortungslosigkeit in der Natur des Ansatzes ist erkennbar.

Es zeigt sich, daß der beste Weg eine Art Kombination der verschiedenen Modelle sein könnte, indem noch eine weitere Entwicklungsmöglichkeit eingeführt wird. In der Tat wird weitestgehend angenommen, daß zwischen dem aktuellen Modell und einem legalistischen Modell ein Bruch vollzogen werden muß, um radikal den Schwarzmarkt zu unterbinden. Gleichzeitig müssen sich die Drogen einem Domestizierungsprozeß unterziehen, und es ist nicht ausgeschlossen, daß ein Mittel, das vorerst in Apotheken erhältlich sein sollte, später eine flexiblere Handhabung finden könnte. Während dieser

Entwicklung kann man feststellen, daß für Cannabis und seine Derivate in der Anti-Prohibitionsbewegung eine breite Verständigung gefunden wurde, um eine ähnliche Handhabung anzustreben wie für Tabak und Alkohol; das bedeutet den freien Handel, begleitet von einigen Einschränkungen wie Werbeverbot und Verkaufsverbot an Minderjährige. Die harten Drogen wie Heroin oder Kokain sollten auf ärztliches Rezept in Apotheken erhältlich sein. Die Ärzte wären autorisiert, individuelle Vergabeprogramme für ihre Patienten aufzustellen. Zum anderen sollten medizinisch-gesundheitliche Strukturen die Betreuung der Abhängigen und der Konsumenten gewährleisten. Die Preise der Stoffe sollten im Gleichgewicht zwischen zwei Anforderungen liegen: Entmutigung zum Konsum und Verhinderung der Etablierung eines parallelen Marktes.

Der gesamte Prozeß, von der Herstellung bis zum Endverkauf (und nicht nur dieser), sollte auf eine Weise reglementiert sein, daß er nicht nur für die Drogenabhängigen eine Minimierung der Schäden im gesundheitlichen wie im sozialen Bereich sichert, sondern auch eine Entlastung von zivilen und demokratischen Schäden für die gesamte Gesellschaft – ihre Institutionen inbegriffen – gewährleistet. Der geringste Vorteil einer Reglementierung, die die gesamte Handelsprozedur übernehmen würde, ist es, die Qualität der verfügbaren Substanzen zu garantieren und auf diese Weise Fälschungen und Beimischungen, die manchmal noch gefährlicher sind, zu verhindern. Erinnern wir uns an die verheerenden Folgen, die im Zeitalter der Prohibition des Alkohols in den zwanziger Jahren in den USA die gepanschten Flüssigkeiten mit sich führten. Genauso wissen wir um die dramatischen Folgen – bis hin zum Tod – für die Frauen, die auf Küchentischen Abtreibungen von Engelmacherinnen vornehmen ließen.

Schadensbegrenzung

Parallel zur theoretischen Entwicklung einer Grundsatzkritik des Repressionsprinzips und seiner Auswirkungen, die im Aufbau alternativer Modelle mündete, die lebensnähere Lösungen mitbrachten, hat sich eine induktive und pragmatische Bewegung gebildet, die auf Schadensbegrenzung in Bezug auf Drogen arbeitet (harm reduction). Von der Idee her geht es darum, die Drogen nicht mehr als die absolute Plage anzusehen, die es gilt, unbedingt auszulöschen, sondern als ein Phänomen, das – ob wir es wünschen oder nicht – ein Bestandteil der Realität geworden ist, das beherrscht werden muß, damit es soweit wie möglich annehmbar wird. Mit anderen Worten: Es gilt, das Ziel der Abstinenz durch das der Schadensbegrenzung zu ersetzen. Die Politik befürwortet die soziale und sanitäre Betreuung der Abhängigen, vor allem durch Spritzen-Austauschprogramme, die Genehmigung, in mehr oder weniger breitem Umfang Methadon einzusetzen, und möglicherweise – entsprechend der Erfahrungswerte solcher Versuche – die Verschreibung von Heroin. Diese Bewegung hat sich durch die Erkenntnisse vieler „Feldarbeiter", Sozialarbeiter, Polizeibeamter oder Verantwortlicher von Stadt- oder Regionalprogrammen entwickelt, die im Kampf gegen Drogen und Kriminalität einsehen mußten, daß die repressive Strategie zum Scheitern verurteilt ist.

Auf diese Weise kamen 1990 die zuständigen Verantwortlichen europäischer Städte wie Amsterdam, Frankfurt am Main, Hamburg und Zürich zusammen, um die nun berühmte Resolution von Frankfurt zu beschließen, die zu einem Manifest der Schadensbeschränkung durch Drogen wurde, und um eine Struktur stetiger Koordination aufzustellen – die ECDP, European Cities for Drug Policy. Verschiedene andere europäische Städte haben sich der Bewegung angeschlossen, die im übrigen im Begriff ist, die Grenzen des Atlantiks zu überschreiten. Parallel dazu werden über die Schadensbegrenzung von Drogen jährlich internationale Konferenzen veranstaltet, zu denen immer mehr Berufe hinzukommen, die mit dem Problem konfrontiert sind und somit einen regen Erfahrungsaustausch und neue Überlegungen ermöglichen. Die Bewegung der Schadensbegrenzung erreicht mittlerweile ein solches Ausmaß, daß sie inzwischen eine Quasi-Handlungsanleitung für einige europäische Staaten geworden ist. Dieser Schritt wurde gemacht, nachdem man sich der explosionsartigen Aids-Epidemie unter den Abhängigen bewußt geworden war, die von hier auf andere Gesellschaftsgruppen übersprang.

Dieser Paradigmenwechsel hat schier revolutionären Charakter; wird doch gleichzeitig anerkannt, daß die repressive Politik gescheitert oder zum Scheitern verurteilt ist, und zum anderen, daß ein mittelfristiger Entzug möglich ist. Das Dogma von der Unmöglichkeit dieses Entzuges, das das Verbot begründete, muß revidiert werden. Dennoch ist Vorsicht geboten, denn einerseits ist die Politik der „harm reduction" notwendigerweise innerhalb der UNO-Konventionen von 1961, 1971 und 1981 festgelegt. Sie kann also greifbare Lösungen für die gesundheitliche und soziale Lage der Abhängigen bringen und auch zu einer relativen Einschränkung der Kriminalität führen. Sie ist aber nicht in der Lage, den Schwarzmarkt und alle damit zusammenhängenden Auswirkungen aufzuhalten. Weiterhin läuft diese Politik Gefahr, als Schutzschild für die vielen Regierungen zu dienen, die in Anbetracht der Notwendigkeit, etwas Flexibilität aufzuweisen, auf keinen Fall ihre Strategie des Verbots aufgeben wollen.

Die Revision der UNO-Konventionen

Wie auch die Kampagne für die Legalisierung von Cannabis und seinen Derivaten, gibt die Politik der „harm reduction" erst dann Sinn, wenn sie in die Strategie einer gesamten Reglementierung aller Drogen einbezogen wird. Das Ziel einer neuen Reglementierung aller Drogen stößt u.a. auf ein massives Hindernis, nämlich die für diese Fragen vorgesehene UNO-Konvention. Daher entstand die Idee, die Konventionen von 1961, 1971 und 1988 zu überarbeiten. In der Tat genügt es nicht mehr, wie bisher alle negativen Auswirkungen des Verbots deutlich zu machen, lebbare Ersatzlösungen vorzustellen und bereits bestehende Programme anzuwenden, die nicht auf den Zwang der Abstinenz hinauslaufen. Es gilt, die juristischen Mittel zu studieren und Kriterien aufzustellen, die notwendig sind, um die besagten UNO-Konventionen zu novellieren. Diese Strategie stellt sich als die einzige heraus, die in der Lage ist, aus der Sackgasse zu führen, in die die Anti-Prohibitionsbewegung zu geraten droht. Andererseits wurde richtigerweise häufig hervorgehoben, daß die gegenwärtige Situation das Ergebnis eines unbrauchbaren Ziels ist, das einen einzig gültigen Weg auf internationaler Ebene für Drogen formulieren will, ohne kulturelle und juristische Traditionen der verschiedenen Länder und Regionen zu berücksichtigen. Ist denn unser „westzentrierter Geist" in der Lage zu verstehen, welche Empörung in überlieferten Kulturen hervorgerufen werden kann, angesichts einer Prohibitionspolitik etwa für Hanf im Rif oder für Coca in den Länder der Anden? Das Kauen von Cocablättern in den Andenländern ist eine Gewohnheit, die in eine alte Tradition eingebunden ist. Nicht nur, daß sie keine negativen Erscheinungen für die Gesundheit herbeiführt; im Gegenteil: Sie hat medizinisch anerkannte therapeutische Wirkung, um die negativen Auswirkungen der Höhenlage zu bekämpfen. Ist der Aufstand überhaupt vorstellbar, der verständlicherweise in Frankreich ausgelöst werden würde, wenn eine fremde Macht die Weinberge der Bourgogne oder des Bordelais auslöschen wollte? So könnte es ebenfalls falsch sein, eine einzige Handhabung auf internationaler Ebene anzustreben, und sei es, daß diese selbst auf die Legalisierung von Drogen ausgerichtet ist. Es wäre eher angebracht, einen Rahmen herzustellen, der nicht ein einziges Modell der Legalisierung vorsieht, sondern jedem Land erlaubt, eine Rechtsprechung vorzugeben, die den eigenen juristischen und kulturellen Traditionen entspricht.

Die Europäische Union

Die Kampagne für die Legalisierung der Drogen hat eine internationale Dimension, auch wenn sie sich in Europa scheinbar am dynamischsten entfaltet. Man möchte hoffen, daß vom alten Kontinent eine reformwillige Kraft entspringt, die in der Lage wäre, radikal die gegenwärtige Strategie zu ändern. Eine entscheidende Rolle nehmen in diesem Kontext die Europäische Union und ihre Institutionen ein. Vor kurzem hat der irische Vorsitzende des Ministerrats der Europäischen Union sein Aktionsprogramm vorgestellt, und man konnte feststellen, daß der Kampf gegen Drogen einen exponierten Platz einnimmt. Das ist verwunderlich, denn die Europäische Union verfügt in dieser Frage sozusagen über keinerlei Macht oder Zuständigkeit. Wenn wir im „Traité d'Union Européenne“ nachlesen, findet sich nur ein Paragraph, der die Frage der Drogenabhängigen anspricht, zudem indirekt: Er handelt von Gesundheit und beschließt, daß die EU auf diesem Gebiet eine „Zusammenarbeit der Mitgliedstaaten bevorzugt“. Eine recht unpräzise Formulierung, die wenig besagt. Andererseits schließt dieser Paragraph jegliche Form von Angleichung aus. Entsprechend wird die Europäische Union keine Gesetze entwerfen können. Es wird also keine europäische Gesetzgebung geben können, die eine eventuelle Entkriminalisierung von Cannabis und gegebenenfalls Legalisierung von allen anderen Drogen vornimmt, es sei denn, eine radikale Änderung des Gemeinschaftsrechts stünde an.

In der Zusammenarbeit von Polizei und Justiz ist ein gewisser Diensteifer zu verspüren. Man befindet sich hier nicht mehr im Rahmen der Europäischen Union, sondern in dem einer interstaatlichen Zusammenarbeit. Auf Nachfrage des Europäischen Rats legte kürzlich eine Gruppe von Experten einen Bericht vor, der die Verschärfung von Repression und Zusammenarbeit von Polizei und Justiz forderte. Dort werden sogar zweifelhafte Praktiken vorgeschlagen, wie die „kontrollierte Lieferung“ und die Umkehrung der Beweislast, sowohl ineffiziente als auch für den Rechtsstaat gefährliche Maßnahmen. Das Beunruhigende daran ist, daß der Europäische Ministerrat die Beschlüsse dieser Expertengruppe angenommen hat und sich bemühen wird, sie umzusetzen. Dieses Vorgehen ist umso empörender, als die Kommission ihrerseits zwei Programme für die Jahre 1995 und 2000 aufgestellt hatte, zu denen das Europäische Parlament Stellung bezogen hat. Auch wenn diese Programme nicht von großem Gewicht waren, zielten sie darauf, keine Verschärfung der Repressionen anzustreben und den Grundsatz einer Schadensvermeidungsstrategie zu akzeptieren. Zumindest in der Theorie sind in der Europäischen Union die drogenpolitischen Ansätze an nationale Kompetenzen gebunden mit dem Vorbehalt, daß diese konform mit dem sehr strikten gesetzlichen Rahmen bleiben müssen, den die Vereinten Nationen zwingend vorsehen. Es ist nicht möglich, alle in Europa geltenden nationalen Gesetzgebungen auszuführen:

Alles in allem besagen die rechtskräftigen Gesetze in Europa dasselbe und sind gleichermaßen repressiv. In der Auslegung und in der Praxis lassen sich jedoch sehr große Unterschiede vermerken. Je nach Sensibilität der regionalen und lokalen Verantwortlichen lassen sich sogar innerhalb von Ländern große Praxisunterschiede, insbesondere bei der gerichtlichen Spruchpraxis, feststellen. Dies ist der Fall in der Bundesrepublik.

Trotz seiner Nicht-Zuständigkeit in dieser Frage hat sich das Europäische Parlament häufig dem Anliegen der Drogenabhängigkeit angenommen. Zwei Untersuchungskommissionen wurden hierzu 1986 und 1992-93 eingerichtet, die lebhaftes Interesse an dieser Frage bekundeten. Meines Wissens ist das Europäische Parlament die internationale Institution, die in dieser Frage am fortschrittlichsten ist. Die Grünen spielen hier eine nicht geringe Rolle. Wenn wir die angenommenen Texte gegenüberstellen, läßt sich eine deutliche Entwicklung verzeichnen. 1986 waren die von der ersten Untersuchungskommission vorgelegten Beschlüsse ausschließlich repressiv und traditionell: Aufrechterhaltung des Status quo und Bestärkung der angesagten politischen Linien, Erweiterung der Repression, Steigerung der polizeilichen Zusammenarbeit usw. Man empfahl den Mitgliedstaaten, ihre Richtung fortzuführen, und fügte im Kampf gegen Drogen noch etwas mehr Bürokratie hinzu.

Aber die Ineffizienz dieser Maßnahmen zwang dasselbe Parlament einige Jahre später, 1992, eine neue Untersuchungskommission zusammenzuführen. Und dort konnte man beobachten, wie Abgeordnete, die einige Jahre zuvor für die Erhaltung einer repressiven Version plädiert hatten, nun schwere Zweifel äußerten. So sehr, daß wir im Endbericht dieser Untersuchungskommission ein Umlenken in Richtung Entkriminalisierung der weichen Drogen beobachten können, sowohl in der Frage des Konsums als auch in deren Verbreitung. Bezüglich der harten Drogen hat sich die Mehrheit der Kommissionsmitglieder zugunsten einer allgemeinen Risikobegrenzungspolitik ausgesprochen. Dies war auch der Vorschlag der Grünen, die es schafften, damit eine Mehrheit zu gewinnen. Schließlich hat sich die Plenarsitzung des Europäischen Parlaments deutlich von diesen Entschlüssen distanziert. Denn die Kommissionsteilnehmer kannten dieses Terrain und hatten es gewagt, endlich aus den bekannten Sackgassen herausführende Antworten zu formulieren.

Im Plenarzusammenhang hat aber eine andere politische Logik den Vorrang behalten, und so läßt sich der unterkühlte Rückzug der Mehrheit der Plenarversammlung erklären. Erst unlängst hat sich dasselbe Parlament über die beiden Aktionsprogramme der Kommission in Sachen Drogen geäußert, zunächst allgemein, und schließlich über gesundheitliche Aspekte. Einer der Mitwirkenden, der ebenfalls in der ersten Untersuchungskommission dabei war, hat öffentlich und deutlich für eine allgemeine Politik der Risikenbegrenzung Stellung bezogen. Diesem britischen Konservativen, der ehedem im Europäischen Parlament eine der Speerspitzen der Repression war, konnte man wohl kaum irgendwelche linken Anliegen unterstellen. Heute ist seine Haltung – wie die der Untersuchungskommission –, sich eine behutsame Entkriminalisierung von Cannabis vorzustellen. Er ist eher für eine Konzentrierung der Repression im Kampf gegen den großen international organisierten Handel (ohne weiter die Opfer der Drogen zu kriminalisieren), verbunden mit einer Herangehensweise, die sich der gesundheitlichen und sozialen Probleme der Abhängigen annimmt. Abgesehen davon sind die Perspektiven des Parlaments weniger optimistisch, als sie es noch vor zwei Jahren waren.

In der Tat hat die Erweiterung der Gemeinschaft auf 15 Mitglieder, und insbesondere die Mitgliedschaft von Schweden, die Balance wieder zugunsten der traditionellen Sicht verschoben. In der politischen Klasse Schwedens läßt sich von ganz Links bis ganz Rechts eine einheitliche Haltung zum sogenannten „Schwedischen Modell" feststellen. Selbst in der Gruppe der Grünen im Europäischen Parlament agiert die schwedische Fraktion wie eine blockierende Minderheit gegenüber den Anti-Prohibitionsinitiativen. Und trotzdem gibt es viele Vorzeichen, die an eine Überwindung der gegenwärtigen Strategie denken lassen. So hat das Parlament von Luxemburg gerade eine Resolution angenommen, die entschieden für die Legalisierung von Cannabis und für eine Reglementierung des Handels aller illegalen Drogen eintritt. Zum anderen lädt es die anderen Benelux-Staaten dazu ein, auf dieser Basis ihre Politik zu koordinieren. Die Niederlande haben bekanntlich nicht auf Luxemburg gewartet, um eine alternative Politik zu führen. Man kann annehmen, daß Belgien sich dem anschließen wird. Diese Perspektive ist durchaus denkbar. In Belgien tagt derzeit eine Kommission zu diesen Fragen. In der frankophonen sozialistischen Partei, die im übrigen in der nationalen Regierung mitarbeitet, wird derzeit in diese Richtung gedacht, was man als optimistisches Vorzeichen annehmen kann.

In Frankreich hatte die Balladur-Regierung ungewöhnlicherweise die gute Idee, unter der Schirmherrschaft von Monsieur Henrion eine Experten-Kommission aufzustellen. Was dabei nicht beachtet wurde, ist, daß die ansonsten sehr vernünftigen Experten, nachdem sie sich ernsthaft dieser Themen angenommen hatten, überzeugt worden waren, daß eine radikale Strategieänderung ansteht. Der Bericht wurde natürlich begraben. Immerhin hat er es geschafft, von sich reden zu machen. Man könnte dem Präsidenten Chirac die Lektüre dieses Berichtes empfehlen, da er es schamlos wagte, den Niederlanden eine Lektion über ihre angebliche Nachgiebigkeit zu erteilen, obwohl dieses Land, dank seiner toleranten Politik, viel ermutigendere Ergebnisse vorweisen kann. Ganz zu schweigen von seiner begünstigenden Haltung zu seinem Freund, dem König von Marokko, der nicht interessiert ist, den ersten Platz als Hanf-Zulieferer Frankreichs zu verlieren.

Wie dem auch sei, in Europa läßt sich allgemein feststellen, daß Initiativen und Organisationen entstehen, die sich für die Legalisierung von Cannabis und eine Reglementierung von harten Drogen einsetzen. In Anbetracht dieser zahlreichen Initiativen und im Hinblick auf die Entwicklung in der Öffentlichkeit ist es an der Zeit, eine großangelegte Initiative zu starten, die als Katalysator einen entscheidenden Beitrag im Prozeß der Überwindung der Drogen-Prohibition Einfluß haben könnte.

4

Zivile Außenpolitik

Abschied vom „Standort Europa“

Plädoyer für eine sozial-ökologische Regulierung des Welthandels

■ **Wolfgang Kreissl-Dörfler**

Vom weltweiten und vom kalten Krieg sind wir zum globalen Wettbewerb übergegangen. Das Zusammenwachsen der Europäischen Union wird so zunehmend von Sachzwängen, die uns der Weltmarkt „abverlangt“, diktiert. Es bedeutet das Ende der Politik, sich diesem mehr und mehr abstrakten Operationssystem zu unterwerfen. Statt einem Wettlauf der Nationen, bei dem die meisten Verlierer sein müssen, geht es vielmehr um die Setzung der Rahmenbedingungen, in denen die Weltwirtschaft wirtschaften kann. Europa als größte Handelsmacht wäre, den politischen Willen vorausgesetzt, durchaus in der Lage, den Freihandel durch soziale und ökologische Standards nachhaltiger und gerechter zu gestalten.

Nicht erst in Zeiten der Globalisierung wird um den „Standort Europa“ gebangt. Schon in den 50er Jahren – durch den 2. Weltkrieg und den Zerfall ihrer Kolonialreiche geschwächt – hatten die Vertreter der europäischen Staaten erkannt, daß sie nur gemeinsam den Supermächten USA und Sowjetunion Paroli bieten konnten. Die Gründung der EU bzw. ihrer Vorform, der EWG, geht auch auf diese Angst vor wirtschaftlicher und machtpolitischer Deklassierung zurück, wie sie im Bericht eines Regierungsausschusses unter Vorsitz des belgischen Politikers Spaak 1956 anschaulich beschrieben wurde.

Gegenüber den USA, auf die die Hälfte der Weltproduktion entfalle, und den Ländern des Ostblocks mit ihren immensen Wachstumsraten, „erlebt“ – so heißt es im Spaak-Bericht, der dann zur Gründung der EWG führte – „das in sich gespaltene Europa, dessen verarbeitende Industrie früher den Weltmarkt beherrschte und das erhebliche Einkünfte aus seinen überseeischen Gebieten ziehen konnte, heute eine Schwächung seiner Außenstellungen, eine Abnahme seines Einflusses, und es wird bei Aufrechterhaltung der Teilung die weiteren wirtschaftlichen Entwicklungsmöglichkeiten aufs Spiel setzen".[1] Ein europäischer Zusammenschluß sei notwendig, um die Vorteile von Großindustrie und Massenproduktion wahrnehmen und mit den USA Schritt halten zu können, besonders in den Bereichen Automobilindustrie, Flugzeugbau und Atomindustrie. Gegenwärtig sitzen die Konkurrenten im Automobilbau eher in Fernost – und die Lobbyisten der Atomindustrie argumentieren wesentlich verdeckter. Aber sonst: Heute wie vor 40 Jahren wird die gleiche Angst vor einer Niederlage auf dem Weltmarkt, vor dem Abstieg Europas in die Drittklassigkeit geschürt. Gemessen an den Aussagen des Spaak-Berichts von 1956 hat Europa heute allerdings sein Ziel erreicht: Auf die Europäische Union entfällt mittlerweile ein Anteil von 20 % am Weltexport, sie ist – wie die EU-Kommission voller Stolz in ihren Werbebroschüren betont – „die größte Handelsmacht der Welt", während die USA auf 16,3 % zurückgefallen sind und Japan nur auf einen Anteil von 8,2 % kam.

In den Werbebroschüren der EU wird seit 1994 vor allem für den Freihandel und für die Segnungen der neuen Welthandelsorganisation WTO geworben. Diese Broschüren, die eine weitverbreitete Skepsis gegenüber den Folgen der Globalisierung zerstreuen sollen, prophezeien insbesondere ein enormes Wirtschaftswachstum. Mehr Wirtschaftswachstum bedeutet aber schon lange nicht mehr, daß dadurch auch mehr Arbeitsplätze geschaffen werden. Was nützt den Verbrauchern eine immer größere Auswahl an Konsumgütern, wenn sie immer weniger Geld haben, diese auch zu kaufen? Abgesehen davon, daß mehr Konsumgüter nicht mehr Lebensqualität bedeuten: Wird ein globalisiertes Europa nicht bloß mehr Wohlstand für eine kleine Elite bieten, während sich die Masse nur noch die Nase an den Schaufenstern der neuen Konsumtempel plattdrücken darf? Wie sollen Arbeitslose, Alte und Kranke von der Globalisierung profitieren, wenn nach der Logik der neoliberalen Wirtschaftspolitik der Staat von möglichst vielen Ausgaben entlastet wird und deshalb überall in Europa die Sozialversicherungssysteme zum Abbruch freigegeben sind? Wie sollen Arbeiterinnen und Arbeiter, speziell diejenigen ohne qualifizierte Ausbildung, in der Konkurrenz zu ihren Kollegen in Südkorea, Polen oder Marokko bestehen können?

Die Logik des Standorts Europa

Nachdem das Binnenmarkt-Projekt 1992 schon nicht die propagierten Vorteile gebracht hat,[2] läßt sich vorhersagen, daß die versprochenen Vorteile auch im Fall von Globalisierung und Welthandel ausbleiben werden. Europäische Konzerne denken nicht daran, ihr Kapital aus patriotischen Gründen wieder in Europa anzulegen. Wenn die Anlage in Devisen oder Aktien rentabler ist, werden sie ihr Geld der Spekulation widmen. Wenn die Präsenz auf außereuropäischen Märkten wichtiger ist, werden sie einen Teil ihrer Produktion nach Asien oder Amerika verlagern. Und die Produktion in Europa werden sie natürlich rentabler gestalten, durch Rationalisierung, „lean production", Flexibilisierung, Lohnkürzungen und Entlassungen. Von Konzernen, die sich oft selbst nur mühsam im Globalisierungsprozeß behaupten können, moralisches Verhalten einzufordern, ist reine Utopie. Betriebswirtschaftlich verhalten sich diese Unternehmen oft rational, das Problem ist, daß die Summe der betriebswirtschaftlich rationalen Einzelentscheidungen gesamtwirtschaftlich irrational und zerstörerisch wirkt. Hier ist die Politik gefordert, die den Wettbewerb regulieren, Umwelt- und Sozialstandards international setzen und ihre Einhaltung kontrollieren muß und die sich nicht darin erschöpfen darf, durch Deregulierung und Subventionen die Kosten für Einzelunternehmen zu senken. Die (Welt-)Wirtschaft braucht demokratische Steuerungsinstanzen. Diese können zum Teil aus supranationalen Institutionen wie einer reformierten WTO oder UNCTAD bestehen, werden aber auf absehbare Zeit nicht auf die Steuerungsinstrumente des Nationalstaats verzichten können. Zur Zeit geht die Entwicklung jedoch in eine andere Richtung: Statt als demokratisch legitimierte Steuerungs- und Kontrollinstanz tritt der Staat in Zeiten neoliberaler Standortkonkurrenz nur mehr als „nationaler Wettbewerbsstaat" auf, der sich selbst – durch Vorbereitung günstiger Standortbedingungen – zur Hilfsinstanz für einheimische Unternehmen und transnationale Konzerne degradiert.

Im Gegensatz zu den unerfüllt gebliebenen Versprechungen für Verbraucher und Arbeitnehmer stellte das EU-Binnenmarktprojekt eine solide Ausgangsbasis dar, um europäische Konzerne „fit“ für den Weltmarkt zu machen. Die Europäische Kommission als oberste Kartellbehörde hat die Entstehung riesiger, weltmarktfähiger Konzerne geradezu gefördert. Nur in absoluten Ausnahmefällen wurde die Zustimmung zu einer Konzernfusion verweigert. Inwieweit dadurch schon „echte“ europäische Konzerne entstanden sind oder ob nationale Interessen weiterhin dominieren, läßt sich nur schwer erforschen. Wenn's um den Ruf nach Subventionen geht, entdecken jedenfalls auch internationale Großkonzerne ihr Herz für die Heimat. Weil die nationale Konkurrenz neben der Triaden-Konkurrenz des europäischen Wirtschaftsblocks mit Japan und den USA weiterhin besteht, sind die Ziele der gemeinsamen Handelspolitik, wie sie in Artikel 110-116 EWG-Vertrag beschrieben sind, auch über 25 Jahre nach Einführung des gemeinsamen Außenzolltarifs nicht erreicht. Selbst der Maastrichter Vertrag brachte keine wesentlichen Veränderungen, z.B. keine Vereinheitlichung der Ausfuhrbeihilfen. Die laufende Regierungskonferenz („Maastricht II“) scheint außer der Einordnung der Außenwirtschaftspolitik in ein umfassenderes Konzept der gemeinsamen Außen- und Sicherheitspolitik (GASP) keine Veränderung zu bringen. Auf dem Gebiet der Handelspolitik stellt aber, von Teilbereichen (z.B. Rüstungsexport) abgesehen, nicht ihre mangelnde Vergemeinschaftung das zentrale Problem dar. Wichtiger als eine andere institutionelle Einbindung der EU-Außenwirtschaftspolitik ist ihre inhaltliche Umorientierung auf alternative Ziele, die mit den Schlagworten „Umweltverträglichkeit“, „Verpflichtung gegenüber den Menschenrechten“ und „entwicklungspolitische Kohärenz“ beschrieben werden können. Ob schon „Maastricht II“ die Hinwendung zu einem alternativen Modell „nachhaltiger“ wirtschaftlicher Entwicklung bringen wird, darf mit Fug und Recht bezweifelt werden.

Markteroberung und -verteidigung

„Das amerikanische Handelsministerium hat seit 1995 einen 'war room', ein Kriegszimmer, in dem Experten täglich austüfteln, wie die Regierung die Interessen der US-Firmen unterstützen kann – vom Botschafter in Peking bis zum Präsidenten."[3] Der Weltwirtschaftskrieg tobt in Gestalt eines aggressiven Verdrängungswettkampfs auf mehreren Ebenen zwischen Nationen, Regionen und Konzernen. Wie im Krieg gibt es im wesentlichen zwei Strategien: Angriff und Verteidigung, die Eroberung neuer Märkte und die Verteidigung des eigenen Binnenmarktes bzw. der eigenen Marktposition.

Der klassische Angriff besteht in Maßnahmen zur Exportförderung. Hier werden mit fortschreitender Globalisierung die Rufe der Unternehmen, die sonst gar nicht laut genug den Rückzug des Staates fordern können, nach Unterstützung durch ihre nationale Regierung oder auch durch die EU-Kommission immer lauter. Und die Regierungen reagieren prompt.

Seit Dezember 1993 sind die deutschen Botschaften per Runderlaß Kinkels angewiesen, deutschen Unternehmen beim Vertragsabschluß im Ausland unter die Arme zu greifen. Selbst die auswärtige Kulturpolitik soll künftig – nach Kinkels Vorstellung – an Standortinteressen ausgerichtet werden. „Für eine Wirtschafts- und Exportnation wie Deutschland ist das Ansehen als Kulturnation ein wichtiger Standortfaktor."[4] Kultur muß sich künftig daran messen lassen, ob sie dem Ansehen und damit dem Außenhandel Deutschlands dient. Neue Goethe-Institute sollen dort gegründet werden, wo die deutsche Exportwirtschaft Fuß fassen will: zum Beispiel in Hanoi, in Tiflis, Shanghai oder Johannesburg. Bestehenden Instituten an kulturell interessanten, aber ökonomisch uninteressanten Standorten wie Neapel, Nicosia und Hammerfest droht hingegen die Schließung.

Immer öfter dienen Politikerreisen, wie die Chinareise Kanzler Kohls im November 1995, nur noch der Exportförderung, weswegen er auch die chinesische Armee hofiert und über Menschenrechte kein Wort verliert. Kohls Chinareise ist auch ein gutes Beispiel für das groteske Mißverhältnis zwischen den Erwartungen an solche Export-Missionen und dem tatsächlich ausgehandelten Auftragsvolumen. Auch aus dem Haushalt der Europäischen Kommission werden Exportförderungsmaßnahmen finanziert, und auch hier stand 1994 China im Mittelpunkt. Menschenrechtliche Einwände greifen eben wenig, wenn neue Märkte erobert werden sollen, was sich auch daran zeigt, daß die übrigen Exportförderungsveranstaltungen im Jahre 1994 in Korea, Malaysia, Thailand und den Vereinigten Arabischen Emiraten stattfanden.[5] Im Haushalt der EU-Kommission existiert mit den Haushaltslinien B7-851 und B7-852 ein Fonds, der sich zum Ziel setzt, den Zugang der EU zu auswärtigen Märkten, speziell zum japanischen Markt, zu verbessern. Diese zur Exportförderung bereitgestellten Mittel wurden 1996 um 38 % erhöht. Allein zur Eroberung des japanischen Marktes (z.B. mit Hilfe von Sprachkursen für europäische Manager) will die Kommission 1997 13 Mio. ECU ausgeben.

Weitere „Angriffswaffen" bestehen z.B. in den Exportkreditversicherungen, in Deutschland unter dem Firmennamen „Hermes"-Kreditversicherung bekannt. Um neue Märkte erobern zu können, auf denen märchenhafte Gewinne locken, aber auch hohe Risiken drohen, unterstützt der Staat die Geschäfte seiner privaten Markt-Conquistadoren mit Ausfuhrbürgschaften. Gebürgt wird z.B. für den Bau eines LKW-Werks von Daimler-Benz in Vietnam, für den Verkauf von U-Booten nach Indonesien oder für den Bau von Kraftwerken in Brasilien und China. Läuft alles glatt, darf der Unternehmer den Gewinn in die eigene Tasche stecken, platzt das Geschäft, zahlt der Staat für den Verlust aus Steuermitteln. Da nur die Verluste sozialisiert werden, sind die Unternehmer von Exportkreditversicherungen natürlich begeistert. An ihnen zeigt sich darüber hinaus, wie weit die Unternehmen trotz aller Europa-Rhetorik den Nationalstaat noch als vorgeschobene Bastion zu nutzen verstehen, denn Versuche, die Bedingungen für diese Exportförderungskredite EG-weit zu harmonisieren, sind seit über 30 Jahren regelmäßig gescheitert.

Am 22. Dezember 1994, abgestimmt auf die Gründung der WTO, hat der Ministerrat eine Verordnung (EG) Nr. 3286/94 angenommen, die Handelshemmnisse in Drittstaaten aus dem Weg räumen soll. Europäische Unternehmen können aufgrund dieser Verordnung die Kommission zum Eingreifen auffordern, wenn ihr Auftreten auf den Auslandsmärkten behindert wird. Gelingt eine Streitbeilegung durch Einschüchterung oder gütliche Einigung nicht, kann der Rat auf Grundlage eines Kommissionsvorschlags Vergeltungsmaßnahmen verhängen. Zudem hat die Kommission Mitte Februar 1996 eine Mitteilung[6] veröffentlicht, in der sie ihre „Marktöffnungsstrategie" umreißt. Die erste Stufe der Drohung besteht in einem Bericht, und insgesamt soll die Vergeltung sich auf handelspolitische Maßnahmen beschränken. Dafür verspricht die Kommission, nicht nur als verlängerter Arm europäischer Konzerne in aller Welt tätig zu sein, sondern künftig auch „führende Vertreter der Wirtschaft" auf ihren Reisen in alle Welt mitzunehmen.

Genauso wichtig wie die Eroberung neuer Märkte in fernen Ländern ist die Verteidigung des Binnenmarktes in Europa. Ende 1995 galten in der EG 147 Antidumping- und Antisubventionsmaßnahmen, meist in der Form von Strafzöllen. Antidumpingzölle wurden z.B. verhängt gegen Farbfernseher und Mikrowellenherde aus China, Südkorea, Thailand und Malaysia, gegen Disketten aus Mexiko und den USA und gegen Fahrräder aus Indonesien. Kriterium für Dumping ist nach Definition der Kommission normalerweise ein Ausfuhrpreis, der deutlich unter dem „normalen Marktpreis" im Inland liegt. Im Falle Chinas ist dies schwer nachzuweisen, weshalb es die Kommission meistens damit bewenden läßt, sich von der europäischen Industrie versichern zu lassen, daß ihre Gewinne bedroht seien und man aufgrund der „unfairen" Konkurrenz Arbeitsplätze abbauen und Betriebe stillegen müsse. Wenn man davon ausgeht, daß es das eigentliche Ziel dieser „Verteidigungswaffe" ist, die Gewinne der europäischen Industrie zu schützen, dann wundert man sich auch nicht, daß die EU-Kommission 1995 ein Antidumpingverfahren gegen Mexiko und die Philippinen eröffnet hat, nur weil deren Anteil am Markt für billigste Einwegfeuerzeuge sich von 1989 -1993 im Fall der Philippinen von 0,6 % auf 5 % erhöht hat, während der mexikanische Anteil im gleichen Zeitraum von 0 auf 6 % kletterte. Andere Begründungen für Antidumpingmaßnahmen waren noch dürftiger, so daß es den Anschein hat, daß sich die Kommission schützend vor all jene Unternehmen stellt, die am geschicktesten bei ihr zu antichambrieren verstehen. Daß das Personal für die Antidumping-/Antisubventionsdienststellen der Kommission in den Jahren 1995 und 1996 von 140 auf 260 Beamte aufgestockt und damit in nur zwei Jahren fast verdoppelt wurde, ist auch ein deutliches Signal an die europäische Industrie: Europa rüstet auf, indem es die Zinnen der Handelsfestung mit mehr Schildknappen bestückt.

EG und Dritte Welt

Die Antidumpingmaßnahmen der EG richten sich vor allem gegen solche Dritte-Welt-Länder, die auf der Leiter der industriellen Entwicklung schon ein Stückchen weit nach oben geklettert sind, die auf dem Weg vom LDC (less developed country) zum NIC (newly industrialized country) sind.

Nach Schulmeinung der neoklassischen Wirtschaftstheorie soll der Freihandel im Grunde die beste Entwicklungshilfe sein. Die Theorie der „komparativen Kosten(vorteile)“ besagt, daß jede Region und jeder Standort das Produkt weltweit am besten verkaufen kann, welches aufgrund von niedrigen Lohnkosten, verfügbarer Infrastruktur, vorhandenen Bodenschätzen u.ä. bei ihm am billigsten produziert wird. Unterentwicklung, d.h. niedrige Lohnkosten und fehlende Sozialversicherungssysteme, werden so zum Wettbewerbsvorteil. Die „unsichtbare Hand“ des Marktes soll auf lange Sicht dann alles so lenken, daß der wachsende Welthandel den Entwicklungsländern Wohlstand beschert, sie auf Unterdrückung und Ausbeutung verzichten können und eigene Sozialversicherungssysteme aufbauen. So zumindest die Theorie. In der Praxis zeigte sich, daß es nur einigen wenigen Entwicklungsländern gelungen ist, sich durch nachholende Industrialisierung zum Status eines Schwellenlandes emporzuarbeiten. Ländern, wie Südkorea und Thailand, die zur Zeit Wachstumsraten von über 7% aufweisen, gelang dies jedoch nicht durch Freihandel, sondern durch Abschottung ihrer Märkte gegen Importe und gleichzeitige zielgerichtete

Industrialisierung unter Ausschaltung von Gewerkschaften und Mißachtung der Menschenrechte.

Private Direktinvestitionen sollen die öffentliche Entwicklungshilfe des Nordens ersetzen. Dabei wird geflissentlich übersehen, daß natürlich nur dort investiert wird, wo auch entsprechende Gewinne winken. Der Anfang Mai 1996 veröffentlichte Weltbank-Bericht zu den „Globalen Konjunkturaussichten" konstatiert, daß nur zehn von 93 Entwicklungsländern ausländische Direktinvestitionen in nennenswertem Umfang angezogen hätten. Direktinvestitionen in den Ländern südlich der Sahara seien sogar im Verhältnis zum BIP um die Hälfte zurückgegangen.

Neben den ausländischen Direktinvestitionen gilt der Abbau von Zollschranken zur Zeit als aussichtsreichste Entwicklungsstrategie. Die Empirie bestätigt diese Meinung nicht unbedingt. Auch diejenigen Entwicklungsländer in Afrika, der Karibik- und Pazifikregion (AKP-Staaten), die als ehemalige Kolonien der EU-Staaten durch die Lomé-Verträge abgesicherte weitgehende Handelsvorteile genießen, konnten ihren Anteil an den EU-Importen nicht steigern. Im Gegenteil: Der Anteil der Importe aus AKP-Staaten an den Gesamtimporten der EG/EU sank sogar von 7,3 % in 1975 auf 3,7 % in 1992.

Die allgemeinen Zollsenkungen als Ergebnis der Uruguay-Runde des GATT lassen den Wert spezieller Zollpräferenzen für die AKP-Staaten künftig weiter absinken. Von dieser Erosion der Zollpräferenzen werden auch die übrigen Entwicklungsländer betroffen sein, denen die EG im Rahmen des 1971 eingeführten Allgemeinen Präferenzsystems (APS) einseitig weitreichende Zollvorteile zugesteht. Handelspolitisch zeigte das APS die gleichen Schwächen wie die Lomé-Abkommen: Zollpräferenzen gab es 1992 nur für rund 50 % aller Importe aus APS-Ländern und nur dort, wo die Interessen der EG-Produzenten nicht bedroht waren, also nicht bei Agrarprodukten, Textilien oder Schuhen. Nach der „Empfindlichkeit" der konkurrierenden EG-Produktion wurde das APS jedes Jahr neu festgelegt, wurden „sensible" und „weniger sensible" Produkte definiert und Kontingente festgelegt. Dies führte z.B. dazu, daß die APS-Präferenzen nur bei 45,5 % der Einfuhren, für die es theoretisch in Frage kam, auch praktisch Anwendung fand. Das APS begünstigte darüber hinaus die wirtschaftlich stärksten Entwicklungsländer. Fast 70 % der APS-Vorteile wurden 1992 von den asiatischen Staaten wahrgenommen (darunter rund 25 % von China), während auf die am wenigsten entwickelten Länder nur ein Anteil von 1,7 % entfiel.[7]

Entwicklungspolitisch kommt dem APS wegen seiner Selektivität und seiner geringen Reichweite also keine besondere Bedeutung zu. Handelspräferenzen haben die Entwicklungshilfe nicht ersetzen, sondern bestenfalls unterstützen können. Es war dann aber eher die Notwendigkeit, das APS den neuen Regeln der WTO anzupassen, und der Unwille, mit den Schwellenländern Asiens die eigene Konkurrenz zu bevorteilen, die die Kommission Ende 1994 zu einer Neufassung des APS bewog. Kontingente sollen entsprechend den WTO-Regeln durch Zölle ersetzt und der Anteil der Schwellenländer an den APS-Vorteilen soll durch gestaffelte Tarife zugunsten der ärmsten Entwicklungsländer zurückgedrängt werden. Zudem beinhaltet das neue APS erstmals eine Sozial- und eine Umweltklausel, die ab 1998 in Kraft treten soll. Die Sozialklausel bezieht sich auf grundlegende Arbeitsnormen, wie das Recht auf Koalitionsfreiheit und Tarifverhandlungen sowie das Verbot von Kinderarbeit. Bei Einhaltung dieser sozialen Grundrechte, die in den Konventionen der Internationalen Arbeitsorganisation (ILO) in Genf definiert sind, sollen den Entwicklungsländern zusätzliche Zollpräferenzen gewährt werden. Gleiches soll im Umweltbereich bei der Einfuhr von „nachhaltig" bewirtschaftetem Tropenholz möglich sein. Inwieweit solche zusätzlichen Präferenzen bei der durch die WTO-Gründung in Gang gesetzten allgemeinen Erosion der Zollsätze überhaupt Anreize für menschen- und umweltgerechtes Verhalten sein können, wird sich noch zeigen müssen. Für die ärmsten Entwicklungsländer kommen sie als Anreize ohnehin nicht in Frage, da deren Produkte bereits jetzt Zollfreiheit genießen. Auch die unklare Kontrolle und unabhängige Überwachung dieser Umwelt- und Sozialklauseln sowie die geringe Reichweite des APS überhaupt geben Anlaß zur Skepsis. Aber immerhin scheint das neue APS zumindest ein kleiner Schritt in Richtung auf die Bindung des Welthandelssystems an politische Ziele, wie Sicherung der Menschenrechte und Bewahrung der Umwelt, und in Richtung auf mehr Kohärenz zwischen Handels- und Entwicklungspolitik zu sein.

Die Gründung der WTO – eine verpaßte Chance zur Regulierung des Welthandels

Im Falle der neuen Welthandelsorganisation WTO hätte man eigentlich erwarten dürfen, daß sie die Gesetze des globalisierten Dschungels ersetzt durch Schutzbestimmungen für ökonomisch Schwache. Doch das Gegenteil war der Fall: Schutzbestimmungen wurden ausgehöhlt, ob sie nun die Rechte von Entwicklungsländern bedeuten, ihre Märkte vor aggressiven Importen aus Industriestaaten zu schützen, oder jene Bestimmungen, die aufgrund des Drucks der Umweltschützer in die Gesetzgebungen der Industriestaaten eingefügt wurden. Die Ausdehnung des Freihandels auf neue Bereiche wie intellektuelle Eigentumsrechte (im TRIPS-Abkommen) oder Handel mit Dienstleistungen (im GATS-Abkommen) garantiert die Marktöffnung der Entwicklungsländer für die Informationsgesellschaft und wird besonders den großen Konzernen, den „global players" aus den USA, Europa und Japan, ein Ausgreifen auf bisher unerschlossene Bereiche des Welthandels ermöglichen.

Die Ausdehnung des Freihandels bedeutet auch eine Anonymisierung von Machtausübung. „Die Vorstellung wäre geradezu albern, irgendeine Person, eine Gruppe oder ein mächtiger Staat wollte an 'den' Weltmarkt appellieren, vor ihm für ihre/seine Interessen demonstrieren."[8] Statt die Ohnmacht der Politik angesichts der Globalisierung der Ökonomie zu bekämpfen, wurde mit der WTO-Gründung Anfang Januar 1995 der Glaube an die Allmacht des Marktes zum Gesetz erhoben. Die WTO-Gründung folgte, wie bereits die Gründung des EG-Binnenmarktes 1992, der Logik des Neoliberalismus, welcher Deregulierung und „Kapitalismus pur" auf seine Fahnen geschrieben hat. Globale Zukunftsthemen wie Menschenrechte (auch in der Arbeitswelt), weltweiter sozialer Ausgleich und die Förderung nachhaltiger Entwicklung fielen unter den

Tisch. Der WTO-Gründungsvertrag ist ein Dokument der schönen Worte: In der Präambel und weit hinten in den Anhängen finden sich die zahlreichen Hinweise auf das Ziel einer nachhaltigen Entwicklung, auf den Umweltschutz und die Förderung der Entwicklungsländer. Alles mehr oder weniger unverbindlich, während im eigentlichen Vertragstext die harten Fakten des Welthandels Paragraph für Paragraph eingehend durchexerziert werden. Der Hauptinhalt des WTO-Vertrags besteht natürlich in allgemeinen Zollsenkungen, die nach Vorhersagen der GATT-Experten jährlich zu Gewinnen und neuen Handelschancen in der astronomischen Höhe von mehr als 200 Mrd. US-Dollar weltweit führen sollen. Wer dann zu den Gewinnern gehört und wer zu den Verlierern, ist damit natürlich noch nicht gesagt. Bisher läßt sich nur schwer eine erste Bilanz der WTO-Gründung ziehen. Auch ist noch unklar, inwieweit die beschlossenen Regeln wirklich umgesetzt werden. Außenstehenden Beobachtern wird die Beurteilung des WTO-Prozesses vor allem durch die mangelnde Transparenz seiner Gremien und den fehlenden Zugang für NGOs erschwert. In puncto Umweltschutz ist aber zumindest eine Tendenz erkennbar, denn ein erster, endgültiger Spruch eines WTO-Panels, das nun als eine Art oberstes Weltgericht in Handelsfragen fungiert, liegt mittlerweile vor: Es erklärt ein US-Umweltgesetz, das strengere Abgasnormen für Benzin einforderte, für nicht WTO-konform.

Der Spielraum nationaler Gesetzgebung wird also nicht nur durch die Globalisierung selbst, sondern auch durch die WTO, die angeblich angetreten war, diese Globalisierung zu kontrollieren, in bislang ungekanntem Maße eingeschränkt. Eine Rückkehr zu nationalstaatlichen Formen der Regulierung erscheint mittlerweile nur noch als Folge einer Katastrophe wie eines neuen „Schwarzen Freitags" oder eines Weltkriegs möglich. Transnationale Konzerne (TNKs) sind zu den eigentlichen Akteuren der Weltwirtschaft geworden. Ihre Zahl hat sich zwischen 1970 und Anfang der 90er Jahre von 7.000 auf 37.000 erhöht. Je nach Schätzung werden 30-60 % des Welthandels innerhalb der TNKs abgewickelt. Die wirtschaftliche Basis vieler dieser Konzerne liegt mittlerweile nicht mehr in ihrer Produktion, sondern in ihrem Handelsvolumen und Kapitalbesitz, den sie auf den globalen Finanzmärkten gewinnbringend anlegen. Die Finanzen der Nationalstaaten geraten derweil in Bedrängnis. BMW verminderte zwischen 1988 und 1992 seine Zahlungen an deutsche Finanzämter von 545 auf gerade noch 31 Mio. DM. Als Grund gab das ursprünglich bayrische Unternehmen an, es hätte seinen Konzerngewinn zu 95 % im Ausland erwirtschaftet.

Regionale Wirtschaftsblöcke wie die EG/EU wären vermutlich in der Lage, in gewissem Maße Kontrolle über solche Konzerne auszuüben, nur ist der heute in Europa regierenden großen Koalition von Neoliberalen, ob sie nun ein christdemokratisches oder sozialdemokratisches Parteibuch in der Tasche haben, kein Gedanke ferner als dieser. Will man die Folgen der Globalisierung politisch in den Griff bekommen, muß man ganz unten anfangen, muß man öffentliche Diskussionen eröffnen und die paradiesischen Versprechen des Neoliberalismus auf ihren Realitätsgehalt befragen. Welche Form der demokratischen Kontrolle der Wirtschaft als erstrebenswert angesehen wird, kann nicht am grünen Tisch der Strategen oder im Studierzimmer der Privatgelehrten entschieden werden, sondern nur durch Arbeit vor Ort, am Problem selbst, sowie durch Aufklärung und Austausch und die Organisation von kollektiven Lernprozessen.

Die Rolle Europas

Was die Reichweite und Konkretion von alternativen Umbauprogrammen angeht, lassen sich doch einige Konturen für einen Politikwechsel aus grüner Perspektive bestimmen. Die EG/EU kann bei der Umsteuerung der Weltwirtschaft eine wichtige Rolle spielen, denn sie hat das nötige Gewicht und die entsprechende Verhandlungsmacht, eine solche Strategie nicht als reine Utopie erscheinen zu lassen. Zudem ist sie auch ökonomisch in der Position, um sich einen weniger aggressiven, weniger konkurrenzorientierten Kurs erlauben zu können. Die Ertragslage der europäischen Industrieunternehmen (speziell der Großunternehmen) hat sich 1994/95 deutlich verbessert, vor allem, so die Kommission, durch einen Rückgang der Personalaufwandquote wegen der „Lohnzurückhaltung“ der Arbeitnehmer. Laut Jahreswirtschaftsbericht 1996 der Europäischen Kommission sind die Exporte in Nicht-EG-Länder in den Jahren 1993-95 stark angestiegen, im Jahresdurchschnitt immerhin um 9,5 %. Die EG ist die größte Handelsmacht der Welt, eine weitere Öffnung ihrer Märkte, im besonderen ihres Agrarmarktes, und eine Drosselung ihrer Exportleidenschaft (in erster Linie der Bundesrepublik) kann schon zur Herausbildung gerechterer Welthandelsstrukturen beitragen.

Grundsätzlich sollte sich eine alternative Außenwirtschaftspolitik in Europa an folgenden Leitlinien orientieren:

1. Umweltverträglichkeit: Die Globalisierung und der Siegeszug der neoliberalen Angebotstheorien haben die Rückkehr zu überkommenen Vorstellungen von „Wirtschaftswachstum um jeden Preis“ gebracht. Die Rhetorik ist vielfach „grüner“ geworden, aber mit der wirtschaftlichen Globalisierung ist keine Zunahme an globalem ökologischen Bewußtsein und Handeln verbunden. Im Gegenteil: Eine wesentliche Voraussetzung für die sprunghafte Zunahme des Welthandels besteht in geringen Transportkosten. Auch im Zeitalter der Informations- und Dienstleistungsgesellschaft wird der größte Teil dieses Warenaustausches mit Hilfe von LKWs oder Flugzeugen bewerkstelligt. Da in den Benzinpreis aber nicht die realen Kosten zur Beseitigung der verkehrsbedingten Umweltschäden eingehen und Flugbenzin bisher überhaupt nicht besteuert wird, kann man von einer gezielten Subventionierung von Warentransporten reden, ob es sich nun um Schnittblumen aus Kolumbien oder um Schafskäse aus Griechenland handelt. Natürlich besteht die Alternative nicht darin, auf griechischen Schafskäse künftig ganz zu verzichten und statt Bananen nur noch Äpfel aus Nachbars Garten zu essen. Kostenehrlichkeit würde aber heißen, daß auch die Umweltkosten von Transporten in den Preis der transportierten Ware einfließen. Je nach Produkt dürften die daraus resultierenden Preissteigerungen zwar nicht so hoch sein, daß sie eine signifikante Umorientierung der Warenströme zur Folge hätten. Jedoch bestünde darin auch ein kleiner Schritt hin zur Umsteuerung auf eine regional zentrierte Produktion, ohne – zumindest in diesem Stadium – zusätzliche Umweltabgaben und Ökozölle zur Hilfe nehmen zu müssen.

Grenzüberschreitenden Umweltproblemen muß mit (im Notfall unilateralen) Handelsbeschränkungen begegnet werden können. Dabei muß die Gefahr im Auge behalten werden, daß zur Abwehr der lästigen Konkurrenz aus Schwellen- und Entwicklungsländern modische Umweltschutzargumente einfach nur vorgeschoben werden, also eine Art „Ökoprotektionismus" entsteht. Um dieser Gefahr zu begegnen, muß gewährleistet sein, daß alle Einnahmen aus Ökozöllen oder Ausgleichsabgaben an einen internationalen Fonds gezahlt werden, der sie dann für ökologisch-soziale Projekte in Entwicklungsländern zielgerichtet wieder auszahlt.

Totale Handelsverbote sollten erlassen werden für geschützte Tier- und Pflanzenarten, Giftmüll und FCKW, also in den Fällen, die bereits durch internationale Umweltschutzabkommen (wie die Basler Konvention und das Washingtoner Artenschutzübereinkommen) geregelt sind. Darüber hinaus sind Handelsverbote auch in anderen Bereichen notwendig, wie z.B. Rüstungsgüter und Atomtechnologie, gentechnologisch veränderte Lebewesen, menschliche Organe und Tropenholz. Umweltverträglichkeitsprüfungen sollten Voraussetzung sein zumindest für alle Exporte in Entwicklungsländer. Aber auch für Importe müssen neue Regeln gelten. Das Beispiel „Tropenholz" zeigt, wie wichtig es ist, daß nicht nur die Gesundheitsschädlichkeit von Produkten, sondern auch die Schädlichkeit von Produktionsverfahren für die (globale) Umwelt von internationalen Übereinkommen erfaßt werden muß. Das GATT-Abkommen bietet bisher keine Möglichkeit, solche umweltschädigenden Produktionsmethoden zu sanktionieren. Dies zeigte auch der fehlgeschlagene Versuch, den Thunfischfang mit Treibnetzen (in denen sich auch Delphine verfangen) zu verbieten. Daher ist eine Änderung von Artikel XX GATT im Sinne zusätzlicher Spielräume für Handelsbeschränkungen dringend notwendig. Ebenso ein unbedingter Bestandsschutz für alle multilateralen Umweltschutzübereinkommen innerhalb der WTO. Die EU muß ihr Gewicht in den internationalen Gremien in die Waagschale werfen, um solche ökologischen Reformen voranzutreiben. Bei allen grenzübergreifenden Umweltproblemen sollte sie auf die Verabschiedung weiterer internationaler Abkommen drängen, denn zu denken, die bestehende WTO ließe sich als umweltpolitisches Gremium umfunktionieren, ist ein frommer Wunsch.

2. Verpflichtung gegenüber den Menschenrechten: Die Globalisierung des Handels wird begleitet von einer Globalisierung der Produktion. Nicht nur im Textil- und Metallbereich, auch bei „white collar jobs" wie Buchhaltung und Bankgeschäften findet eine Auslagerung von Arbeitsplätzen nach Osteuropa, Asien oder in die Karibik statt. Um ihre Arbeitsmärkte zu schützen, waren insbesondere die Regierungen der USA und Frankreichs auf Druck ihrer Gewerkschaften bereit, in den GATT/WTO-Verhandlungen die Einführung einer Sozialklausel zu fordern. Dieser eher halbherzig betriebene Versuch scheiterte, und auf der Agenda der ersten WTO-Ministerkonferenz in Singapur im Dezember 1996 war dieser Tagesordnungspunkt auch nur am Rande zu finden. Dabei ist die Forderung nach Sozialklauseln oder Sozialstandards mittlerweile weit von ihren protektionistischen Ursprüngen entfernt und sollte eher in dem Kontext diskutiert werden, ob das Welthandelssystem eine menschenrechtliche Regulierung braucht, oder ob bedingungsloser Freihandel das größte Glück der größten Zahl der Weltbewohner garantieren kann.

Ich selbst halte eine Verknüpfung des Welthandelssystems mit dem Weltmenschenrechtssystem für dringend geboten. Besonders dem UN-Menschenrechtspakt für wirtschaftliche, soziale und kulturelle Rechte (WSK) sollte eine zentrale Rolle zufallen. Das dem ECOSOC angegliederte Komitee für wirtschaftliche und soziale Rechte sollte in der Verbindung mit der ILO auch Verstöße gegen die wichtigsten Arbeitsnormen sanktionieren können. Die Debatte um Sozialklauseln bezieht sich heute im Regelfall auf einige grundlegende, in fünf ILO-Konventionen fixierte Arbeitsnormen, wie die Koalitionsfreiheit und das Recht, Tarifverhandlungen zu führen, das Verbot der Kinderarbeit und das Verbot von Diskriminierung am Arbeitsplatz. Diese grundlegenden Konventionen, die noch nicht einmal von allen EU-Staaten, geschweige denn von den USA unterzeichnet worden sind, sollten zuerst europaweit für verbindlich erklärt und dann in die „Wesentlichkeitsklausel" bei allen Abkommen der EU mit Drittländern aufgenommen werden. Bei Verletzung dieser Normen wäre dann ein Aussetzen der in den Abkommen enthaltenen finanziellen und handelspolitischen Vorteile möglich.

Ein besonderer Schutz sollte Frauen, Kindern, nationalen Minderheiten und indigenen Völkern gelten. Verschärfter Wettbewerb der Unternehmen führt zu stärkerer Ausbeutung von billiger, flexibilisierter Frauenarbeit, sei es nun in den Nähstuben Tunesiens oder in den „maquiladoras" Mittelamerikas. Auch die ländliche Subsistenzwirtschaft ist bedroht: Eine Studie der ländlichen Frauenorganisation Amihan aus den Philippinen ergab, daß durch die GATT/WTO-Vereinbarungen zur Liberalisierung der Getreidemärkte in den Jahren 2005-2015 rund 2,5 Mio. philippinische Getreidefarmer ihre Existenz verlieren werden. Der allergrößte Teil von ihnen ist weiblich.

Speziell beim Schutz indigener Bevölkerungen, wie z.B. den Schutz der Papua gegen den Gold- und Kupferabbau auf Irian Jaya oder der indigenen Völker Brasiliens gegen die Regenwaldabholzung zur Eisenverhüttung in der Carajàs-Region, wird auch die Verbindung solcher Menschenrechte mit ökologischen Rechten deutlich. Auch hier kann die Handelspolitik der EU Instrumente bereitstellen, speziell das bereits in diese Richtung weisende APS. Unter Artikel 7 des APS von 1995-1998 werden solchen Ländern zusätzliche Präferenzen eingeräumt, die innerstaatliche Rechtsvorschriften verabschiedet haben und diese anwenden, die Gewerkschaftsfreiheit und das Recht auf Tarifverhandlungen garantieren und die Kinderarbeit bekämpfen. Diese Gewährung zusätzlicher Präferenzen sollte auch auf Maßnahmen gegen Diskriminierung (aufgrund von Geschlecht, Rasse oder der Zugehörigkeit zu einer nationalen Minderheit), den Schutz des Rechts, sich zu ernähren (Art. 11 des WSK-Paktes) sowie den Schutz des Lebensraums indigener Völker ausgedehnt werden. Bei schweren Verstößen gegen diese Schutzbestimmungen sollte eine völlige Aussetzung der Präferenzen möglich sein.

In solchen Maßnahmen ist keine Benachteiligung des Exports von bestimmten Entwicklungsländern zu sehen. Die Anerkennung von Gewerkschaftsfreiheit ist genausowenig von der Höhe des Bruttosozialprodukts abhängig wie der staatliche Schutz vor Zwangsvertreibungen von Indianern und ländlicher Bevölkerung.

Besonders wichtig dürfte sein, daß die EU in diesem Sinne innerhalb internationaler Gremien aktiv wird. So könnte sie z.B. eine Initiative starten, einen WTO-Ausschuß für Handel und Menschenrechte ins Leben zu rufen. Oder sie könnte sich bei den UN für die Unterzeichnung eines Zusatzprotokolls zum Sozialpakt einsetzen, das den Opfern von Verstößen gegen die WSK-Rechte ein individuelles Beschwerderecht einräumt. Oder sie könnte sich für eine Rechenschafts- und Berichtspflicht von IWF, Weltbank und WTO gegenüber den UN-Menschenrechtsgremien einsetzen. Den politischen Willen bei der Kommission und den Regierungen der Mitgliedstaaten vorausgesetzt, bestünde ausreichend Raum für sinnvolle Initiativen.

3. Entwicklungspolitische Kohärenz: Eine verstärkte Förderung der eigenen Landwirtschaft wäre für den allergrößten Teil der Bewohner von Entwicklungsländern sicher von größerem Vorteil als die Integration ihrer Länder in die Weltwirtschaft. Von der vielbeschworenen Globalisierung profitieren in der Dritten Welt gegenwärtig allenfalls ein bis zwei Prozent der Bevölkerung.[9] Auch wenn der Außenhandel nur wenig zur nachhaltigen Entwicklung aller Regionen der Welt positiv beiträgt, so sollte er zumindest nicht diesem Ziel im Wege stehen. Schon der Maastrichter Vertrag schreibt in Artikel 130v vor, daß die EG in all ihren Politikbereichen das Ziel einer „nachhaltigen wirtschaftlichen und sozialen Entwicklung der Entwicklungsländer" zu berücksichtigen hat. Dieses Kohärenzgebot muß nun endlich auch in die Tat umgesetzt werden.

Ein eklatanter Fall für seine Mißachtung ist die Rüstungsexportpolitik der EU-Staaten. Die Europäische Kommission und das EP haben hier keine Zugriffsmöglichkeiten, da Rüstungsexporte (nach Art. 223 des EWG-Vertrags), mit Ausnahme von „dual-use"-Gütern, noch eine rein nationale Angelegenheit sind.

Mit Frankreich, Großbritannien und Deutschland finden sich drei EU-Staaten unter den fünf größten Waffenexporteuren der Welt. Frankreich konnte z.B. 1994 Rüstungsaufträge aus Entwicklungsländern in Höhe von rund 11,5 Mrd. US-Dollar an Land ziehen, mehr als die USA und Rußland zusammen.[10] Die Türkei führt mit Militärgerät aus Deutschland ihren schmutzigen Krieg gegen die Kurden, Frankreich rüstet den Tschad gegen die Tuareg auf, und Dubai kauft Folterkammern in Großbritannien. Amnesty International fordert „Rüstungsexporte, Ausbildungs- und Ausstattungshilfen sowie die Lieferung von Technologien auf militärischem, polizeilichem und sicherheitstechnischem Gebiet dann zu unterlassen, wenn damit gerechnet werden muß, daß sie im Empfängerstaat zu Menschenrechtsverletzungen beitragen können". Langfristig sollte jeder Export von Rüstungsgütern untersagt werden. Als kurzfristige Reformziele im Rahmen der Regierungskonferenz ist eine Streichung von Art. 223 EG-Vertrag und eine Ausweitung und restriktivere Fassung der am 1. Juli 1995 in Kraft getretenen „dual-use"-Verordnung zu fordern.

Um das Kohärenzgebot durchzusetzen, ist eine vorherige Umwelt- und Entwicklungsverträglichkeitsprüfung für sämtliche grundlegenden Maßnahmen der Außenhandelspolitik durchzuführen. Begonnen werden muß mit einer tiefgreifenden Reform der Gemeinsamen Agrarpolitik, die nicht nur durch ihre Behinderung von Importen, sondern auch durch ihre aggressive Subventionierung von Lebensmittelexporten (z.B. Rindfleisch nach Westafrika) lokale Märkte zerstört und die Entwicklungschancen dieser Länder nachhaltig behindert. Umwelt-, Sozial- und Entwicklungsbilanzen sollten auch obligatorisch werden für alle in der EG ansässigen TNKs. Mit der Verabschiedung eines bereits seit 1977 unterschriftsreifen Verhaltenskodexes für multinationale Unternehmen kann eine zusätzliche internationale Kontrolle im Rahmen des UN-Systems etabliert werden. Ohne eine Bereitstellung zusätzlicher Finanzmittel für Entwicklungsländer wird man auch im Bereich des Handels nicht zu einem Zustand des Gleichgewichts gelangen. Neben den bereits erwähnten Fonds aus

Umweltabgaben, die der ökologischen Umrüstung in den Entwicklungsländern dienen sollen, könnten im Bereich der Exporterlös-Stabilisierung Ausgleichsfonds (ähnlich STABEX für die AKP-Staaten) eingerichtet werden, deren Mittel teilweise auch für Diversifizierung und die Abkehr von traditionellen Monokulturen verwandt werden müssen. Weitere innovative Finanzinstrumente wie eine Steuer auf internationale Devisenspekulation (Tobin-Tax) sollten durch internationale Verträge oder im Rahmen der UNO etabliert werden.

Mit Hilfe der so abgeschöpften zusätzlichen Mittel ist dann eine spezielle Förderung des „fairen" Handels, also solcher Waren, die unter Beachtung der grundlegenden sozialen und ökologischen Standards ressourcenschonend und mit angemessener Entlohnung von Genossenschaften, Kleinbauern oder Kleinbetrieben produziert werden, in weit höherem Maße als bisher möglich.

Forderungen an die Regierungskonferenz

1. Entwicklung eines Konzepts ziviler Außenpolitik: Während nationale Parlamente angesichts der Globalisierung, mögen sie es bemerken oder weiterhin im alten Trott vor sich hin arbeiten, immer mehr an Gestaltungsmöglichkeiten verlieren und zu bloßen Erfüllungsgehilfen von vermeintlichen Sachzwängen degenerieren, hat sich auf europäischer Ebene immer noch kein adäquates System demokratischer Machtausübung entwickelt. Die EU schickt sich an, ihr Militär und ihre Sicherheitspolitik zu vergemeinschaften, die Außenhandelspolitik, als Teil ziviler Außenpolitik, soll demgegenüber aber nicht aufgewertet und demokratisch legitimiert werden. In den Schlußfolgerungen des Europäischen Rates von Florenz (21.-22. Juni 1996) findet sich zwar im Abschnitt „Regierungskonferenz" die Forderung nach „größerer Kohärenz zwischen einer reformierten GASP und einer gestärkten Außenwirtschaftspolitik", die weiteren Forderungen lassen aber vermuten, daß dies keineswegs in Richtung zivile Außenpolitik geht, sondern daß im Gegenteil die Außenwirtschaftspolitik im Gesamtkonzept der militarisierten Außenpolitik untergeordnet werden soll.

2. Mehr demokratische Kontrolle durch das EP: Der Außenhandel der EG/EU ist vergemeinschaftet, das EP hat in diesem Bereich jedoch kaum Mitentscheidungsrechte, abgesehen vom Abschluß von Handels- und Finanzabkommen mit Einzelstaaten (wie der Türkei) oder regionalen Staatenbünden (wie dem Mercosur). Eine Ausweitung der Mitentscheidungs-Kompetenzen des EP auf alle Bereiche der Außenwirtschaft hat allerdings mit mächtigen Widerständen zu kämpfen. Der europäische Unternehmerspitzenverband UNICE und die deutschen Unternehmer- und Arbeitgeberverbände BDI und BDA lehnen in ihren Stellungnahmen zur Regierungskonferenz eine generelle Machtausweitung des EP entschieden ab. Ihr Hauptanliegen ist statt dessen, „die Sicherung und Stärkung der internationalen Wettbewerbsfähigkeit" als gemeinsames Ziel ganz vorne in den EU-Vertrag (Artikel B) aufzunehmen, womit eine Verpflichtung zu neoliberaler Politik explizit festgeschrieben wäre. Man kann natürlich sagen: „Papier ist geduldig" – da aber die gleichen Verbände eine Aufnahme der Ziele Umweltschutz, Schutz sozialer Grundrechte und Förderung der Beschäftigung vehement ablehnen, sollten solche Vertragsdiskussionen nicht als bloßer Streit um schöne Worte abgetan werden.

3. Vertragsänderungen: Im Bereich der Rüstungsexportpolitik der EU wären ebenfalls Vertragsänderungen notwendig (und im Rahmen der Regierungskonferenz kurzfristig möglich). Um die Kompetenz für Rüstungsexporte auf die EU zu verlagern, reicht eine Streichung des Artikels 223 EG-Vertrag, der den Mitgliedstaaten eine Ausnahmeklausel aus Gründen „nationaler Sicherheit" zuspricht. Durch eine schärfere Fassung der „dual use"-Verordnung vom Dezember 1994 bzw. April 1995, die weitaus restriktivere Exportkontrollen und verbindlichere Regelungen vorsehen müßte, könnte die unrühmliche Spitzenstellung Europas bei den Rüstungsexporten überwunden werden. Die britische NGO Saferworld fordert seit Jahren einen Verhaltenskodex für Rüstungsexporte. Auch diese bescheidene Forderung konnte bislang nicht durchgesetzt werden. Verhaltenscodices, „codes of conduct", könnten auch eingesetzt werden, um das Verhalten europäischer TNKs in der Dritten Welt zu überwachen. Wichtig ist, daß ein solcher

Kodex präzise formuliert, seine Einhaltung unabhängig überwacht und von Sanktionsdrohungen begleitet ist. Die Europäische Kommission könnte viel glaubwürdiger die Einhaltung von Menschenrechten in der Dritten Welt anmahnen, wenn sie, quasi als „Vorleistung“, die in Europa ansässigen Konzerne auf die Beachtung dieser Rechte gegenüber ihren Beschäftigten dort verpflichten würde.

4. Engagement der EU in internationalen Gremien und Gegenmachtbildung: Auch ohne Änderung des Maastrichter Vertrags ließe sich durch eine Änderung des Verhaltens der EU in internationalen Gremien einiges erreichen. Eine effektive Kontrolle internationaler Finanzmärkte und transnationaler Konzerne ist sicher nicht auf die Institutionen der EU zu beschränken. Die Fesselung nur einer Triaden-Macht würde innerhalb der gegenwärtigen internationalen Konkurrenzsituation den beiden anderen (Japan, USA) ungerechtfertigte Vorteile verschaffen. Wichtigere Ansatzpunkte sind hier auf der Institutionen-Ebene Abkommen im Rahmen der OECD, der WTO oder des UN-Systems. Und jenseits der Arbeit in diplomatischen Spitzengremien muß, wie bereits ausgeführt, durch Bildungsarbeit, regelmäßigen Austausch von unten und konkrete Aktionszusammenarbeit eine neue Allianz aus Gewerkschaften, NGOs, Umwelt- und Verbraucherschützern in Nord und Süd geschaffen werden, die dem „Sachzwang Weltmarkt“ eigene Interessen, Lebensentwürfe und Bedürfnisse entgegenstellt. Der Globalisierung von Handel und Wirtschaft muß die Globalisierung von Kooperation und Solidarität folgen, wenn der Anspruch, durch Politik die eigenen Lebensverhältnisse zu gestalten, nicht vollends aufgegeben werden soll.

Anmerkungen

(1) Zitiert nach: Claus Schöndube, Europa-Taschenbuch, Bonn 1980, S. 31f.

(2) Im 1988 vorgelegten Cecchini-Bericht, einer von der EG-Kommission initiierten Studie, die zur propagandistischen Vorbereitung des Binnenmarkts ’92 diente, wurde den EG-Staaten ein langfristiges Wirtschaftswachstum, niedrigere Verbraucherpreise und die Schaffung von mindestens 1,8 Mio. Arbeitsplätzen in wenigen Jahren versprochen.

(3) BMW-Vorstand Horst Teltschik, Interview in „Der Spiegel" 27/1996, vom 1.7.96.

(4) Klaus Kinkel in einem Interview mit epi, Nr. 5/96.

(5) Europ. Komm., Gesamtbericht über die Tätigkeiten der EU 1994, S. 393.

(6) KOM(96)53endg., vom 14.02.1996.

(7) Vgl. den Bericht des EP-Ausschusses für Entwicklung und Zusammenarbeit von Frau Maij-Weggen, A4-38/94, vom 25.10.94.

(8) W.-D. Narr/ A. Schubert: Weltökonomie. Die Misere der Politik, Frankfurt/M. 1994, S. 25.

(9) So der entwicklungspolitische Sprecher der SPD, Ingomar Hauchler am 6. Mai 96 in der FR.

(10) Vgl. Bundestagsfraktion Bündnis 90/ Die Grünen: Exportkontrollpolitik bei Rüstungs- und dualuse-Gütern, Manuskript 1996.

Die EU-Administration in Mostar

Lehrbeispiel für die Gemeinsame Außen- und Sicherheitspolitik der Europäischen Union

■ **Edith Müller**

> Bosnien hat es gezeigt: Wenn von der Europäischen Union nicht wirtschaftliches Handeln sondern politisches Krisenmanagement abverlangt wird, ist sie weit entfernt von einer schlagkräftigen Organisation. Vor allem das Einstimmigkeitsprinzip zwingt zu langwierigen Kompromißverhandlungen, bei denen meist nur eine laue Entscheidung herauskommt. (...) Und es irren jene, die glauben, mit der Zeit würde das Konfliktpotential kleiner werden. Will man sich immer bis zu einer einstimmigen Entscheidung zerfleischen, geht in Brüssel bald nichts mehr. Ohne eine tiefgreifende Änderung ihrer Strukturen ist die EU der Zukunft nicht gewachsen. (Kommentar in der Thüringer Allgemeinen am 18.7.96).

Eines der zentralen Themen der Regierungskonferenz soll die Reform der EU-Außenpolitik sein. Für Rückschlüsse aus der bisherigen Praxis der zweiten Säule des Maastrichter Vertrages bietet sich die Aufarbeitung der bisher wichtigsten gemeinsamen Aktion, der EU-Administration in Mostar, an. Als Berichterstatterin für Außenpolitik im Haushaltskontrollausschuß des EP war ich mit vielen Einzelheiten befaßt und habe in dieser Funktion zweimal die Stadt Mostar besucht. Im Hinblick auf die Diskussion um eine Reform der Außenpolitik sollen in diesem Beitrag die Voraussetzungen und die konkreten Erfahrungen aus der gemeinsamen Aktion dargestellt werden.

In den Verfassungen und der Regierungspraxis der Länder der Europäischen Union existieren unterschiedliche Regelungen für die Gestaltung der Außenpolitik. Zwischen dem außenpolitischen Alleinvertretungsanspruch des französischen Präsidenten nach Verfassung und Wirklichkeit der V. Republik einerseits und der starken Stellung des außenpolitischen Ausschusses im dänischen Parlament andererseits gibt es in den übrigen Mitgliedstaaten zahlreiche Varianten der Kompetenzausübung in außenpolitischen Fragen. Die Vielfalt nationaler Traditionen ebenso wie die allgemein vorherrschende Tendenz, Außenpolitik als den schützenswerten Kern nationalstaatlicher Souveränität zu betrachten, erschweren Formulierung und Gestaltung einer gemeinsamen Außenpolitik auf der Ebene der Europäischen Union.

Im europäischen Integrationsprozeß spielte das Feld der Außenpolitik nach dem Scheitern der Europäischen Verteidigungsgemeinschaft (EVG) 1954 für lange Zeit keine praktische Rolle mehr. Zwar standen am Beginn der Integration die Motive von Frieden, Sicherheit (voreinander) und Verhinderung künftiger Kriege mittels gemeinsamer Kontrolle der rüstungsrelevanten Montanindustrien. Konkrete Sicherheits- und Verteidigungsbelange sowie die wichtigsten außenpolitischen Fragen wurden aber der Ost-West-Konfrontation untergeordnet und im Rahmen der NATO-Gremien behandelt. Entsprechend ihrer ökonomischen Ausrichtung entfaltete die EWG/EG ihre außenpolitischen Aktivitäten fast ausschließlich im Bereich des Außenhandels, einschließlich der Handelskooperation mit Entwicklungsländern.

Von der Europäischen Politischen Zusammenarbeit (EPZ) zur Gemeinsamen Außen- und Sicherheitspolitik (GASP)

Zu Beginn der 70er Jahre begann eine intergouvernementale EG-Außenpolitik unter dem Titel Europäische Politische Zusammenarbeit (EPZ), die zunächst sehr zurückhaltend versuchte, zu Ereignissen und Konflikten gemeinsame Positionen zu formulieren. Militärfragen blieben allerdings weiterhin ausgeklammert. Außenpolitik im Sinne der EPZ (und der heutigen GASP) kann daher nur negativ definiert werden: Sie umfaßt als Restbestand all jene auswärtigen Aspekte der Politik, die nicht in den Verträgen als EG-Gemeinschaftsaufgaben festgelegt wurden.[1] Nach einer anfänglich völligen Abschottung gegenüber den anderen EG-Institutionen wurden die Kommission und das Parlament allmählich in die EPZ einbezogen: die Kommission durch Teilnahme an den Sitzungen und Missionen sowie durch ein Initiativrecht, das Parlament durch (meist nachträgliche) Unterrichtung und ein Fragerecht. Die Grenzen der EPZ wurden allerdings in einer Reihe von Fällen deutlich, bei denen es mangels Einstimmigkeit nicht möglich war, zu gemeinsamen Positionen zu kommen (z.B. Südafrikapolitik). Die EPZ wurde erst 1986/87 durch die Einheitliche Europäische Akte rechtlich verbindlich in das Vertragsgefüge der EG eingeführt. Nur kurze Zeit später verlangte die neue weltpolitische und gesamteuropäische Situation, entstanden durch die Auflösung des kommunistischen Machtblockes, die verstärkte Diskussion über eine wirksame europäische Außenpolitik.

Unter dem neuen Namen Gemeinsame Außen- und Sicherheitspolitik (GASP) wurden die meisten EPZ-Regelungen als Artikel J in den Maastrichter Vertrag übernommen. Die Säulenstruktur des Vertrages zementierte die Haltung, Außenpolitik als Domäne der Regierungszusammenarbeit ohne wirkliche parlamentarische Kontrolle, Beteiligung oder gar Mitentscheidung festzuschreiben. Mit Artikel J.3 zu gemeinsamen Aktionen wurde jedoch erstmals eine – wenn auch eingeschränkte – Möglichkeit geschaffen, das Prinzip der einstimmigen Entscheidungen in der Außenpolitik auszusetzen: Der Rat kann einstimmig diejenigen Fragen im Rahmen einer gemeinsamen Aktion festlegen, für deren weitere Entscheidung dann eine qualifizierte Mehrheit ausreicht.

Das Engagement der EU in Mostar

Die bisher bedeutendste gemeinsame Aktion im Rahmen der GASP unternahm die EU 1994-96 in der bosnischen Stadt Mostar. Bedeutend nicht nur wegen des hohen zeitlichen, personellen und finanziellen Umfangs, der alle übrigen Aktionen bei weitem überstieg, sondern auch angesichts der Eigenverantwortlichkeit der EU für Planung und Durchführung.

Die herzegowinische Gebietshauptstadt war 1993/94 im Zuge des „Krieges im Krieg“ in Zentralbosnien zwischen mos-

□ Chronologie des EU-Engagements in Mostar

16.5.94: Beschluß des Rates der EU, die gemeinsame Aktion zur humanitären Hilfe in Bosnien-Herzegowina im Hinblick auf eine EU-Administration in Mostar anzupassen und zu verlängern.
23.7.94: Beginn der EU-Administration in Mostar unter Leitung Hans Koschnicks.
10./11.9.94: Versuchter Anschlag auf Hans Koschnick.
26./29.3.95: Erste Delegation des Europäischen Parlaments unter Leitung Edith Müllers besucht Mostar.
14.12.95: Unterzeichnung des Friedensabkommens von Dayton, in dem auch die Wiedervereinigung Mostars vorgesehen ist.
7.2.96: Koschnick kündigt an, Mostar solle als wiedervereinigte Stadt in drei moslemische und drei kroatische Bezirke sowie einen gemeinsamen Bezirk aufgeteilt werden. Kroatische Demonstranten, von Verantwortlichen der westlichen Stadtverwaltung aufgehetzt, kesseln daraufhin Koschnicks Auto ein, drohen ihn zu lynchen, schießen auf ihn und dringen in das Hotel mit den EU-Büros ein.
18.2.96: Die Ratspräsidentschaft der EU verhandelt in Rom mit den bosnischen Kroaten über die Bedingungen für die Wiedervereinigung der Stadt. Mit am Tisch sind die Verantwortlichen für die Übergriffe auf Koschnick. Man folgt nicht dem Vorschlag Koschnicks, einen zentralen gemeinsamen Bezirk zu schaffen, einigt sich aber ansonsten auf die von der EU gewünschten Modalitäten. Das EU-Mandat wird um sechs Monate verlängert.
26.2.96: Hans Koschnick erklärt seinen Rücktritt und begründet ihn u.a. mit der mangelnden Rückendeckung für ihn durch die EU-Außenminister und deren unzureichende Standfestigkeit gegenüber Vertragsbrüchen der bosnischen Kroaten.
22.4.96: Ricardo Perez Casado aus Spanien tritt sein Amt als neuer EU-Verwalter an.
29.5.-3.6.96: Eine weitere Delegation des Europäischen Par-

laments besucht auf ihrer Reise durch Bosnien-Herzegowina u.a. auch Mostar.
30.6.96: Kommunalwahl: Die multi-ethnische Liste von Safet Orucevic, dem bisherigen Bürgermeister des moslemischen Teils der Stadt, gewinnt die Mehrheit im vereinigten Stadtrat. Die kroatische Wahlverliererin HDZ verlangt die Annullierung der Wahl wegen angeblicher Unregelmäßigkeiten.
23.7.96: Nach dem Rücktritt Perez Casados tritt der Brite Sir Martin Garrod das Amt des Sonderbeauftragten an. Die kroatischen HDZ-Abgeordneten boykottieren die konstituierende Sitzung des Stadtrates. Die EU droht mehrfach mit ihrem Rückzug aus Mostar, falls der Boykott nicht beendet wird.
6.8.96: Nach Verhandlungen des EU-Verwalters mit beiden Parteien im Stadtrat wird vereinbart, daß der Kroate Ivan Prskalo Bürgermeister der Stadt Mostar wird, während der Kanton Mostar einen Vorsitzenden aus der muslimischen Bevölkerungsgruppe erhält. Die EU will bis zum Jahresende die Geschäfte abwickeln und den einheimischen Verantwortlichen schrittweise übergeben.
31.12.96: Ende der EU-Administration in Mostar.

lemisch-bosnischer Armee und Kroaten-Milizen geteilt worden. Den weitgehend zerstörten Ostteil der Stadt bewohnten zum Zeitpunkt des Waffenstillstands am 23.2.94 etwa 30.000 überwiegend moslemische EinwohnerInnen, den Westteil ca. 40.000 Kroaten; darunter auf beiden Seiten viele Flüchtlinge aus anderen Teilen Bosniens. Nach Schaffung der unter amerikanischem Druck vereinbarten moslemisch-kroatischen Föderation wurde die geteilte Stadt zum Testfall für das künftige Zusammenleben dieser beiden Volksgruppen erklärt: Only if Mostar will run, the Federation will run. Die Europäische Union, die zu diesem Zeitpunkt bereits humanitäre Hilfe für Bosnien leistete, erklärte sich bereit, die gemeinsame Aktion auf Mostar auszudehnen und den Wiederaufbau der Stadt zu leiten und zu finanzieren. Im Memorandum of Understanding zwischen den Mitgliedstaaten der EU und den verschiedenen bosnischen Parteien (Zentralregierung, Föderationsregierung, Verwaltungen beider Stadtteile sowie die nicht anerkannte kroatische Teilrepublik) wurde festgelegt, daß eine EU-Administration in Mostar (EUAM) für die Dauer von zwei Jahren errichtet werden solle. Das allgemeine Ziel der EUAM liege darin, einen Beitrag zur Schaffung einer einheitlichen und dauerhaften Verwaltung der Stadt unter Wahrung der nationalen, kulturellen und religiösen Identitäten als Beispiel und Ausgangspunkt für friedenserhaltende und friedenschaffende Strukturen in der Region und zur Aussöhnung der verfeindeten Völker zu leisten. Die EUAM begann am 23.7.94 unter der Leitung von Hans Koschnick mit der Verwaltung der Stadt.

Bilanz der Mostar-Aktion

Eine Bewertung der EU-Administration in Mostar muß zwiespältig ausfallen: Was die konkrete Leistung von humanitärer Hilfe und von Maßnahmen des Wiederaufbaus angeht, war die Tätigkeit der EUAM ein Erfolg. Schon beim Besuch einer ersten EP-Delegation[2] im Frühjahr 1995 konnten wir die Wiederherstellung großer Teile der Infrastruktur erkennen. Die Versorgung der Bevölkerung mit Lebensmitteln und Medikamenten sowie die medizinische Betreuung waren im Gegensatz zu anderen Landesteilen gesichert. Öffentliche Einrichtungen wie Schulen und Kindergärten hatten ihren Betrieb teilweise wieder aufgenommen. Bei der zweiten Delegationsreise des Europäischen Parlaments[3] durch Bosnien, an der ich teilnahm, wurde deutlich, daß sich in keiner anderen Stadt das wirtschaftliche Leben so unübersehbar normalisiert hat, daß nirgendwo sonst der Beginn der Nachkriegszeit an jeder Straßenecke sichtbar war. Dieser Erfolg beruht in erster Linie auf dem hohen Engagement der EU-Vertreter vor Ort sowie dem hohen finanziellen Aufwand der EU für Mostar (ca. 300 Millionen DM).

Gemessen an den hochgesteckten politischen Zielen, die an ihrem Beginn standen, ist die gemeinsame Aktion allerdings kaum noch positiv zu beurteilen. Mostar ist nicht zum Modell des friedlichen Zusammenlebens der verschiedenen Volksgruppen geworden. Die Waffenstillstandslinie zwischen Moslems und Kroaten teilt die Stadt noch immer wie eine unsichtbare Mauer, beiderseits derer ethnisch reine Wohn- und Geschäftsviertel existieren. Insofern stellt die gemeinsame Aktion der EU einen Mißerfolg dar. Dabei trifft die örtliche EU-Administration keine Schuld. Verantwortlich für das politische Scheitern sind in erster Linie die Nationalisten und Scharfmacher unter den Einwohnern Mostars selbst, vor allem auf kroatischer Seite, die sich zwar im Vertrag mit der EU zur Wiedervereinigung der Stadt verpflichtet hatten, aber nur unter erheblichem Druck bereit waren, diese Verpflichtungen wenigstens formal zu erfüllen.

Auch die Außenminister der EU sind nicht frei von Verantwortung: Insbesondere ihr mangelnder Einsatz bei der politischen Absicherung der Arbeit der EUAM hat zum Scheitern beigetragen. Die Konditionalität der Wiederaufbauhilfe wurde nicht energisch genug verfolgt: Weder war der Rat bereit, die EU-Zahlungen Zug um Zug an Bedingungen zu knüpfen, noch dazu, eine wirksame Kontrolle über die Erfüllung auszuüben. Dem Administrator selbst verweigerte er jegliche Durchsetzungsmechanismen und Sanktionsmittel, ja sogar die Mitsprache bei der Auswahl der Mitarbeiter. Die in Mostar eingesetzten westeuropäischen Polizeieinheiten leitete die WEU strikt getrennt von der EUAM. Nach der Einsetzung Koschnicks verfiel der Rat in die übliche Routine der Brüsseler Bürokratie; in seinen Reaktionen auf offensichtliche Verstöße gegen das Memorandum of Understanding ließ er jede Entschiedenheit vermissen. Insbesondere versäumte er es, ausreichenden Druck auf die kroatische Regierung auszuüben, damit sie als „Schutzmacht“ der Mostar-Kroaten diese zur Einhaltung der Vereinbarungen und zur konstruktiven Zusammenarbeit verpflichtete. Ob die differierenden Positionen der Außenminister im Jugoslawien-Konflikt der Grund für das Zögern und Zaudern waren oder die Furcht vor einem vorzeitigen Ende der mit hohen Erwartungen begonnenen Aktion oder einfach nur strukturelle Unfähigkeit zum gemeinsamen Handeln: Sollte die Mostar-

Aktion eine Probe für das Funktionieren der GASP darstellen, so hat der Rat sie jedenfalls nicht bestanden.[4]

Bilanz der GASP

Bezieht man die übrigen EU-Beschlüsse im Rahmen der GASP[5] in die Betrachtung ein, so wird deutlich, daß der Rat in der – zugegebenermaßen kurzen – Zeit seit Inkraftreten des Maastrichter Vertrages keinen intensiven Gebrauch von den Möglichkeiten des Artikels J und insbesondere nicht von J.3, Punkt 2, d.h. der Einschränkung des Einstimmigkeitsprinzips, gemacht hat. Überwiegend hat sich der Rat einer GASP-Erklärung bedient oder sich in den Kommuniques der Tagungen in Form von Schlußfolgerungen zur Außenpolitik geäußert. Diese Formulierungen sind im Vertrag nicht vorgesehen und daher völlig unverbindlich. Dagegen fiel die Zahl der vertragsgemäßen gemeinsamen Standpunkte und Aktionen eher gering aus und ist im zeitlichen Verlauf sogar noch gesunken. Firmierten nicht die traditionellen Wahlbeobachtungen[6] durch die EU seit November 1993 auch unter dem Titel Gemeinsame Aktionen im Rahmen der GASP, so blieben außer Mostar kaum noch nennenswerte Aktionen. Das Parlament hat sich daher in seinen Jahresberichten zum Funktionieren der GASP[7] sehr kritisch zur spärlichen Anwendung der neuen Instrumente durch den Rat geäußert. Hinter der Zurückhaltung des Rates stünden mangelnder Wille oder Unfähigkeit, sich verbindlich auf eine gemeinsame Außenpolitik festzulegen und dafür nationale Gesichtspunkte zurückzustellen.

Dies läßt sich beispielhaft anhand des Verhaltens der EU und der Mitgliedstaaten im Ex-Jugoslawien-Krieg erklären. Zu Beginn des Konfliktes nahmen insbesondere die Regierungen der großen EU-Mitglieder Frankreich, Großbritannien und Deutschland völlig unterschiedliche Einschätzungen der Lage und ihrer eigenen Interessen vor, die wiederum geradezu konträre Handlungsoptionen nahelegten. Im Ergebnis verhinderte dies ein geschlossenes Auftreten der EU zur Verhinderung des Krieges oder Beilegung des Konfliktes. Erst die spät einsetzende, dann aber entschlossene Bosnienpolitik der USA ermöglichte es den EU-Mitgliedern, sich gemeinsam im Rahmen der UNO bzw. NATO der US-Politik anzuschließen. Eine eigenständige Rolle spielte die EU schließlich nur noch in Mostar, um letztendlich auch dort politisch zu versagen.

Reformvorschläge

Daher zielen Reformvorschläge für die Regierungskonferenz 1996/97 im Bereich der GASP zunächst auf eine Veränderung der Organisation und der Verwaltungsstrukturen, um die Voraussetzungen für das Funktionieren der GASP zu verbessern: Die Einrichtung eines Analyse-, Prognose- und Frühwarnzentrums beim Rat soll langfristig dazu führen, daß Entscheidungen auf der Grundlage gemeinsamer europäischer Einschätzungen getroffen werden können. Ein in vielen Varianten wiederholter Vorschlag sieht vor, die GASP durch Personalisierung zu stärken; umstritten ist dabei, ob eher die Position eines exekutiven und repräsentierenden Generalsekretärs (Monsieur/Madame GASP) oder die eines vorbereitenden und das Analysezentrum leitenden Beamten gewünscht ist. Auch die künftige Rolle der Kommission ist in diesem Zusammenhang bislang ungeklärt.

Das Einstimmigkeitsprinzip soll nach verschiedenen Reformvorschlägen so eingeschränkt werden, daß ein Staat oder eine kleine Minderheit eine qualifizierte Mehrheit nicht am gemeinsamen Handeln hindern kann. Die Minderheit darf zwar nicht zur aktiven Beteiligung verpflichtet werden, soll aber auch keine gegen die Politik der Mehrheit gerichteten Maßnahmen ergreifen dürfen. Das Parlament erwartet von der Kommission, daß diese ihr Initiativrecht im Bereich der GASP künftig auch tatsächlich ausübt.

Die künftige Rolle des Parlaments wird in den Reformvorschlägen unterschiedlich gesehen. Zwar wird allgemein eine bessere Unterrichtung und Einbeziehung des Parlaments durch den Rat erwartet, aber die konkrete Forderung nach einer verbindlichen Anhörung des Parlaments durch den Rat vor jeder Beschlußfassung über einen gemeinsamen Standpunkt oder eine gemeinsame Aktion erhebt bislang nur das Parlament selbst. Aus den Regierungen der EU-Staaten wird sogar der Vorschlag erhoben, das Haushaltsrecht des Parlaments bei der GASP zu beschneiden, indem die Finanzierung gemeinsamer Aktionen analog zu den obligatorischen Ausgaben (z.B. Agrar- und Strukturfonds) erfolgt, bei denen der Rat das letzte Wort hat.[8]

Grüne Perspektiven

Als politische Kraft, die sich entschieden gegen alte und neue Nationalismen wendet, setzen wir grundsätzlich auf eine Europäisierung der Außenpolitik.[9] Nach meiner Überzeugung sollte deshalb die Säulenstruktur des Maastrichter Vertrages überwunden werden, indem die GASP vergemeinschaftet wird, d.h. daß Kommission und Parlament ihre Funktionen uneingeschränkt ausüben können. Die Forderungen des Parlaments, z.B. nach einer erheblich verbesserten Information und nach einer Ausweitung der Anhörung über die GASP sowie nach einer Verstärkung von Mehrheitsentscheidungen, stellen wichtige Voraussetzungen für eine Vergemeinschaftung dar. Ein Mitglied der Europäischen Kommission sollte zusammen mit dem Ratsvorsitz für die Ausführung der GASP-Beschlüsse zuständig sein, damit es nicht zur Einrichtung neuer, kaum kontrollierbarer Positionen und Strukturen außerhalb der bisherigen Institutionen kommt. Dringender, als der GASP durch Personalisierung ein eigenes Gesicht zu geben, erscheint mir die Bildung einer ständigen Personalreserve aus geeigneten Fachleuten, die im Fall gemeinsamer Aktionen sofort tätig werden können. Mit dem Budgetrecht über die Aktionen im Rahmen der GASP hat das Parlament schon jetzt einen wirksamen Hebel zur Beeinflussung und Kontrolle des Rates, den wir auf keinen Fall aufzugeben bereit sind.

Wichtiger als institutionelle und organisatorische Vorschläge ist jedoch der Einsatz für eine qualitativ neue Außenpolitik der EU. Dazu gehört eine bessere Diplomatie, die auf internationaler Ebene präventive Konfliktverhütung und zivile Konfliktbearbeitung in den Mittelpunkt stellt. Hilfreich könnte auch die Aufstellung eines europäischen Civil Peace

Corps sein. Als der bedeutendste und am ehesten handlungsfähige europäische Zusammenschluß sollte die EU auch eine zivile Sicherheitspolitik für Gesamteuropa gemäß den Prinzipien der OSZE-Charta von Paris entwickeln, anstatt weiterhin die Parallelstrukturen der WEU und NATO zu fördern. Das erfordert Rüstungskontrolle und Abrüstung innerhalb der EU sowie eine enge Kooperation mit den Gremien und Einrichtungen der OSZE.[10]

Wir brauchen Politikerinnen und Politiker, die nicht den vermeintlichen oder tatsächlichen Interessen ihres Heimatlandes den Vorrang vor den europäischen Interessen geben, und wir brauchen eine außenpolitische Praxis, die sich an den Zielen der Verträge orientiert: Wahrung des Friedens, Entwicklung und Stärkung von Demokratie und Rechtsstaatlichkeit, Achtung der Menschenrechte und der Grundfreiheiten.

Anmerkungen

(1) Vgl. Michael Bothe: GASP – Perspektiven einer Fortentwicklung? In: Daniel Cohn-Bendit, Edith Müller, Wolfgang Ullmann (Hg.): Gemeinsame Außen- und Sicherheitspolitik – GASP, Dokumentation des Zweiten Europäischen Gesprächs, Bonn 1995, S. 3 (als Broschüre im Büro Müller erhältlich).

(2) Vgl. Edith Müller (Hg.): „Zum Hausbauen muß man sich zusammenreden. Und jedes Zusammenreden verlangt eine gemeinsame Sprache." Bericht über d. Ad-hoc-Mission des Haushaltsausschusses und des Haushaltskontrollausschusses nach Mostar im Frühjahr 1995, Köln 1995 (als Broschüre im Büro Müller erhältlich).

(3) Vgl. Edith Müller: Bericht über die Fact Finding Mission des Europäischen Parlaments nach Bosnien-Herzegowina vom 29. Mai - 3. Juni 1996 (Dokument Nr. 218.329 des EP).

(4) Vgl. Sonderbericht Nr. 2/96 des Europäischen Rechnungshofes über die EUAM (Amtsblatt C 287 vom 30.9. 1996); vgl. ferner Edith Müller: Bericht über den Sonderbericht des Rechnungshofes (Dokument A4-0386/96 des EP).

(5) Abgedruckt in: Abel Matutes Juan: Bericht über die Fortschritte bei der Durchführung der Gemeinsamen Außen- und Sicherheitspolitik (Nov. 1993 – Dez. 1994) (Dokument A4-0083/95 des EP) und Gerado Fernandez Albor: Bericht über die Fortschritte bei der Durchführung der Gemeinsamen Außen- und Sicherheitspolitik (Januar – Dezember 1995) (Dokument A4-0175/96 des EP).

(6) Vgl. Marlene Lenz: Arbeitsdokument über die Rolle des Europäischen Parlaments bei der Beobachtung von Wahlen seit 1984 (Dokument 216.712 des EP).

(7) Vgl. Anmerkung (4).

(8) Vgl. den Zwischenbericht des italienischen Ratsvorsitzes über die Regierungskonferenz vom Juni 1996, S. 40-47 (Dokument CONF/3860/1/96 REV 1 des Rates); vgl. auch Edith Müller: Stellungnahme zur besseren Wirksamkeit der gemeinsamen Aktionen (Dokument 216960 des EP) sowie Antoinette Spaak: Arbeitsdokument des Institutionellen Ausschusses über die GASP (Dokument 219955 des EP).

(9) Vgl. Bundestagsfraktion Bündnis 90/Die Grünen: Eckpunkte für eine Reform der Gemeinsamen Außen- und Sicherheitspolitik (GASP); in: EUROINFO 6/96, S. 15-17.

(10) Vgl. Daniel Cohn-Bendit, Edith Müller, Wolfgang Ullmann: Die Europäische Union am Scheideweg. Vorschläge für die Revision des Vertrages von Maastricht 1996, Köln o.J. (1995) (als Broschüre im Büro Müller erhältlich).

Das Elend der EU-Entwicklungspolitik

Neue Perspektiven für eine zivile Außenpolitik

Wilfried Telkämper

„Die Solidarität, die eine horizontale Beziehung ist, verbindet die Leute über gegenseitigen Respekt und gegenseitige Kenntnis. Die Wohltätigkeit hingegen ist vertikal und daher erniedrigend und verhüllend: Von unten gesehen erscheinen alle als Riesen; von oben gesehen erscheinen alle als Zwerge.“

(Eduardo Galeano, Februar 1996)

Der folgende Beitrag benennt die zentralen Gründe für die Abwesenheit einer Debatte zu einer neuen Süd-Nord Politik, die dringend notwendig ist. Er stellt im zweiten Teil die Akteure und Instrumentarien der aktuellen entwicklungspolitischen Zusammenarbeit der EU vor und beleuchtet die vorherrschenden Strategien im Rahmen der Regierungskonferenz zu Maastricht II. Der letzte Abschnitt widmet sich der Frage, wie im Rahmen einer neuen zivilen Außenpolitik die entwicklungspolitische Debatte aus ihrem Nischendasein herausgeholt werden kann.

Entwicklungspolitik, vor 20 Jahren ein gesellschaftliches Thema, ist mega-out. Hoffnung und Solidarität für die Menschen der südlichen Hemisphäre gibt es immer weniger; mit dem gegenwärtigen Sozialabbau in den Industriegesellschaften des Nordens aufgrund der Deregulierungen im Weltmarkt und bei gleichzeitig steigendem Wohlstand einiger Weniger ist der Blick über den Tellerrand nicht mehr gefragt. Nach den USA als Vorreiter werden auch in Deutschland die entwicklungspolitischen Gelder auf Landes- und Bundesebene gestrichen.

Innerhalb der Europäischen Union ist seit Jahren ein schleichender Bedeutungsverlust der sogenannten Entwicklungspolitik offensichtlich. Jedes Jahr müssen die wenigen Finanzmittel für den Süd-Nord-Bereich regelrecht neu erkämpft werden. Im Vorfeld der Maastrichter Folgekonferenz spielt Entwicklungspolitik als 'weiches' Thema kaum eine Rolle. Die bezahlten Experten und Lobbyisten der 'Entwicklungspolitischen Community' diskutieren bisher unter sich.

Die Entwicklungspolitik der EU findet auf verschiedenen Ebenen statt. Die Mittel, die die Kommission für Projekte, Nothilfe etc. vergibt und die das Parlament zuvor bereitgestellt sowie bewilligt hat, sind nur ein kleiner Teil der Nord-Süd-Beziehungen. Wesentlicher sind die Handelsabkommen und Beziehungen zu einzelnen Staaten bzw. Staatengruppen. Insbesondere hervorzuheben sind die allerdings in Deutschland weniger beachteten Beziehungen mit den 'Entwicklungsländern' Afrikas, der Karibik und des Pazifiks (AKP-Staaten), die hier beispielhaft behandelt werden.

Die AKP-Staatengruppe ist mit den Lomé-Verträgen (I-IV) seit Mitte der 70er Jahre mit verschiedensten ökonomischen Sondervergünstigungen an den Wirtschaftsraum der EU angebunden.[1] Durch die paritätische AKP-EU-Versammlung gibt es ein formal gleichberechtigtes Treffen zwischen Staaten des Nordens und des Südens. Eine politische Visitenkarte, die immer noch gerne präsentiert wird. Sie ist als politisches Dialogforum zwischen Süd und Nord nach wie vor einzigartig.

Allerdings hat das EP weder eine finanzpolitische noch eine politische Kontrollkompetenz. Diese obliegen letztendlich den nationalen Parlamenten, deren Mitglieder sich vielfach dieser Verantwortung nicht bewußt sind.[2] Dies ist jedoch mehr Ausdruck des Demokratiedefizits innerhalb und durch das institutionelle Gefüge der EU denn Teil der hier zu diskutierenden entwicklungspolitischen Problematik.

Veränderte Rahmenbedingungen

Die ökonomischen Fakten bezüglich der EU-AKP-Beziehungen sind ernüchternd. Wirtschaftliche Präfererenzen und höhere Entwicklungshilfeleistungen sollten den Ökonomien der ehemaligen Kolonialländer, so die Vorstellungen in den

60er und 70er Jahren, einen wirschaftlichen 'take off' bescheren. Das Gegenteil trat ein. Das typisch koloniale Spezialisierungsmodell wurde nur von Ausnahmen wie Mauritius überwunden. Exportiert wurden und werden wenige mineralische und landwirtschaftliche Rohstoffe. Beim Import überwiegen Maschinen, Fertigwaren, Investitionsgüter und verarbeitete Nahrungsmittel. Der Verfall der meisten Rohstoffpreise und die absehbare Substituierung (wie bei Zucker oder Kakao) verstärken den regressiven Trend. Die offiziellen Akteure blieben aber optimistisch. Noch im Dezember 1989, als das vierte Lomé-Abkommen unterzeichnet wurde, feierten sie das Abkommen als wegweisend.

Heute ist die Verunsicherung groß. So erklärte der zuständige EU-Kommissar de Pinheiro im April 1995: „This is the last Convention as we have come to know them" (ECDPM Working Paper 95-2). Ein knappes halbes Jahr später sprach er dann von zentralen Aspekten, die „gerettet" werden müßten, auch wenn beim Auslaufen des vierten Lomé-Abkommens im Jahre 2000 möglicherweise der Vertrag nicht mehr in bisheriger Form neu aufgelegt werden kann. Der rhetorische Eiertanz, nicht nur von Herrn Pinheiro, hat Gründe. Die Ausdifferenzierungen und Veränderungen im Weltmarktgeschehen, die sich unter dem Stichwort 'Sachzwang Weltmarkt' subsumieren lassen, lassen das politische AKP-Modell alt aussehen.

Die ökonomische Musik, sprich die Masse der Direktinvestitionen, spielt zwischen der 'Triade' (den drei großen Wirtschaftsräumen der EU, NAFTA und APEC). Auf der anderen Seite stehen die zwangsabgekoppelten Gesellschaften vor allem in Afrika, die erstens fast alle auch AKP-Staaten sind, und zweitens trotz oder gerade wegen neoliberaler Roßkuren die Verarmung breiter Bevölkerungsschichten hinnehmen müssen.

Zudem hat sich die geostrategische Landschaft nach dem Ende der bipolaren Konfrontation verändert. Nicht mehr das Propagieren des eigenen weltweiten Entwicklungsmodells in Konkurrenz zum anderen Modell steht im Vordergrund, sondern die politische und ökonomische Absicherung der eigenen Peripherie und die 'Standortkonkurrenz' zu anderen, ökonomisch mächtigen Regionen schält sich als die erste zentrale außenwirtschaftliche Aufgabe heraus. Das Auflegen des Mittelmeerprogramms 'Meda' und die Etablierung verschiedenster Töpfe für Osteuropa verdeutlichen die Tendenz.[3]

Weichenstellungen für die Zukunft

Im Zeichen der Regierungskonferenz versucht die Paritätische Versammlung in Abstimmung mit dem Entwicklungspolitischen Ausschuß des EP, unter der Forderung nach Kohärenz der außenpolitischen Instrumente, wieder in die Debatte zurückzukommen. Das zentrale Problem ist allerdings, daß es der EU bisher nicht gelungen ist, das Verhältnis zwischen der Politik der Mitgliedstaaten und der EU abzuklären. Die Interessen einzelner Mitgliedstaaten stehen weiter im Vordergrund.

Schlußendlich geht es um eine zentrale Weichenstellung der EU im Rahmen ihrer Außenbeziehungen. Das vorherrschende Szenario könnte sich, wenn die Tendenz so weitergeht, an dem zweifelhaften Beispiel der USA orientieren: Entwicklungspolitische Zusammenarbeit überläßt man in erster Linie den harten Bretton Woods Institutionen (Weltbank und IWF) mit ihren Instrumenten der Strukturanpassung. Nationale Politik richtet sich nach kurzfristigen und nationalistischen Prinzipien aus. Sollte dieses Szenario Wirklichkeit werden, würden die Anstengungen der letzten dreißig Jahre zur entwicklungspolitischen Zusammenarbeit, egal wie man sie in einzelnen Punkten beurteilt, auf den Scherbenhaufen der Geschichte geworfen.

Theoretisch wird im Maastrichter Vertrag eine andere Politik eingefordert. Unter dem Titel XVII 'Entwicklungszusammenarbeit' heißt es: Die Politik der Gemeinschaft auf dem Gebiet der Entwicklungszusammenarbeit, die eine Ergänzung der entsprechenden Politik der Mitgliedstaaten darstellt, fördert:

▷ die nachhaltige wirtschaftliche und soziale Entwicklung der Entwicklungsländer, insbesondere der am meisten benachteiligten Entwicklungsländer;

▷ die harmonische, schrittweise Eingliederung der Entwicklungsländer in die Weltwirtschaft;

▷ die Bekämpfung der Armut in den Entwicklungsländern (...)

Allerdings stellt sich unter den geschilderten Rahmenbedingungen die Frage, ob die Artikel 130u bis 130y nur als hehre Zukunftsideale und für Sonntagsreden geeignet sind? Um diese Frage zu beantworten, empfiehlt sich zunächst ein genauerer Blick auf die Akteure und Strukturen der europäischen Entwicklungspolitik.

Neuaufteilung der Kommission

Die EU-Kommission hat auf die geschilderten weltweiten Differenzierungsprozessse reagiert. Schon auf ihrer obersten Ebene, den Kommissaren, ist dies ablesbar. Seit der Neubesetzung der Kommission Anfang 1995 wurden die Politikbereiche, die die Beziehungen der EU mit dem Süden betreffen, von zwei Kommissaren auf 6 Kommissare aufgeteilt.[4] In der Kommissionshierarchie sind diese Ressorts wiederum auf verschiedene Generaldirektionen verteilt: GD I „Auswärtige Beziehungen" umfaßt die Bereiche von van den Broek, Marín und Brittan. Die GD VIII „Entwicklungspolitik", für die Pinheiro zuständig ist, umfaßt fast ausschließlich Afrika. Für Humanitäre Hilfe (Bonino) wurde Anfang der 90er Jahre ein eigenes Amt gegründet (Amt für humanitäre Hilfen der EU – ECHO), das verwaltungsmäßig über eine gewisse Autonomie verfügt, um in den zunehmenden Katastrophenfällen wie in Ruanda 1994 schneller und effektiver agieren zu können. Die Fischereiabkommen mit Entwicklungsländern schließlich fallen in den Hoheitsbereich GD XIV Fischerei und werden damit ausschließlich aus innereuropäischer Perspektive betrachtet.

Die Neugliederung der Kommissionsverantwortlichkeiten wurde nicht nur nötig wegen der Erhöhung der Zahl der Kommissare/innen auf 19 (+ Santer), es bestätigt auch den allgemeinen Trend: Entwicklungspolitik als klassisches Ressort wird nur noch auf Afrika bezogen. Bei allen anderen geographischen Regionen verwischen die Zuständigkeiten für Außen- und Entwicklungspolitik bis zur Unkenntlichkeit. Auf ausdrückliche Forderung des Europaparlaments, das die Investitur der Kommission in Frage zu stellen drohte, hat Santer dahingehend nachgebessert, daß sowohl Marín als auch Pinheiro Entwicklungspolitik ausdrücklich in ihren Verantwortungsbereich reingeschrieben wurde.

Das Dilemma ist damit nicht behoben: Weltweit gehen die Konturen einer klassischen Aufteilung Süden-Norden immer mehr verloren. Was Manuel Marín berechtigerterweise zur Neudefinition der Kommissionsressorts anführte, daß gerade in Lateinamerika und Asien in einem Land – und noch krasser in einer Region – Unterentwicklung und weitreichende Modernisierung gleichzeitig stattfinden und deshalb verschiedene Herangehensweisen und Problemlösungsansätze parallel verfolgt werden müssen, ist bei der Verwaltungsstruktur der Kommission noch keinesfalls umgesetzt worden. Dort weiß traditionell immer noch GD I häufig kaum, was GD VIII macht und umgekehrt. Sogenannte 'inter service units' gibt es erst auf wenigen Gebieten wie Regenwald oder Nahrungsmittelhilfe. Erst nach heftigem Streit zwischen EP und Kommission zur Erhaltung der entwicklungspolitischen Haushaltslinien, insbesondere im Zusammenhang mit den MEDA- und ECHO-Programmen, wurde eine neue Form der Transparenz und Informationsstränge zwischen GD I und GD VIII eingeführt.

Gewichtsverlagerungen bei den Prioritäten

In der Kompetenzaufteilung des Europaparlaments spiegelt sich der Bedeutungsverlust der klassischen Entwicklungspolitik und der zentrale Stellenwert der Standortapologeten wieder. Während dem Entwicklungsausschuß, in dem traditionell quer durch die Fraktionen diejenigen sitzen, denen die Südperspektive am meisten am Herzen liegt, de facto immer mehr Kompetenzen entzogen werden (so die Mittelmeerländer), schaffen es der Außenpolitische Ausschuß und der an einer rein liberal ökonomisch ausgerichteten Wirtschaftsphilosophie orientierte Außenwirtschaftsausschuß (REX), immer mehr Kompetenzen an sich zu ziehen. Die Rollenzuweisung der Ausschüsse spricht eine deutliche Sprache über die Weichenstellung in der europäischen Außenpolitik: Der Außenausschuß betreut vor allem das unmittelbare territoriale Umfeld und hat sich vom einstigen Debattierclub ohne Einfluß zur Galerie derer mit Rang und

Namen gemausert. Weiter entfernte wirtschaftliche Wachstumszonen der Welt werden vom REX betreut, der am liebsten ganz Asien unter seine Fittiche nehmen würde. Verständlich, hier liegen die zukünftigen Märkte, aber auch die neu entstandenen Hauptkonkurrenten.

Im Unionsvertrag steht unter Artikel B etwas pathetisch aufgeschäumt das Wort von der 'Identität der Europäischen Union'. Darunter versteht der Vertragstext eine gemeinsame Außen- und Sicherheitspolitik, worunter unter Artikel C auch die Entwicklungspolitische Zusammenarbeit gehört. Der Rahmen ist abgesteckt, nur wollen die nationalen Regierungen offensichtlich einen anderen. So wurde auf der Ratstagung vom Mai 1996 deutlich, daß Entwicklungspolitik aus dieser Sicht wieder bilateral zu betreiben ist. Diese Fraktionierung bedeutet die Schwächung eigener Positionen. Darüber können dann auch nicht die oft präsentierten finanziellen Anstrengungen hinwegtäuschen.

Die EU und ihre Mitgliedsländer stellten 1994 über die Hälfte der weltweiten öffentlichen Entwicklungshilfe (29 von 57 Milliarden US-Dollar). Die eigentliche EU-Entwicklungshilfe betrug 1994 etwa 2,5 Milliarden ECU, 10 % der Gemeinschaftshilfe mit steigender Tendenz. Das ist nicht so sehr auf die Erhöhung der EU-Hilfe zurückzuführen als vielmehr ein Resultat des Rückgangs der Entwicklungshilfeanstrengungen der Mitgliedsländer. Ein ähnlicher Trend konnte dank des Parlaments bis 1996 vermieden werden. Mit dem EU-Haushalt für 1997 brechen aber die Dämme. Trotz zäher Verhandlungen ist das Budget für 1997 um 60 Millionen ECU gegenüber 1996 geschrumpft. Die Mehrheit der Parlamentarier hatte keine Skrupel, auf Kosten der ärmsten Länder der Welt die Entwicklungshilfe zugunsten der transeuropäischen Netze und der Forschung und Technologie zu kappen. Dagegen werden die Haushaltsmittel für die südlichen Mittelmeerländer schon nacheinander das zweite Jahr verdoppelt.

Diese Tendenz war vorprogrammiert. Beim Gipfel von Cannes im Juni 1995 wurden weitreichende Finanzierungsprogramme zur Strukturierung der neuen hegemonialen Außenpolitik der EU verabschiedet. Drei Viertel zu ein Viertel ist dabei das Aufteilungsverhältnis zwischen Mittelmeerländern und Osteuropa festgeschrieben. Bis zum Jahre 1999 sollen 6,7 Milliarden ECU an die MOEL (Phare-Programm), 4,7 Milliarden ECU an die Mittelmeerdrittländer (Meda-Programm) gehen. Im Haushaltsentwurf hatte der Rat, den Entscheidungen des Canner Gipfels getreu, mehr als die Verdreifachung der Finanzmittel für die Mittelmeerländer vorgesehen. Die dafür benötigten Gelder kamen fast ausschließlich aus den Entwicklungshilfetöpfen. Es ging vor allem um die symbolische Befriedung der südeuropäischen Interessen, die Mittelmeerregion über Osteuropa nicht zu vergessen.

Kleine Geschichte der Entwicklungspolitik

In den Anfängen der entwicklungspolitischen Zusammenarbeit waren die Finanz- und Strukturhilfen als eine Art Überbrückungshilfe gedacht. Den Ländern, die gerade die Unabhängigkeit der Fahne erkämpft hatten, sollte der Weg zum Weltmarkt geebnet werden. Der reine handelspolitische Ansatz (aid by trade) verfehlte aber sein Ziel. Dies war ein Grund, um vor zwanzig Jahren über Regulierungsinstrumente nachzudenken, die das Süd-Nord-Gefälle abbauen sollten. Der zweite Grund lag in den aus heutiger Sicht unvorstellbaren Handlungsmöglichkeiten für die Ökonomien des Südens. Mitte der 70er Jahre konnten sie, begünstigt durch die Erosion der US-Hegemonie und einer ökonomischen Strukturkrise in Westeuropa, politische und ökonomische Forderungen durchsetzen. Politisch war die Bewegung der Blockfreien weder vorher noch später stärker. Ökonomisch gab es funktionierende Rohstoffkartelle. Zusammengefaßt mündete dies in die Forderung nach einer neuen gerechteren 'Weltwirtschaftsordnung'. Das politische Forum mit Gewicht war die UNCTAD. Heute ist die UNCTAD ein reines Dienstleistungsunternehmen geworden, und als dritte Säule nach IWF und Weltbank hat sich die Welthandelsorganisation (WTO) im Weltmarkt etabliert, um die neoliberale Strukturanpassungspolitik durchzusetzen. Diese völlig anderen Rahmenbedingungen gilt es zu beachten.[5]

Vor gut zwanzig Jahren, so die Vorstellung, sollten mit möglichst vielen Stützungsmaßnahmen die Ökonomien des Südens von den Zwängen des Weltmarktes abgepuffert werden, um ihre Ökonomien unter einem gewissen protektionistischen Schutz weiterbringen zu können. Dies war der Hintergrund für das erste Lomé-Abkommen. Mit den Subventionssystemen STABEX und SYSMIN wurde ein Stabilisierungsfonds für landwirtschaftliche Exportprodukte (STABEX) und ein Sonderfonds für Bergbauerzeugnisse (SYSMIN) geschaffen.

Aus heutiger Sicht sind diese Instrumente gescheitert. STABEX und SYSMIN stabilisieren meist einseitige Produktions- und Exportstrukturen und tragen zur Verfestigung struktureller Abängigkeiten bei. Zudem wird die Nehmer- und Geberfunktion der jeweiligen Staatsklassen verfestigt.

Finanzierungsinstrumente

Zunächst gibt es die Finanzhilfe aus dem Europäischen Entwicklungsfonds (EEF). Daneben stellt die Europäische Investitionsbank (EIB) zinsgünstige Darlehen zur Verfügung. Zu unterscheiden ist zwischen Mitteln der Programmhilfe und nichtprogrammierbarer Hilfe. Unter letzteres fallen die Mittel zu STABEX und SYSMIN. Die Programmhilfe wird vor dem Beginn einer neuen Lomé-Runde zwischen den EU-Mitgliedstaaten, den AKP-Staaten und der EU ausgehandelt. Das Ergebnis ist ein nationales Indikativprogramm (NIP). Darunter fallen Programme der regionalen Zusammenarbeit, Gesundheitsprogramme, Fremdenverkehr, Industrie und Handel und neuerdings auch vermehrt Strukturanpassungsprogramme.

Interessant in diesem Zusammenhang ist, daß der EEF sich nicht aus dem Haushalt der EU finanziert, sondern aus Beiträgen der Mitgliedstaaten. Da die Regierung der Bundesrepublik die Hilfe lieber bilateral vergeben möchte, liegen im achten EEF die Beitragsleistungen von Frankreich höher als die Deutschlands. Zur Halbzeit des zehn Jahre gültigen Lomé IV-Vertrages wurde 1995 monatelang gepokert, um die Ausstattung des Fonds überhaupt zu gewährleisten. Eine Verringerung der Zahlungen konnte nur durch die neuen Mitgliedsländer

Österreich, Finnland und Schweden kompensiert bzw. kaschiert werden.

Der Aufbau konzentrischer Kreise

Die EU-Asienkonferenz in Bangkok im Sommer 1995 war der vorerst letzte Mosaikstein in der Neudefinition der EU-Außenbeziehungen, die seit dem Fall der Mauer systematisch vorangetrieben wurde. Der Rohbau des Gebildes aus konzentrischen Kreisen ist fertig: EU-Beitrittsabkommen mit den Ländern Mittel- und Osteuropas. Zypern und Malta werden als 'Altlast' auf dieser Ebene gleich mitgehandelt. Die Türkei, ursprünglich mit den beiden letztgenannten und Griechenland auf einer Stufe, wurde Anfang des Jahres 1996 mit einer Zollunion „ruhiggestellt" – für viele ganz unverblümt das Ende der Fahnenstange.(Aufgrund der undemokratischen Entwicklung und zunehmender Repression der Kurden durch die türkische Regierung wurden schon im September 1996 die EU-Mittel für die Türkei vorübergehend eingefroren.) Damit könnte sich die Türkei eines Tages auf der gleichen Stufe wiederfinden wie die Regionen des zweiten konzentrischen Kreises: Die Neuen Unabhängigen Staaten (NUS) und die Mittelmeeranrainer, für die Partnerschafts- und Kooperationsabkommen mit Freihandelszone vorgesehen sind.

Zur Befriedung des internen Nord-Süd-Konfliktes in der EU wurden zum Ausgleich zur dominierenden Ostorientierung neben den Mittelmeerländern auch die Beziehungen zum Mercosur (Argentinien, Brasilien, Paraguay, Uruguay) und Chile in ein neues Licht gerückt. Sofern sich der Mercosur als gemeinsamer Markt bewährt, peilt die EU mit diesen Ländern eine Freihandelszone an. Damit ist der dritte konzentrische Kreis von geographisch nicht unmittelbar angrenzenden Zonen skizziert, die durch besondere Wirtschaftsbeziehungen an die EU gebunden werden sollen. In diese Kategorie fallen auch Überlegungen zu einer Freihandelszone mit NAFTA, mit dem südlichen Afrika und mit dem Golf-Kooperationsrat. Während sich in Bezug auf Asien eine Zeitlang eine analoge Fixierung auf ASEAN herauszukristallisieren schien (davon zeugt noch die

Durchführung der EU-Asienkonferenz, die der Ägide der Aseanländer überlassen wurde), herrscht jetzt in den Verlautbarungen wieder mehr Unverbindlichkeit. Das zeigt sich sowohl an Überlegungen, wie Indien in den Dialog besser einbezogen werden kann, als auch am Schmeichelkurs der EU gegenüber China.

Demokratisierung der Lomé-Abkommen unter vorherrschenden Rahmenbedingungen

Gibt es bei Asien schon ein deutliches Gefälle in der politischen Prioritätenliste Brüssels, verliert man den größten Teil Afrikas völlig aus der Optik. Ein weiteres Lomé-Abkommen in der bisherigen Form, da sind sich die meisten Beobachter einig, wird es nicht geben. Die Besonderheit, aber auch die Problematik dieses Abkommens ist der demokratische Anspruch, demzufolge für eine ganze Region Entwicklungshilfe und Kooperation nicht von der EU nach ihrem Gutdünken an einzelne Länder vergeben, sondern gemeinschaftlich zwischen Empfängern und Gebern ausgehandelt werden soll. Parallel zu dieser Regierungsebene pflegt eine parlamentarische Versammlung aus AKP- und EU-Vertretern den demokratischen Diskurs. Das ist aber ein Wunschtraum, der sich nur auf Papier realisiert. Die ausschließliche Abwicklung der Lomé-Hilfe über staatliche Stellen ist dazu angetan, alternative, kritische, dezentrale, nach modernen Kriterien nachhaltige Projekte der Entwicklungshilfe im Keim zu ersticken. Die AKP-Versammlung mit Parlamentariern, aber eben auch Regierungsvertretern auf der einen Seite, Europa-Parlamentariern auf der anderen, hat aufgrund dieses demokratischen Ungleichgewichts vielfach nicht einmal den Wert eines kritischen Diskussionsorgans.

Da sich die EU-Nord-Süd-Beziehungen mehr und mehr in den verschiedenen Regionalbündnissen abspielen (etwa der St.-José-Gruppe, dem Golf-Kooperationsrat, den Mittelmeerkonferenzstaaten), ist von der Originalität der Lomé-Verträge ohnehin nicht viel geblieben. Nur durch Demokratisierung der AKP-Versammlung könnte ein Qualitätssprung erreicht werden, der die Einmaligkeit dieses Gebildes erhaltenswert erscheinen lassen könnte. Aber eine solche Sonderstellung ist von der EU für Afrika ohnehin nicht mehr gewollt. Am Reformwillen der AKP-Länder in bezug auf die AKP-Versammlung muß ebenfalls gezweifelt werden. Die jahrelangen Leistungen haben starre Klientelstrukturen aufgebaut.

Divide et impera

Der EU-Trend führt zunehmend weg vom zweiten Ansatz der Brüsseler Nord-Süd-Beziehungen, weg von Programmen horizontaler Kooperation. Keine NGO-Finanzierung aus großen Haushaltstöpfen, angefangen vom Tropenwald über Umwelt, Frauen, Gesundheit bis hin zu Kleinstbeträgen für sahaurische Flüchtlinge. Statt dessen wird die Zukunft in einzelnen Regionalabkommen liegen. Mit einem vergleichsweise starken Staat wie Südafrika ist dies bereits geplant. Der Gradmesser dabei dürfte die jeweilige ökonomische Stärke sein. Divide et impera scheint hier die Devise der neuen Maastricht-EU zu sein. Getragen und durchgesetzt wird dies alles mit einer großen Koalition im EP, in der Kommission und dem Rat der EU – mit eindeutiger Unterstützung der deutschen Sozialdemokratie.

Statt Kooperation mit den Armen und Ärmsten läßt man Krisen und Katastrophen auf sich zukommen. 'Krisenintervention' heißt das Schlagwort, mit dem zum ersten Mal militärische Intervention als Form der Entwicklungshilfe diskutiert und praktiziert wird. Plastisch wird die damit verbundene Kompetenzverlagerung immer beim Gerangel der Ausschüsse im EP, wobei dem Entwicklungsausschuß abgesprochen wurde, sich mit dem Thema Krisenprävention zu beschäftigen, das als alleiniger Erbhof des Außenausschusses angesehen wird.

Zivile Außenpolitik

Der Maastrichter Vertrag fordert eine Vereinheitlichung und Ergänzung der Politiksektoren. Bei der Frage Zentralisierung oder Dezentralisierung gilt es aus unserer Sicht zu differenzieren. Eine sinnvolle Antwort auf die neue Entwicklung kann nur in einer erneuten Aufsplittung der gerade geschaffenen Megaprogramme à la Phare (mittelosteuropäische Staaten), Tacis (für die Neuen Unabhängigen Staaten) oder Meda liegen; jedoch nicht, um wie bisher zu Länderprogrammen zurückzukehren, sondern um horizontale Förderprogramme zu entwickeln. Ein symbolischer Anfang wird bei Meda bereits gemacht, wo das Parlament geringe Summen für ein Programm Meda-Menschenrechte und Meda-Umwelt eingesetzt hat. Durch die überstaatliche Komponente der EU birgt die Brüsseler Nord-Süd-Politik nach wie vor die Chance, die bilateralen Beziehungen aufzubrechen. Und nur eine stärkere Verlagerung der Kooperation hin zu direkten Beziehungen von Region zu Region, von lokalen Körperschaften zu lokalen Körperschaften, von NGO zu NGO könnte das wegbrechende Entwicklungshilfe-Konzept sinnvoll beerben. Eine Zentralisierung und Vereinheitlichung der Vergabekriterien auf europäischer Ebene würde verbunden mit der Regionalisierung der Umsetzung.

Die Vereinheitlichung und Zentralisierung müßte innerhalb der Kommission durch eine interne Arbeitsteilung geklärt und nach außen transparent gemacht werden. Die Verwaltung der EU-Entwicklungszusammenarbeit ist bekanntlich zwischen GD I, GD VIII und ECHO aufgeteilt. Es gibt aber keine einheitlichen Kriterien und Prozeduren, und dies führt in der Praxis zu grotesken Situationen. Wenn von einer 'emergency situation' (Nothilfe) nicht mehr ausgegangen werden kann, müssen viele ProjektmitarbeiterInnen ihre Koffer packen. So ergeht es einem Tbc-Projekt des Malteserhilfsdienstes im Norden von Uganda. Erst, wenn die Kampfhandlungen der dort operierenden Rebellen wieder stärker würden, erhöhte sich auch die Chance, daß wieder Mittel fließen.[6] Der mit Händen zu greifende Zynismus in solchen Situationen, die keine Ausnahme darstellen, könnte durch eine bessere Kooperation wenigstens gemildert werden.

Wenn Entwicklungspolitik Teil einer solidarischen Weltordnung sein soll, müssen wir die politische Debatte auf nationaler wie auf europäischer Ebene wieder eröffnen sowie die Chance, die mit der Revision des Vertrages von Maastricht gegeben ist, nutzen, um institutionell eine neue Süd-Nord-Politik voranzutreiben.

Entwicklungspolitik als karitative Verschleierung außenwirtschaftlicher Interessen können wir sofort vergessen. Eine solidarische Weltwirtschaftsordnung setzt ein globales und zukunftsorientiertes verantwortungsbewußtes Denken und Handeln voraus. Die Erkenntnis der Endlichkeit unserer natürlichen Ressourcen, die Bewußtwerdung der galoppierenden ökologischen Zerstörung von Böden, Wasser und Atmosphäre muß Voraussetzung für jegliches weitere politische Handeln sein.

Die rapide Zunahme des weltweiten sozialen Elends und Hungers ist Folge einer kurzfristigen Politik, deren Ökonomie lediglich auf eine schnelle Profitmaximierung ausgerichtet ist. Verantwortung für die zukünftigen Generationen und das Gemeinwesen sind in unserer schnellebigen Welt vergessen und fallen höchstens unter die Rubrik Sonntagsreden.

Institutionelle Reformen

Angesichts der oben genannten absehbaren Veränderungen, Umbrüche und Szenarien gehört die 'Zivile Außenpolitik' vor allem aus zwei Gründen auf die Tagesordnung der Regierungskonferenz:

1. als komplementäre Politik und ergänzender Teil zu dem vorgesehenen Schwerpunktthema Außen- und Sicherheitspolitik (GASP),
2. als notwendiger Teil institutioneller Reformen (insbesondere mit Bezug auf Titel XVII, Art. 130).

Ich schlage zudem vor, neben dem Ministerium (Kommissariat) für Außen- und Sicherheitspolitik ein zweites für eine 'Zivile Außenpolitik' zu schaffen. Damit könnte man dem Willen nach einer solidarischen Außenpolitik Ausdruck verleihen. Wie einst das Bundesministerium für Wirtschaftliche Zusammenarbeit aus dem Außenministerium ausgelagert wurde, so ist es meines Erachtens unabdingbar, mit der Regierungskonferenz nicht nur die GASP voranzutreiben, sondern auch einen eigenständigen Politikbereich institutionell zu gestalten, der Teile der zivilen internationalen Beziehungen wie der Paritätischen Versammlung EU-AKP, der Außenhandels- und Entwicklungspolitiken zusammenfaßt. Nach der Konferenz von Rio und der Zustimmung zur Agenda 21, nach der neuen Welthandelspolitik im Rahmen der WTO können die Anforderungen an die Entwicklungspolitiken nur noch als Querschnittsaufgabe verstanden werden. Dieses Ministerium (Kommissariat) ist somit nicht nur als neuer Stützpfeiler im Rahmen der GASP zu verstehen, sondern muß als Schnitt- und Verbindungspunkt der 'Zivilen Außenpolitik' gesehen werden. Angesichts der anstehenden Revisionsform des Vertrages von Maastricht sollte dieser Gedanke in die Debatte über die GASP und die institutionellen Reformen breit diskutiert und weiterentwickelt werden.

Anmerkungen

(1) Zentral dabei sind der Europäische Entwicklungsfonds (EEF) und Einrichtungen, die wie das STABEX-System die Stabilisierung der Exporterlöse sicherstellen sollen.
(2) So suchte eine Delegation von Bundestagsabgeordneten aus dem Ausschuß für wirtschaftliche Zusammenarbeit und Entwicklung bei einem Besuch in Brüssel im Frühjahr letzten Jahres keinen Kontakt mit den zuständigen Europaparlamentariern.
(3) Vgl. die Beiträge von Christine Parsdorfer und Elisabeth Schroedter.
(4) Jacques Santer: Koordinierung der Außenpolitik; Leon Brittan: WTO, Nordamerika, Australien, Neuseeland, China, Korea, Hongkong, Macao und Taiwan; Hans van den Broek: Mittel- Osteuropa, GUS, Mongolei, Türkei, Zypern, Malta, GASP und Menschenrechte; Manuel Marín: Mittelmeerländer, Naher und Mittlerer Osten, Lateinamerika und Asien; Joao de D. Pinheiro: Afrika-Karibik-Pazifik (AKP) und Südafrika; Emma Bonino: Humanitäre Hilfe und Fischereiabkommen.
(5) Vgl. Beitrag von Wolfgang Kreissl-Dörfler.
(6) Vgl. Frankfurter Rundschau vom 1.7.1996.

5

Europas Pufferzonen

EU-Außenpolitik am südlichen Rand

Die Mittelmeerpolitik der EU nach dem Maastrichter Vertrag

Christine Parsdorfer

Die Diskussion über die Mittelmeerpolitik der EU hat spätestens mit der EU-Ratskonferenz von Barcelona im November 1995, bei der sich erstmals (fast) alle Staaten rund um das Mittelmeer an einen Tisch setzten, einen Höhepunkt erreicht. Im Mittelpunkt der Berichterstattung stand vor allem die Tatsache, daß die südeuropäischen Mitgliedsländer als Ausgleich für die großzügigen Leistungen der EU gegenüber den osteuropäischen Staaten nun auch für ihre Interessenssphäre Gelder locker machen konnten. Außer acht blieb aber, daß mit der Mittelmeerpolitik grundsätzlich die Frage nach der Zukunft der europäischen Entwicklungspolitik wie auch der europäischen Außenpolitik gestellt werden muß.

Obwohl die Entwicklungspolitik Bestandteil des Maastrichter Vertrages ist, sind die Ergebnisse bisher ernüchternd. Eine Stärkung und Konsolidierung der entwicklungspolitischen Zusammenarbeit ist bisher ausgeblieben. Statt einer gemeinsamen Entwicklungspolitik, die sich als zivile Außenpolitik begreift, werden die sogenannten Dritte-Welt-Staaten entweder als neue Standortkonkurrenten wahrgenommen oder fallen unter die 'internationale Sozialhilfe', deren Höhepunkt militärische Kriseninterventionsszenarien bilden. Entwicklungspolitik sollte demgegenüber zu einer zivilen Außenpolitik beitragen: Dazu muß der Vertrag von Maastricht mit dem Artikel 130 institutionell überprüft und weiterentwickelt werden.[1]

Am Beispiel der Mittelmeerpolitik der EU zeigt sich eindrücklich die Unterwerfung der Entwicklungspolitik unter kommerzielle und außenpolitische Kriterien. Der krude Modernisierungskurs, dem mit der „euromediterranen Partnerschaft" der Weg geebnet werden soll, verspricht etwas Hilfe – setzt vor allem auf den Freihandel. Damit gibt die EU – so ist bei dem bisherigen Diskussionsstand zu befürchten – jeden Versuch einer eigenständigen Akzentsetzung im Bereich der Entwicklungszusammenarbeit auf und vollzieht unter „partnerschaftlicher" Rhetorik eine beschleunigte Anpassung der Mittelmeeranrainer an die europäischen Marktbedingungen.

Neue Welt(un)ordnung im Mittelmeerraum

Eine „hohe Priorität" erlangten die Beziehungen zu den Mittelmeeranrainerstaaten erst nach dem Ende des Ost-West-Konfliktes. Bis dahin kann festgestellt werden, daß trotz eines schon früher häufig formulierten „starken Interesses" an der Region, die EU in ihrer Politik nicht über Stückwerkhaftes hinausgekommen ist.[2]

Auf dem Straßburger Gipfel von 1989 wurde die Mittelmeerpolitik qualitativ neu bestimmt, im Dezember 1990 wurden die Leitlinien und Mittel dafür neu festgelegt. Aufbauend darauf wurde auf dem Essener Gipfel im Dezember 1994 das neue Mittelmeer-Konzept abgesegnet, das von der Prämisse ausgeht, die mediterrane Region sei für die EU ein „Raum von strategischer Bedeutung", dessen Frieden und Stabilität von „höchster Priorität" für Europa seien. Frieden und Stabilität in der Mittelmeerregion sollten „mit allen der Union zur Verfügung stehenden Mitteln verfolgt werden, einschließlich der Gemeinsamen Außen- und Sicherheitspolitik" (GASP). Denn: „Derzeit stellen die politischen, wirtschaftlichen und sozialen Verhältnisse in einer Reihe dieser Länder Quellen der Instabilität dar, die zu massenhafter Migration, fundamentalistischem Extremismus, Terrorismus, Drogen und organisiertem Verbrechen führen."

Der Zeitpunkt für das neu erwachte Interesse der EU an der Region ist keinesfalls zufällig. Er steht im Zusammenhang mit der seit dem Golfkrieg herrschenden „Neuen Weltordnung", die nach dem Untergang des Kommunismus nicht nur ein verändertes Selbstverständnis, sondern auch eine veränderte Weltsicht der EU in Gang gesetzt hat. Die Verschiebungen werden auf drei unterschiedlichen Ebenen deutlich, die gleichzeitig auch die besondere Bedeutung der Mittelmeeranrainerstaaten für die EU erklären.

Neue geopolitische Landkarte

Noch im Zeichen des Ost-West-Konflikts waren sämtliche Länder – auch die Habenichtse, die keine knappen Rohstoffe anbieten konnten – in die globale Systemkonkurrenz eingebunden. Sie konnten bei einer einigermaßen geschickten Diplomatie den Ost-West-Konflikt für sich nutzen und sich ihre außenpolitische Orientierung mit Hilfsgeldern honorieren lassen. Nach dem Ende des Ost-West-Konflikts und der damit verbundenen Triadisierung der Wirtschaftsräume werden diejenigen Länder, die keine wichtigen Rohstoffe zu bieten haben, tendenziell vom Weltmarkt abgekoppelt. Strategisch wichtig sind nur die Regionen, die entweder als Hinterhof Absatzmarkt für in den Metropolen produzierte Waren sind oder durch ihre niedrigen Arbeitslöhne als verlängerte Werkbänke fungieren.

Die neue Konzeption der Mittelmeerpolitik der EU in den frühen 90er Jahren kam nicht von ungefähr. Nach dem Ende des Kalten Krieges, als sich neue regionale Blöcke formierten, wurde die ungleiche Beziehung der EU zu den Mittelmeeranrainerstaaten kontraproduktiv. Die NAFTA hat der EU den Rang als größter regionaler Block abgelaufen. Mit dem Mittelmeerraum – ebenso wie mit der in naher Zukunft anvisierten Freihandelszone Mercosur-EU – will sich die EU als ökonomisch stärkste Formation auf dem Weltmarkt gegenüber der NAFTA behaupten. Mit einem solchen Markt würde die EU plus Annex wieder der weltgrößte Wirtschaftsraum.

Neue Sicherheitspolitik

In der EU existieren zwei, auf unterschiedlichen Ebenen angesiedelte Sicherheitskonzepte: Das eine setzt auf modernisierte militärische Optionen im Rahmen der NATO bzw. der WEU, das andere auf sozio-ökonomische Reformen, die durch Gelder der EU – wie z.B. dem MEDA-Programm für die Mittelmeeranrainer bzw. durch Phare oder TACIS für die MOEL-Länder – unterstützt werden sollen.

Dabei steht die militärische Sicherheitskonzeption keineswegs im Widerspruch zu der reformpolitischen: Sie ist vielmehr Notnagel, falls die zivilen Mittel doch nicht ausreichen und Krisenentwicklungen in angrenzenden Regionen unmittelbare Auswirkungen auf die EU haben sollten.[3]

Seit dem Frühjahr 1995 betreibt die NATO auf Initiative von Frankreich, Spanien und Italien in Abstimmung mit der EU eine neue Politik gegenüber den Mittelmeeranrainerstaaten, die gegen „den Islam" und die Gefahr einer Weiterverbreitung moderner Waffen, insbesondere von Atomwaffen, gerichtet ist. Dazu leitete die NATO Konsultationen mit Marokko, Tunesien, Mauretanien, Ägypten und Israel ein, die diesen Gefahren begegnen sollten. Auch die WEU blieb angesichts dieser neuen „Bedrohungen" nicht tatenlos. Im Mai 1995 gründeten Frankreich, Italien, Spanien und Portugal bei der regulären Frühjahrstagung der WEU in Lissabon zwei multinationale Truppenverbände: die 12.000 Mann starke Interventionstruppe EUROFOR sowie den gemeinsamen Marineverband EUROMARFOR. Diese Einheiten geben dem Drängen von Italien und Spanien nach, die seit Jahren militärische Mittel gegen die 'Einwanderungsströme' aus dem Süden verlangen.[4] In diesem Zusammenhang steht auch die verstärkte militärische Kooperation zwischen Italien und Spanien seit Ende der 80er Jahre, was zu dem gemeinsamen Satellitenprojekt 'Helios' führte, dessen Aufgabe in der militärischen Überwachung des Mittelmeerraumes liegt.[5]

Diese Entwicklungen schufen neue Feindbilder. Ähnlich wie EU-Kommissar Marin erklärte der frühere NATO-Generalsekretär Willy Claes Anfang 1995, „der islamische Fundamentalismus ist ebenso eine Gefahr für den Westen, wie es der Kommunismus war", und versucht so, die weitere militärische Ausrichtung westlicher Sicherheitspolitik zu legitimieren. Nicht beachtet wird, daß Rüstungswettläufe in den meisten Regionen der Dritten Welt eher durch intraregionale Rivalitäten als durch eine systematische Feindschaft gegenüber dem Norden bedingt werden. „Von daher wäre es ein politischer Selbstbetrug, wenn militärische Bedrohung aus dem Süden als Vorwand für neue westliche und europäische Sicherheitsdoktrinen genommen würde. Schlimmer noch, es bestünde die Gefahr, daß eine vom Westen herbeigeredete Bedrohung aus dem Süden zu einer 'selffulfilling prophecy' würde, von der in erster Linie Südeuropa betroffen wäre."[6]

Insgesamt betrachtet hat jedoch die neu inszenierte „Bedrohung aus dem Süden" eine vollkommen andere Struktur als die zu Zeiten des Kalten Kriegs herrschende „Bedrohung aus dem Osten": Wurde bis 1989 von einem gleichstarken Gegner ausgegangen, vor dessen militärischem Arsenal sich geschützt werden mußte, so werden die „Gefahren aus dem Süden" eher diffus gezeichnet. Angelehnt an Samuel Huntingtons 'Clash of Civilizations' wird der Mittelmeerraum als Konfliktraum zwischen unterschiedlichen „Zivilisationen" interpretiert. Das „Mittelmeer" und seine südlichen Anrainer wird in diesem Verständnis zu einem „Schutzgürtel", das das „zivilisierte" Europa vor religiösem Fanatismus, Drogenhandel und Zuwanderung schützen soll.

Diese neuen Feindbilder haben jedoch nicht nur die militärischen Sicherheitskonzeptionen inspiriert, sondern auch das zivilreformerische Programm der EU.

Sicherheit mit neoliberalen Mitteln?

Die von der EU neu entwickelte Mittelmeerpolitik betont die sozialen und ökonomischen Aspekte der Sicherheit, d.h. es wird versucht, die „Ursachen" für die neu ausgemachten Gefahren aus dem Süden zu bekämpfen. Dahinter steht die Erkenntnis, die sich inzwischen schon in die Chefetagen der EU herumgesprochen hat, daß für den erstarkenden islamischen Fundamentalismus weniger eine neu erwachte Religiosität verantwortlich ist als vielmehr die sozialen und ökonomischen Zumutungen des westlich inspirierten Modernisierungsprozesses. Dieser hat bisher wenig an Entwicklung, dafür umso mehr an Armut und sozialer Polarisierung gebracht.

Eine Konsequenz sind logischerweise Fluchtbewegungen in den reichen Norden, die die EU nun wiederum mit wirtschaftsfördernden – im Sinne von Arbeitsplätze schaffenden Mitteln – stoppen will. Jedoch setzen sich die Maßnahmen aus einem Potpourri neoliberaler Glaubenssätze zusammen: Mit der Freisetzung der Marktkräfte soll letztlich der Wohlstand der gesamten Mittelmeerregion gemehrt werden. Ob jedoch das neoliberal inspirierte Entwicklungsmodell geeignet ist, die Übel der wachsenden ökonomischen Desintegration an der Wurzel zu packen, darf bezweifelt werden. Vielmehr wird es Folgen zeitigen, die die reformerisch angehauchten Absichtserklärungen der EU ad absurdum führen: Mißlingt nämlich das ökonomische Aufbauprogramm, so wird die Migration zunehmen, und islamische Bewegungen werden Aufwind erhalten, wodurch das Konfliktpotential in der Region auf jeden Fall erhöht wird.

Historischer Hintergrund des Mittelmeerprogramms

Die Mittelmeerpolitik ist keine neue Erfindung der EU. Im Grunde geht sie zurück auf das Jahr 1972. Seither hat es eine ganze Reihe von Vereinbarungen zur Zusammenarbeit und Wirtschaftsabkommen, vor allem mit den 12 Nicht-EU-Mittelmeeranrainerstaaten, gegeben. Sie sollten:

▷ den wirtschaftlichen Austausch intensivieren,
▷ den europäischen Markt für Produkte aus den Mittelmeerländern zugänglich machen,
▷ den Außenhandel der Mittelmeeranrainer intensivieren,
▷ die Handelsbilanz verbessern.

Das Handelsaufkommen stieg jedoch nicht wesentlich, im Gegenteil, es gab sogar Rückschläge. Nur einige wenige Sektoren konnten für den EU-Markt erschlossen werden. Insgesamt gesehen verschlechterte sich die Handelsbilanz der Nicht-EU-Mittelmeeranrainerstaaten. Durch sogenannte „freiwillige" Selbstverpflichtungsabkommen schränkte die EU die Vereinbarungen so ein, daß bestimmte „sensible" Produkte – wie Nahrungsmittel und Textilien – einen erschwerten Zugang auf den europäischen Markt hatten. Die massiven EU-Exporte von subventionierten Lebensmitteln führten zu einer ständig wachsenden Abhängigkeit – ein offener Widerspruch zu den erklärten Zielen der EU, die Selbstversorgung zu unterstützen. Das gleiche gilt für die Verschuldung, die bis heute immer größer wurde.

Die regionale Integration, ein anderes erklärtes Ziel, blieb vollkommen konturen- und erfolglos und wurde auch nicht wirklich finanziell unterstützt. Die Handelsbeziehungen der Nicht-EU-Mittelmeerländer untereinander sind stets minimal gewesen. Der interregionale Handel unter den Maghrebstaaten beläuft sich beispielsweise auf 5 % und unter den Maschrekstaaten auf 7 %.

Den sozialen Problemen der Mittelmeerländer wie unzulängliche Arbeitsrechte, die teilweise in den Übereinkommen angesprochen werden, wurde nicht Rechnung getragen. Statt dessen vergrößerte sich die soziale Ungleichheit in fast allen Mittelmeerländern.

In den 80er Jahren änderte sich – trotz neu abgeschlossener Abkommen – diese Situation nicht wesentlich. Obwohl die Fördermittel um 59 % erhöht wurden, deckten sie in Wirklichkeit nicht einmal die Inflationsrate ab. Ein Vergleich zeigt, daß bis vor kurzem das wirkliche Interesse der EU am mediterranen Raum gering war. Von 1979 bis 1987 wendete sie nur 3 % der Beiträge zur ökonomischen Entwicklung der Mittelmeerländer auf (im Gegensatz dazu die USA 31 %, OPEC 28 %). Die südlichen und die östlichen Mittelmeerländer waren in der Tat die einzigen Regionen der Welt, in denen die Entwicklungshilfe der EU hinter die der USA zurückfiel. Auch in den 80er Jahren gingen die Exporte der Mittelmeeranrainerstaaten in die EU wie die Exporte der EU in diese Länder zurück. Im Mittelpunkt des Interesses der EU steht allein das Öl der Nicht-EU-Mittelmeeranrainer, aber auch seine Bedeutung geht stetig zurück.

Neue Programme und die Kritik des Rechnungshofs

1990 hat die EU eine neue Mittelmeerpolitik durch ein Hilfspaket von etwa 4,4 Milliarden ECU (1992-1996) angekündigt. Obwohl die meisten dieser Mittel weiterhin durch bilaterale Finanzabkommen finanziert wurden, werden hier die Mittelmeerländer zum ersten Mal als Gruppe unterstützt:

▷ Der Großteil der Geldmittel (1,9 Milliarden ECU) läuft über Kredite der Europäischen Investitionsbank (EIB) für Telekommunikation, Energieversorgung und Umweltprojekte.
▷ Der Rest sind EU-Haushaltsmittel (2,4 Milliarden ECU), die zum einen für für Zinssubventionen auf EIB Kredite für Umweltprojekte (27%), zum anderen für bestimmte Netzwerke zur Zusammenarbeit (43%) eingesetzt werden. Die wichtigsten Programme sind: MED-URBS (lokale Behörden), MED-CAMPUS (Universitäten), MED-INVEST (Kleine und mittlere Unternehmen), MED-MEDIA (Medien), MED-AVICENNE (Forschungsinstitute) und ICAMAS (Landwirtschaftsausbildung).

Mit diesen Programmen sollten zum ersten Mal nicht allein die Handels- und Wirtschaftsbeziehungen zu den Mittelmeerdrittländern gefördert, sondern auch der „menschliche Faktor" in die Entwicklungsprozesse miteinbezogen werden. Waren es bisher hauptsächlich Regierungsstellen, die als Kooperationspartner fungierten, so wandte sich jetzt die EU erstmals der „zivilen Gesellschaft" zu, die Demokratisierungsprozesse forcieren sollte.[7] Allerdings ist diese Neukonzeption bisher wenig erfolgreich, denn die dafür bereitgestellten Mittel sind nicht mehr als ein Tropfen auf dem heißen Stein. Darüber hinaus hat der Europäische Rechnungshof im Juni 1996 „erhebliche Unregelmäßigkeiten und Mängel bei der Finanzverwaltung der Mittelmeerprogramme sowohl im Planungs- als auch im Durchführungsstadium" kritisiert.[8] Problematisch ist darüber hinaus, daß EIB-Kredite noch weniger einer demokratischen Kontrolle unterliegen als Kredite, die direkt von der Kommission bewilligt werden.

Insgesamt läßt sich feststellen, daß die sozialen und wirtschaftlichen Probleme der Nicht-EU-Mittelmeeranrainer bis heute keineswegs durch die EU-Politik gelöst, sondern im Gegenteil eher verschärft wurden. Sie werden in dem neuen Entwurf abermals nicht angemessen berücksichtigt, zum Beispiel der Export von Rohstoffen, die mangelnde Diversifikation, die Abhängigkeit bei der Lebensmittelversorgung von der Landwirtschaftspolitik der EU; die Arbeitslosigkeit und Verschuldung; der problematische Hauptexportartikel Öl.

Die EU-Strategie lief bisher trotz aller Demokratisierungsrhetorik hauptsächlich darauf hinaus, den Export/Handel zu erhöhen, um einen Anreiz für Investitionen zu schaffen und damit zur wirtschaftlichen Entwicklung der Nicht-EU-Mittelmeeranrainerstaaten beizutragen. Aber diese Strategie der einseitigen ökonomischen Hilfe hat nicht nur versagt, sondern auch die ökologischen und sozialen Aspekte völlig vernachlässigt.

Aktuelle Vorhaben

Auf der Konferenz von Barcelona 1995 wurden folgende Ziele formuliert:

▷ Die Migration aus den südlichen Mittelmeeranrainerstaaten nach Europa soll mit Hilfe von Entwicklungsprogrammen eingedämmt werden.

▷ Der Markt für die europäische Industrie soll ausgeweitet und die Versorgung Europas mit bestimmten Produkten verbessert werden.

Dazu plant die EU im Jahre 2010 eine Freihandelszone einzurichten. Sie soll 600-800 Millionen Einwohner in 30 bis 40 Ländern umfassen. Dadurch sollen die Handelsbeziehungen sowohl zwischen den mediterranen Nicht-EU-Mitgliedsländern als auch mit der EU gefördert werden. Für landwirtschaftliche Produkte sollen gesonderte Abkommen geschlossen werden.

Die Kommission schlägt folgende Bedingungen für die Einrichtung einer Freihandelszone vor:

1. Standardisierung der gesetzlichen und administrativen Normen, Schutz des geistigen Eigentums, Öffnung der Märkte der mediterranen Nicht-EU-Mitgliedsländer, Förderung des Exports.
2. Dynamisierung des privaten Sektors, Modernisierung und Restrukturierung der Industrie und des administrativen und politischen Rahmens, Reorganisation von Verbänden der Geschäftsleute und Handelskammern.
3. Förderung der europäischen Direktinvestitionen und der industriellen Zusammenarbeit, besonders auf dem Energiesektor, Privatisierung und allgemeine Deregulation.

4. Anpassungen in wirtschaftlicher und sozialer Infrastruktur (Transport, Energie, Telekommunikation, Wasser), hauptsächlich durch Privatinvestitionen.

Im Haushaltsjahr 95 erstreckte sich MEDA (B/-410) auf 173 Millionen ECU, wovon im September erst 91 Millionen ausgegeben waren. Die Kommission forderte zunächst den doppelten Betrag – 412 Millionen ECU – für das Haushaltsjahr 96. Der Rat nach dem Gipfel in Cannes stockte auf Kommissionsvorschlag diesen Betrag um weitere 200 Millionen auf. Die Mittel sollten aus starken Kürzungen bei anderen Haushalten, insbesondere bei den sogenannten Entwicklungsländern Asiens, Afrikas und Lateinamerikas und dort aus den Bereichen Frauen, Umwelt, Gesundheit und Erziehung kommen – Maßnahmen, die das Europaparlament in letzter Minute verhindern konnte.[9] Für das Haushaltsjahr 1997 mußten in diesen Bereichen aber reale Kürzungen hingenommen werden.

Letztlich bewilligt wurden 4,685 Milliarden ECU (rund neun Milliarden DM) für die Laufzeit 1996 bis 1999. Dazu kommen noch weitreichende Sonderkredite der Europäischen Investitionsbank in etwa gleicher Höhe. Dabei handelt es sich um langfristige zinsbegünstigte Darlehen, die vom EU-Haushalt garantiert werden.

An den Bedürfnissen der EU ausgerichtet

Die geplante euromediterrane Partnerschaft hat klare Zielsetzungen. Eine Spezialisierung der regionalen oder nationalen Wirtschaften der mediterranen Länder auf die Produkte oder Wirtschaftszweige, die nach den Bedürfnissen Europas ausgerichtet sind (Fischereiwesen, Tourismus, Früchte), ist offensichtlich. Zudem begünstigt die geplante Infrastruktur die Verbindung der großen Handelszentren durch Verkehrswege und fördert die Monokultur. Verstädterung und Landflucht werden so verstärkt. Auch der Mülltourismus wird zunehmen. Ein Transfer von schädlichen und umweltverschmutzenden Industriesystemen in südliche Länder (Ölraffinerien, Müllverbrennungsanlagen, Kraftwerke) steht auf der Tagesordnung. Es steht zu befürchten, daß diese Politik der wirtschaftlichen Entwicklung Regierungsstrukturen und wirtschaftlich starke Gruppen begünstigt, die auf lokaler und regionaler Ebene Agierenden und die Nichtregierungsorganisationen aber vernachlässigt.

Selbstredend ist dieser Prozeß der Angleichung zum Vorteil europäischer Unternehmen und Finanzinstitutionen ganz an den Bedürfnissen der EU orientiert. Die Ausgrenzung der Menschen in nicht anpassungsfähigen, nicht wettbewerbsfähigen Sektoren ist vorhersehbar. Prognosen zufolge wird nach der Liberalisierung in Tunesien der Export von gefertigten Produkten um 40 Prozent zurückgehen, in Marokko um 22 Prozent. Die vorgeschlagenen Sozialprogramme wirken eher wie eine Art Puffer, als daß sie tatsächlich zur Armutsbekämpfung beitragen. Sie sind ein Eingeständnis der sozialen Kosten, die durch die selektive Einbindung der Mittelmeerökonomien zum Vorteil der europäischen Handelsambitionen zu erwarten sind.

Handelsliberalisierung, die die sozialen und umweltpolitischen Aspekte ignoriert und allein auf wirtschaftliche Größe fixiert ist, setzt den unökologischen Weg der Entwicklung, wie ihn der Norden vorgibt, fort. Freihandelszonen tendieren dazu, Monokulturen, die zu Bodenerschöpfung und hohem Pestizidverbrauch führen, auszuweiten und Kleinbauern wie Landarbeiter zu marginalisieren oder zu vertreiben. Zusätzlich sind Rohstoffexporteure in hohem Maße von Weltmarktpreisen abhängig. Die zu schnell durchgeführte Liberalisierung des Handels läßt einen langsamen Übergang von reiner Rohstoffexportation zu verarbeiteten oder industriellen Produkten nicht zu. Die gegenwärtige EU-Politik erschwert den Zugang von bestimmten Produkten auf den EU-Markt. Erfahrungen aus anderen Freihandelszonen (zum Beispiel NAFTA) haben gezeigt, daß die dort angesiedelten transnationalen Konzerne rein exportorientiert produzieren und Arbeitsbedingungen aus dem 19. Jahrhundert durchsetzen: Niedrige Löhne, keine Sozialversicherung, Kurzzeit- bzw. gar keine Verträge und die Entlassung schwangerer Frauen.

Freihandel „befreit" Völker oder Länder nicht von der kolonialen Last. Freihandel bedeutet nicht mehr Unabhängigkeit und Selbstvertrauen, sondern weniger demokratische Kontrolle. Freihandel ist das Gegenteil von Nachhaltigkeit. Die vorgeschlagene Öffnung der Märkte und die neue Arbeitsteilung wird zu einer selektiven Integration und zu einer nicht-nachhaltigen Entwicklung führen.

Hin zu einer solidarischen und ökologischen Partnerschaft

Die Grünen treten für eine solidarische demokratische Partnerschaft ein. Die „neue Partnerschaft" sollte nicht zu einer größeren Abhängigkeit führen. Die Unterstützung der Nicht-EU-Mitgliedsländer im Mittelmeerraum darf sich nicht an den wirtschaftlichen Interessen der EU-Mitgliedsländer ausrichten, auch die Interessen der mediterranen Nichtmitgliedstaaten müssen berücksichtigt werden – dies gilt insbesondere für den Textil- und Agrarmarkt. Eine Politik, die einseitig nur die ökonomische Entwicklung fördert, stärkt zudem die Regierungsstrukturen, Eliten und starke ökonomische Gruppen des jeweiligen Landes. Nicht die Wirtschaftszweige, die primär für Europa von Interesse sind, exportorientierte Industrien oder Monokulturen sollen gefördert werden, sondern die, die auch den Interessen der mediterranen Nichtmitgliedstaaten entgegenkommen und die zu einer Selbstversorgung der Region beitragen. Bei einer Entwicklung sind auch soziale, kulturelle und geographische Faktoren zu beachten. Folglich sollten dezentrale, lokale und regionale, kleine und mittlere Strukturen sowie Unternehmen gestärkt und vorzugsweise an sie Kredite vergeben werden.

Das neoliberale Wirtschaftsmodell hat viele Länder des Südens an den Rand des Ruins gebracht und vertieft auch im Norden die gesellschaftlichen Spaltungen. Dieser hegemoniale ökonomische Rahmen erklärt auch die Dezimierung der entwicklungspolitischen Zusammenarbeit. Daher müssen neue regulative Instrumente entwickelt werden, die die 'Deregulierungsfalle' aufheben. Dazu gehören an erster Stelle Kapitalverkehrs- und Zinsdifferenzsteuern, eine bilaterale Regelung des Warenaustausches und die Einführung von Sozial- und Ökostandards. Auch die Arbeitsmärkte müssen dem grenzenlosen

Zugriff der multinationalen Konzerne entzogen werden, denn transnationale Unternehmen spielen – Standort gegen Standort – ihre Belegschaften aus. Schließlich sei die innere Regionalisierung der Wirtschaftsblöcke genannt, um beispielsweise eine regionale, absatzorientierte Agrarreform zu ermöglichen.

Forderungen für die Regierungskonferenz

Offensichtlich herrscht eine zunehmende Diskrepanz zwischen Selbstverpflichtungen im Maastrichter Vertrag (130u) und der praktischen EU-Entwicklungspolitik. Es gibt keine institutionellen Mechanismen, die die Kohärenz der entwicklungspolitischen Zusammenarbeit und anderen EU-Politiken wie GASP, Agrar- und Handelspolitik garantieren. Dadurch werden z.B. die von der EU geschlossenen Handelsabkommen in ihren Auswirkungen auf die Entwicklungsprogramme keiner Prüfung unterzogen.

Die Errungenschaften der Entwicklungspolitik und das Ansehen, das diese der EU weltweit gebracht haben, sollten keinesfalls aufs Spiel gesetzt werden. Es schadet sowohl der Entwicklungspolitik wie auch den Interessen der EU, wenn die Entwicklungszusammenarbeit der GASP untergeordnet wird. Wesentlich ist daher, an ihren zentralen Punkten festzuhalten und sich darum zu bemühen, eben diese Aspekte auch in der GASP durchzusetzen. Das bedeutet, daß die zivile Konfliktverhütung und -prävention absolute Priorität hat. Verschiedene Projekte im Südlichen Afrika und in Palästina haben gezeigt, wie sinnvoll und erfolgreich es sein kann, in diesem Sinne zu agieren. Im Gegensatz dazu steht die militärische Komponente von Kriseninterventionsstrategien, die sich meist an nationalen Interessen orientieren.

Anmerkungen

(1) Vgl. Beitrag von Wilfried Telkämper.
(2) Vgl. Wiemann, Jürgen: Die Mittelmeerpolitik; in: Nuscheler, Franz/Schmuck, Otto (Hg.): Die Südpolitik der EG, Bonn 1992, S. 173-196.
(3) Vgl. Werner Weidenfeld/Josef Janning: Challenges in the Mediterranean: Strategy Options for Europe; in dies. (eds): Europe in Global Change, Gütersloh 1993, S. 251ff.
(4) Vgl. ami, 7/8 95, S.11.
(5) Ulrike Borchardt: Die Mittelmeerpolitik der Südländer der EU gegenüber den Maghreb-Staaten, Hamburg 1994, S. 12.
(6) ebd. S. 5.
(7) Vgl. Ulrike Borchardt: Die Mittelmeerpolitik der Europäischen Union als Beitrag zu einer europäischen Friedensordnung?; in: Joachim Schuster/Klaus-Peter Weiner(Hg.): Maastricht neu verhandeln, Reformperspektiven in der Europäischen Union, Köln 1996, S. 117ff.
(8) Europäischer Gerichtshof: Sonderbericht über die Mittelmeerprogramme, 1/96, S.13.
(9) Vgl. Stellungnahme des Ausschusses für Entwicklung und Zusammenarbeit zum Entwurf des Haushaltsplans 1996, Verfasser: Wilfried Telkämper (PE 213.935-endg.).

Ressource für den Frieden

Städtepartnerschaften im Mittelmeerraum und das Problem des Wassermangels

Leoluca Orlando

Die Programme MEDURBS der Europäischen Union dienen der Bildung thematischer Netzwerke zwischen den Städten des Mittelmeerraums innerhalb der EU und der Drittstaaten. Ziel dieser Netzwerke ist es, eine dezentrale Kooperation zwischen den lokalen Gebietskörperschaften in der Suche nach Lösungen ihrer zahlreichen gemeinsamen Probleme in einem Geist des Friedens und der Solidarität zu fördern. Ein zentrales Problem ist dabei das der schwindenden Wasserressourcen.

Aus diesem Grund hat sich die Stadt Palermo um die Bildung eines Städtenetzes zu einem der vitalsten und drängendsten Probleme des gesamten Mittelmeerraums bemüht: die Verwaltung der Wasserressourcen für den städtischen Gebrauch und die Rationalisierung der Wasserversorgung. Das Projekt 'Eau Ressource de Paix' wurde vom Büro für die Beziehungen mit der EU der Stadt Palermo zusammen mit dem Wasserbetrieb der Gemeinde Palermo (AMAP) ausgearbeitet. Unterstützt wurde Palermo bei der Entwicklung des Projektes außerdem vom C.I.S.S. (Cooperazione Internazionale Sud Sud; Internationale Zusammenarbeit Süd Süd), einem gemeinnützigen Verein für die internationale Kooperation. An diesem Projekt nehmen die Städte Nancy, Gaza und Tunis teil.

Die Idee, ein derartiges Netz aufzubauen, gründet einerseits auf dem Engagement der Stadt Palermo für die innovative Lösung von Problemen im Zusammenhang mit Wassermangel und andererseits auf ihrer spezifischen geographischen Lage im Mittelmeerraum, die die Stadt seit jeher als einen Treff- und Austauschpunkt ausweist. Die Probleme im Zusammenhang mit dem Wasserverbrauch weisen vor allem im städtischen

Bereich im gesamten Mittelmeerraum ähnliche Züge auf. Die Wahl des Themenkomplexes durch die Verwaltung, der Schutz der Wasserressourcen durch sparsame Verwendung und Wiederaufbereitung, erweist sich als strategisch bedeutsam: Der Wassermangel spielt eine zentrale Rolle für das ökologische und politische Gleichgewicht in den am Projekt interessierten Gebieten.

Die wichtigsten urbanen Konzentrationspunkte in den Küstenregionen sind von einem 'Bevölkerungsboom' betroffen, der zur Aufgabe jener traditionellen Wasserversorgungssysteme geführt hat, die Jahrhunderte hindurch ein gewisses Gleichgewicht mit dem klassischen landwirtschaftlichen Umfeld garantiert haben. Dieser Prozeß hat in Begleitung von 'natürlichen' Faktoren, wie der des absoluten Rückgangs und der ausgeprägten Unregelmäßigkeit der Niederschläge, der Verschmutzung und/oder Erschöpfung der Grundwasservorräte in allen am Mittelmeer liegenden Ländern zu anhaltenden permanenten Krisen- und Notsituationen geführt. Nicht selten wird akuter Wassermangel und Dürre von katastrophalen Überschwemmungen abgelöst.

Für die lokalen Verwaltungen der wichtigsten Mittelmeerstädte ist es deshalb dringend notwendig, sowohl die allgemeine politische Ausrichtung als auch die Verwaltungsmodalitäten und -mentalitäten der zuständigen Körperschaften an diese neuen Verhältnisse anzupassen und von einem unkontrollierten Wasserverbrauch zu einer sparsamen Verwaltung überzugehen. Einige dieser Mittelmeerstädte haben bereits begonnen, sich dieses neue Verhalten anzueignen, andere verfügen noch nicht über die nötigen wirtschaftlichen und technischen Mittel, um ihr Verhalten neu zu gestalten.

Die lokalen Gebietskörperschaften am südlichen Rand des Mittelmeers sind von den genannten Problemen am stärksten betroffen, aber das Problem stellt sich, aufgrund der chemischen Verschmutzung des Grundwassers, der Zunahme des städtischen Verbrauchs sowie der nicht mehr nur jahreszeitlich bedingten Trockenheit, auch für die Städte am nördlichen Mittelmeerufer. Der Aufbau von Kontakten und Netzwerken auf nationaler wie internationaler Ebene stellt daher ein zentrales

Anliegen der Politik der Stadtgemeinde Palermo auf dem Gebiet der Wasserversorgung dar.

Palermo arbeitet auf nationaler Ebene mit dem ACEA (Wasserbetrieb der Gemeinde Rom) und mit dem AMGA (Wasserbetrieb der Gemeinde Genua) zusammen, während die Stadt auf europäischer Ebene mittels ihres Wasserbetriebs AMAP Mitglied des europäischen Vereins TECHWARE (Technology for Water Resource) ist. TECHWARE soll die Zusammenarbeit zwischen Universitäten, Forschungszentren und den auf dem Gebiet der Wasserversorgung tätigen Unternehmen und Gesellschaften unterstützen.

Im Geiste der Programme MEDURBS versucht die Stadtverwaltung von Palermo im Rahmen dieses Projekts, das auf die Ausarbeitung von Strategien für einen sparsamen Verbrauch und die Wiederverwendung von Wasser im städtischen Bereich abzielt, neue Technologien zu entwickeln sowie die Verwaltungskapazitäten der Partnerstädte zu verbessern. Palermo stellt außerdem seine Erfahrungen und Strukturen für den Aufbau eines Netzes zur Verfügung, das unter anderem den Austausch von Erfahrungen und Methoden, die Ausbildung von Experten, den Transfer von Kapazitäten, die Durchführung von Pilotprojekten und Machbarkeitsstudien erlauben soll. Dadurch sollen den von den einzelnen Partnern unabhängig festgestellten Bedürfnissen Rechnung getragen werden. Aufforderungen in die Richtung einer derartigen Zusammenarbeit sind bereits mehrmals von den einzelnen Mittelmeerstädten an die internationale Gemeinschaft gerichtet worden.

In meiner Eigenschaft als Bürgermeister und Europaabgeordneter kann ich im Hinblick auf das bei der Europäischen Kommission eingereichte Projekt nur meine Zufriedenheit ausdrücken. Dieses Vorhaben trägt sicherlich dazu bei, den Entwicklungproblemen der Mittelmeerländer Eingang in die Gemeinschaftspolitik zu verschaffen und den Grundstock für eine Erweiterung der südlichen Grenzen der Europäischen Union zu legen.

Die erweiterte Europäische Union

Der wirtschaftliche und soziale Zusammenhalt vor der Belastungsprobe

Elisabeth Schroedter

Ein solidarischer Ausgleich zwischen reichen und armen Regionen in Europa, die Osterweiterung und die Währungsunion – alles das soll zur gleichen Zeit verwirklicht werden. Nach dem Zerfall des Sowjetsozialismus steht die EU unversehens vor ihrer größten Herausforderung. Der kleinste gemeinsame Nenner der Interessen im Ministerrat ist offensichtlich nicht länger geeignet, die Union zu steuern, die in das Machtvakuum gerissen wird. Ohne eine Änderung ihrer Voraussetzungen drohen der Gemeinschaft Konflikte, Polarisierungen und Divergenzprozesse durch die Erweiterung nach Osten.

Der ökonomische und soziale Zusammenhalt ist eines der grundlegenden Prinzipien des Maastrichter Vertrages. Dies fordert laut Artikel 130a des Unionsvertrages den Ausgleich zwischen armen und reichen Regionen durch strukturpolitische Maßnahmen im Rahmen der Strukturfonds. Das Ziel, die harmonische Entwicklung der Gemeinschaft als Ganzes, ist die entscheidende Voraussetzung dafür, überhaupt Staaten mit so unterschiedlichen Wirtschaften, wie sie auch die alten Mitgliedstaaten nach wie vor aufweisen, für das Konzept des gemeinsamen Binnenmarktes zu gewinnen.

Mit der Überwindung schützender nationaler Zollsysteme durch den gemeinsamen europäischen Markt wuchs nicht nur der Konkurrenzdruck auf die empfindlicheren, insbesondere kleinen Produktionseinheiten, sondern auch auf die von ihnen abhängigen Regionen. Indem die zentralen Gewinner-Regionen Mittelwesteuropas, die sogenannte Europäische „Banane“, die Wirtschafts- und Investitionsaktivitäten auf sich konzentrieren, entstehen in ihrer unmittelbaren Nachbarschaft Verlierer-Regionen, gekennzeichnet durch hohe Arbeitslosigkeit, Abwanderung und immer stärker vernachlässigte Infrastruktur. Großräumige infrastrukturelle Eingriffe wie der Ausbau der „transeuropäischen Netze" tragen ihrerseits dazu bei, die Disparität zwischen den Regionen zu verstärken, da sie allein schon aus wirtschaftlichen Gründen nur die attraktiven Zentren miteinander verbinden. In dieser Lage haben die Strukturfonds für die Empfängerländer eine wesentliche makroökonomische Bedeutung. Die Wirtschafts- und Lebensbedingungen in benachteiligten Regionen sollen durch die Strukturfonds (Gesamtsumme: 149,8 Mrd. ECU) an jene der Erfolgsregionen des Binnenmarktes angeglichen werden. Man will vermeiden, daß die negativen Wirkungen eines zunehmenden Entwicklungsunterschieds (wie z.B. Wanderbewegungen) die Stabilität der Europäischen Union an sich gefährden. Trotz der Durchführung ausgleichender Maßnahmen in den Randregionen und der Hilfen im Rahmen der Strukturfonds konnte die Sogwirkung solcher Zentren nicht wettgemacht werden. So betrug die Arbeitslosenquote 1993 in den zehn am stärksten betroffenen Regionen durchschnittlich 25,3 % und lag damit um das Siebenfache über jener in den zehn reichsten Regionen (3,6 %).

Obwohl seit dem Weißbuch für „Wachstum, Wettbewerb und Beschäftigung" des damaligen Präsidenten der Europäischen Kommission, Jacques Delors, der Einsatzbereich auch auf Forschungs- und Entwicklungsvorhaben und auf das Feld des Umweltschutzes ausgedehnt wurde, erfolgten die vorrangigen Investitionen in den Ausbau der Infrastrukturen. Den erwünschten Effekt auf dem Arbeitsmarkt haben sie so nicht erbracht. Der Löwenanteil der Mittel konzentrierte sich auf die Anpassung von Regionen mit einem erheblichen Entwicklungsrückstand (sog. Ziel-1-Gebiete), deren Bruttosozialprodukt pro Einwohner unter 75 % des EU-Durchschnittes liegt. Nach Italien und Spanien ist die Bundesrepublik als reichstes Land der Europäischen Union der drittgrößte Zuschußempfänger (26 Mrd. DM für die Neuen Bundesländer).

Mit dem Beschluß für eine gemeinsame Währungsunion wurde im Maastrichtvertrag 1993 als zusätzliches strukturpolitisches Instrument der Kohäsionsfonds (20 Mrd. ECU) eingerichtet. Der Fonds sollte den ärmsten Mitgliedstaaten mit einem Pro-Kopf-BSP von weniger als 90% des EU-Durchschnittes die Chance geben, die Kriterien der Europäischen Währungsunion zu erfüllen. Deshalb wurde die Zuwendung von Geldern im Rahmen des Kohäsionsfonds an die in Artikel 104c des Maastrichter Vertrages geforderte Überwachung der Haushaltslage gebunden. Nach einer zweijährigen Übergangsfrist wurde diese Regelung, einschließlich des Protokolls über das Verfahren bei übermäßigem Defizit, das erste Mal angewandt. Stellt demzufolge der ECOFIN-Rat (Rat aus den Ministern der einzelnen Mitgliedstaaten für Finanz-, Wirtschafts- und Haushaltfragen) bei seinen Überprüfungen ein übermäßiges Defizit fest, wird der zugesagte Anteil des Kohäsionsfonds zunächst zurückbehalten. Die betroffenen Länder haben innerhalb des Vergabejahres die Möglichkeit, das Defizit abzubauen, um so in den Genuß der für sie notwendigen makroökonomischen Unterstützung zu gelangen. Griechenland, Portugal, Spanien und Irland hängen am Tropf des Kohäsionsfonds.

Sowohl die Strukturfonds als auch der Kohäsionsfonds sind mit dem Ziel geschaffen worden, über einen solidarischen Ausgleich auch die ärmeren Länder vollständig in die Europäische Union zu integrieren. Die Bestrebungen des Rates, die Osterweiterung der Union gleichzeitig mit dem Aufbau der Währungsunion zu betreiben, stellen nun diese Grundausrichtung der Union in Frage. Die Vollendung der Währungsunion setzt nämlich – anders als bisher – nicht nur die Integrationswilligkeit eines Mitglieds voraus, sondern in erster Linie seine Integrationsfähigkeit. An letzterer mangelt es jedoch nicht nur den neuen Beitrittsländern aus Mittel- und Osteuropa, sondern auch einigen „alten“ Mitgliedstaaten.

Eine rein auf monetäre Konvergenzkriterien aufbauende Währungsunion stellt die eigentlichen politischen Zielsetzungen des europäischen Einigungsprozesses in Frage. Die Definition von unterschiedlichen Integrationsbereichen bedeutet schließlich einen auf einseitiger Abhängigkeit basierenden Zusammenhalt unter der Führung und im Interesse der „Kernstaaten“.

Die Osterweiterung

Während der Osten Deutschlands durch die Wiedervereinigung sofort in die Europäische Union aufgenommen wurde, stehen die östlichen Nachbarstaaten, obwohl sie zeitgleich die gesellschaftliche Veränderung durch den Niedergang der diktatorischen Regimes begonnen haben, noch immer auf der Warteliste. Durch den Führungsanspruch der EU auf dem europäischen Kontinent hat die in Aussicht gestellte EU-Mitgliedschaft für diese Länder vor allem politische Bedeutung. Ihre ökonomischen Erwartungen stellen sie hinter die Hoffnung nach Sicherheit, Freiheit und auf die Stärkung der Demokratie zurück. Durch die Aufnahme in die EU versuchen sie ein für allemal, den Kräften des alten Systems eine Absage zu erteilen und innere Stabilität zu gewinnen. Auf außenpolitischer Ebene wollen sie sich allen Führungsansprüchen Rußlands, die noch aus den Zeiten des Warschauer Paktes herrühren, entziehen und so ihr Sicherheitsbedürfnis befriedigen.

Die Regierungen dieser Länder stehen bezüglich des Annäherungsprozesses an Westeuropa unter ungeheurem Erfolgsdruck. Es ist nicht klar, wie sie der Bevölkerung weitere ökonomische Anstrengungen zumuten können, ohne in naher Zukunft einen verbindlichen Zeitplan für den Beitritt vorzuweisen. Deshalb wird von ihrer Seite immer wieder an die Bedeutung der politischen Dimension des Beschlusses von Kopenhagen erinnert, wo auch der Rat der Europäischen Union die Osterweiterung als notwendig, wünschenswert und machbar bezeichnet hat.

Die Strategie der EU

Für die Europäische Union bedeutet Osterweiterung bisher in erster Linie Markterweiterung und die damit verbundenen positiven wirtschaftlichen Auswirkungen für die Behebung innerer Krisenerscheinungen wie die der fehlenden Absatzmärkte, der Beschäftigungskrise, der Verelendung immer größerer Teile der Bevölkerung. So ist der handelspolitische Teil in den Assoziationsabkommen nicht nur der bedeutendste, sondern auch der umfangreichste. Die Ergebnisse der Verhandlungen zwischen den mittel- und osteuropäischen Ländern (MOEL) und der EU hinsichtlich des Abbaus der Handelsschranken im Rahmen der Ausarbeitung der Assoziationsabkommen fielen entgegen den Beteuerungen der EU stark zu ihren Gunsten aus. Über die Zollbarrieren, nicht über die Exportsubventionen der Europäischen Union wurde verhandelt.

Die Handelsbarrieren werden vorerst nur dort beseitigt, wo bei den mittel- und osteuropäischen Anbietern Wettbewerbsnachteile vermutet und keine Verdrängungseffekte für die Unternehmen innerhalb der Europäischen Union erwartet werden. Aber auch für diesen Fall haben sich die EU-Länder über eine sog. „safeguard-clause" Möglichkeiten offengehalten, westeuropäische Anbieter vor zu starkem Importdruck aus den MOEL zu schützen. Diese Schutzklausel wurde in die Europaabkommen mit aufgenommen und besagt, daß Importe in solchem Ausmaß und unter Bedingungen, die den Absatz ähnlicher einheimischer Güter und somit einen Sektor der einheimischen Wirtschaft ernsthaft bedrohen könnten, durch (präventive) Zollmaßnahmen unterbunden werden können. Dieser Artikel kann zwar sinnvolle Schutzfunktionen erfüllen, die Praxis zeigt aber, daß fast ausschließlich die starken Partner des Vertrages, westeuropäische Staaten, von ihm Gebrauch machen.

In den sensiblen Bereichen wie Stahlproduktion, Textilien und Kohle bietet das Assoziationsabkommen kaum Vorteile gegenüber den Handelsbeziehungen mit anderen Drittstaaten. Auch im Agrarbereich verläuft der Abbau beidseitiger Zollbarrieren eher zögerlich. So stellen die Assoziationsabkommen ein geeignetes Instrument zur Steuerung des Güterstroms mit den MOEL zugunsten der EU dar. Gerade die Krise im Stahlsektor zeigt, daß die EU als der wirtschaftlich stärkere Vertragspartner den einzelnen mittel- und osteuropäischen Ländern aus Angst vor konkurrierenden Importen Strafzölle auferlegen kann. Diese Methoden zum Teil willkürlicher Abschottung wirken allen Bemühungen entgegen, in den MOEL marktwirtschaftliche Reformen durchzusetzen.

Das Weißbuch zur Osterweiterung

Im Mai letzten Jahres hat die Kommission ein Weißbuch zur Vorbereitung der assoziierten MOEL auf die Integration in den Binnenmarkt erarbeitet, welches den MOEL die Angleichung an die Mechanismen des Europäischen Binnenmarktes vorschreibt und somit einen Eckstein der Osterweiterungsstrategie der EU bildet. Das Weißbuch unterscheidet den Prozeß der Angleichung (Vor-Beitrittsphase) vom effektiven Beitritt zur Union, bei dem die vollständige gemeinsame Gesetzgebung (acquis communautaire) der Union als Ganzes übernommen werden soll. Dabei räumt die Kommission ein, daß eine erfolgreiche Verwirklichung des Binnenmarktes nicht nur die Beseitigung formaler Hindernisse für den freien Kapital-, Waren-, Personen- und Dienstleistungsverkehr, sondern die Erfüllung zahlreicher wirtschaftlicher Grundbedingungen voraussetzt. Das heißt, daß ebenso soziale Mindeststandards und ein angemessener Umweltschutz gewährleistet werden müssen. Was Umweltschutz und Sozialpolitik betrifft, wird mit Ausnahme der Mindeststandards bei Sozialbestimmungen, Gesundheits- und Verbraucherschutz auf die Assoziationsabkommen verwiesen. An anderer Stelle wird darauf hingewiesen, daß der wirtschaftliche Nutzen des Binnenmarktes notwendig zur Erhöhung des sozialen Standards beitragen wird. Die in den MOEL bereits geltenden Vorschriften auf dem Gebiet der Sozialpolitik würden außerdem in weiten Bereichen bereits den EU-Normen entsprechen. Was den Umweltschutz betrifft, bezieht das Weißbuch die direkt den freien Waren- und Dienstleistungsverkehr beeinflussenden Vorschriften ein, nicht aber Bestimmungen, die die Verschmutzung durch ortsfeste Emittenten oder Verfahren statt Erzeugnisse betreffen und daher „nur indirekte Auswirkungen auf den Binnenmarkt haben“. Die meisten Umweltschutzvorschriften werden deswegen nicht erfaßt.

Die auf die Angleichung an die Regeln des Binnenmarktes bauende Erweiterungsstrategie des Rates vertraut darauf, daß dadurch die Wirtschaftsreformen und die Umstrukturierung der Industrie in den MOEL verstärkt sowie der Außen- und Binnenhandel angeregt werden. Eine derartig einfache Übertragung der Mechanismen des Binnenmarktes verschweigt die strukturellen, sozialen und ökologischen Mängel des westeuropäischen Wachstumsmodells. Außerdem wird auf eine Liberalisierung des Handels hingearbeitet, ohne genügend auf die großen wirtschaftlichen und sozialen Unterschiede zwischen Staaten und Regionen mit verschiedenem Entwicklungsstand Rücksicht zu nehmen.

Bei allen vorangegangenen Beitritten war in der Regel das Interesse der EU an den potentiellen Mitgliedstaaten weitaus größer als das Interesse der Staaten selbst. Da die EU bereits allein aus der Errichtung einer weitgehenden Freihandelszone mit den MOEL, gesteuert durch die „safeguard-clause", großen Nutzen ziehen würde, könnte sie den eigentlichen Beitritt weiter in die Länge ziehen. Die hochgesteckten Aufnahmeforderungen, wie die Fähigkeit zur vollständigen Übernahme des acquis communautaire, fügen sich gut in dieses Bild.

Die Angst der derzeitigen Mitgliedstaaten um den gemeinsamen Besitzstand und die Veränderung der Machtverhältnisse innerhalb der EU überschattet die zentrale Frage der Integrationsfähigkeit der Europäischen Gemeinschaft. Über die Meßlatte „acquis communautaire" sollen die MOEL auf den Prüfstand, damit die Neuzugänge verzögert und gestaffelt werden können und Abstriche im „acquis communautaire" der alten Mitglieder vermieden werden. Nur bei Besuchen in einem der mittel- und osteuropäischen Staaten treten westliche Regierungsvertreter mit blumigen Versprechungen für einen zügigen Beitritt ein. Unterdessen wird durch einen 180 Seiten starken und in 23 Kapiteln unterteilten Fragebogen, in dem die Bewerber einen detaillierten Überblick über ihre gesellschaftliche und ökonomische Situation geben müssen, der Prüfstand für die Zeitfolge möglicher Aufnahmen vorbereitet. Während die Kommission über ein halbes Jahr brauchte, diesen Testbogen über die Beitrittsreife zu erstellen, sind die Kandidaten aufgefordert, diesen innerhalb von drei Monaten in ihre Sprachen zu übersetzen und zu beantworten. Im krassen Widerspruch zu dieser Vorgehensweise stehen die überschwenglichen Erweiterungswünsche einiger Mitgliedstaaten, allen voran Deutschland, obwohl deren rein wirtschaftiche Interessen bereits ohne eine kurz- oder mittelfristige EU-Erweiterung durch eine stärkere Annäherung zwischen West- und Mittelosteuropa befriedigt würden.

Neuen Mitgliedstaaten wurden nach ihrem Beitritt zur Gemeinschaft noch lange Übergangszeiten zugestanden. So lassen sich aus dem Vergleich mit der Aufnahme Griechenlands in die Gemeinschaft Alternativen zu dieser aggressiven und einseitigen Beitrittsstrategie entwickeln. Griechenland wurde nach seiner Aufnahme noch eine sechsjährige Übergangsfrist für eine allmähliche Annäherung mit weitgehenden Schutzmaßnahmen gewährt. Solche Übergangsfristen sollten neuen, noch nicht konkurrenzfähigen Mitgliedstaaten ein Aufholen des Entwicklungsrückstandes erlauben. Griechenland durfte seine internen und regionalen Märkte mit Handelsbeschränkungen schützen sowie stufenweise seine Handelsmonopole umformen. Es konnte ebenfalls die Liberalisierung des Kapitalverkehrs und der Direktinvestition durch „alte" Mitgliedstaaten aufschieben. Auch den jüngst beigetretenen Staaten wie Schweden, Finnland und Österreich wird nach dem Beitritt eine längere Zeit der Anpassung an die EU-Gesetzgebung zugestanden. In beiden Fällen konnten die jeweiligen neuen Mitgliedstaaten trotzdem als Vollmitglieder am sozialen und ökonomischen Ausgleich und an der Weiterentwicklung der Union teilnehmen.

Im Rahmen der Regierungskonferenz sollte daher das Ziel einer baldigen Osterweiterung die institutionellen Reformen der EU bestimmen und damit ihre Integrationsfähigkeit verbessern. Die Entwicklung demokratischer Entscheidungsmechanismen müßte hierbei im Vordergrund stehen, damit sich die beitrittswilligen MOEL trotz der Übergangszeiten gleichberechtigt an der Ausgestaltung der EU-Politik beteiligen können. Durch eine frühzeitige Mitgliedschaft könnte die EU dem Sicherheitsbedürfnis der MOEL weitgehend entgegenkommen, ohne durch immer neue Forderungen den gesellschaftlichen Konsens für einen EU-Beitritt in diesen Ländern ohne Gegenleistung so extrem zu belasten.

Die neue Art der ökonomischen Beziehungen

Angesichts des unterschiedlichen, aber zum Teil erheblichen Entwicklungsrückstandes der mittel- und osteuropäischen Länder im Vergleich zu den reichen Regionen der heutigen EU sind strukturpolitische Interventionen bereits vor der Vollmitgliedschaft dieser Länder unumgänglich. Sie sind notwendig, um den MOEL entsprechend der jetzigen Zielsetzung der Gemeinschaft eine schnellere Annäherung zu ermöglichen und eine Senkung des Wohlstandsgefälles, welches für beide, die EU und die MOEL, negative Auswirkungen in der geplanten engen wirtschaftlichen Zusammenarbeit hat, systematisch vorzunehmen. Das Bruttosozialprodukt z.B. der vier Visegrad-Staaten (Polen, Ungarn, Tschechische Republik und Slowakei) liegt, gemessen an Bevölkerungszahl und territorialer Größe, weit unter dem EU-Durchschnitt; sie erreichen gemeinsam gerade 4 % des Bruttosozialprodukts der EU.

Eine Festlegung auf die Logik einer sofortigen Liberalisierung als schnellstem Weg zur Aufnahme ist weder zwingend noch erfolgversprechend. Der Beitrittsprozeß wird zwar eine schrittweise Liberalisierung des Kapital-, Güter- und Dienstleistungsverkehrs fordern, auch wenn dadurch in den MOEL in erster Linie eine exportorientierte Produktionsstrukur gefördert wird, doch kann die Schaffung neuer Außenmärkte die Entwicklung und Stabilisierung der internen Märkte nicht ersetzen. Ein rein exportorientierter Entwicklungsweg kann die Entstehung regionaler Märkte sowie die einer unternehmerischen Mittelschicht sogar behindern. Auch hat sich der sogenannte asymmetrische Abbau der Handelsbarrieren, der eigentlich das Entstehen neuer Handelsbeziehungen zwischen der EU und den MOEL zugunsten der letzteren födern sollte, bereits als unzureichend erwiesen. Davon zeugen die negativen Handelsbilanzen der Länder Mittel- und Osteuropas mit der Union. Der gegenwärtige Rhythmus der Liberalisierung muß neu überdacht werden: Die EU könnte ohne große Schäden ihre Märkte zügiger auch für sogenannte sensible Produkte öffnen und den MOEL länger als geplant einen angemessenen Außenschutz für noch nicht konkurrenzfähige Branchen zugestehen.

Ausschlaggebend für eine schnelle Stabilisierung der mittel- und osteuropäischen Volkswirtschaften und das Aufholen des Entwicklungsrückstandes ist in unseren Augen aber nicht nur eine Neugestaltung der Handelsbeziehungen zwischen den einzelnen MOEL und der EU, sondern auch die wirtschaftliche Zusammenarbeit der MOEL untereinander. Aus der Errichtung eines gemeinsamen osteuropäischen Marktes könnten die mittel- und osteuropäischen Staaten sowohl wirtschaftlichen als auch politischen Nutzen ziehen. Pläne für eine enge wirtschaftliche und politische Zusammenarbeit – bekannt geworden als Visegrad-Staatengemeinschaft – gab es innerhalb einzelner MOEL auch aufgrund der damals noch fehlenden Alternativen – gleich nach dem Zusammenbruch ihrer Planwirtschaft. Mit der Aussicht auf eine baldige Aufnahme in die EU, auf die sich jeder Staat völlig unabhängig vorbereitet, wurden diese Pläne begraben. Die EU avancierte aufgrund des drängenden Beitrittswunsches zum bevorzugten Handelspartner aller MOEL, und an die Stelle verstärkter Kooperation trat z.T. regelrechtes Konkurrenzverhalten im Rennen um den ersten Platz in der Liste der künftigen Mitgliedstaaten.

Die Central European Free Trade Area (CEFTA), ein zweiter Versuch der wirtschaftsstarken MOEL, die Beziehungen untereinander zu verbessern, ist bis heute eine reine Freihandelszone geblieben. In tiefergehenden wirtschaftspolitischen oder politischen Fragen fehlt es an Formen institutionalisierten Dialogs; es kommt bestenfalls zu punktuellen informellen Aussprachen. Dabei bietet sich gerade hier der westeuropäische Einigungsprozeß in einem ganz neuen Sinne als Beispiel an. Die Idee einer osteuropäischen Gemeinschaft versteht sich natürlich nicht als Alternative zum Beitritt, sondern vielmehr als ein zusätzliches Instrument einer eigenständigen wirtschaftlichen Entwicklung, das zudem als Interessengemeinschaft den MOEL bei den Beitrittsverhandlungen politischen Nachdruck verleihen könnte.

Die Kohäsionspolitik im Zuge der Ost-Erweiterung

Die Heranführung der mittel- und osteuropäischen Volkswirtschaften an die Anforderungen des europäischen Binnenmarktes könnte ohne nachteilige soziale Auswirkungen für die MOEL erfolgen, wenn bereits vor dem EU-Beitritt flankierende Maßnahmen zur Unterstützung einer selbständigen wirtschaftlichen und sozialen Entwicklung in Angriff genommen werden. Eine solche Strategie hätte den Vorteil, Spannungen zwischen den verschiedenen Regionen der EU und den Regionen der MOEL vorzubeugen. Parallel zum Ausbau der Freihandelszone, für Kommission und Rat die erste Phase der Vor-Beitrittsstrategie, könnten die ausgleichenden strukturpolitischen Maßnahmen des im Maastrichter Vertrag festgelegten sozialen und wirtschaftlichen Zusammenhalts schrittweise auf die zukünftigen Mitgliedstaaten ausgedehnt werden.

Dazu ist auf jeden Fall eine langfristig gestaffelte Aufstokkung der finanziellen Unterstützung des Annäherungsprozesses nötig, da die Kosten für die Unterstützung struktureller Reformen im Sinne einer nachhaltigen Entwicklung, die ein angemessenes Niveau wirtschaftlichen und sozialen Zusammenhalts gewährleisten, weit über die Verwaltungs- und Servicebeihilfe für den Transformationsprozeß einer rechtlichen Angleichung hinausgehen werden. Würde die EU die jetzigen Maßnahmen ihrer Strukturpolitik pauschal in den MOEL anwenden, wäre das mit zu hohen Kosten verbunden. Ausgehend von verschiedenen Planungen der Mittelvergabe würden die Ausgaben im Vergleich zu den finanziellen Perspektiven 1994-1999 zwischen 3,9 und 32,1% anwachsen. Hier werden nicht nur die Mängel in der Effizienz von Strukturinterventionen deutlich, sondern auch die Nachteile, die die jetzige exportorientierte Binnenmarktpolitik für den Großteil der Regionen bringt. Die zentrale Frage lautet demnach: Wie und in welchem Ausmaß sollen die Kosten für strukturelle Maßnahmen eingeschränkt werden, ohne das Prinzip des sozialen und ökonomischen Zusammenhalts aufzuweichen? Eine Reform und Neubestimmung der Zielsetzungen dieses Kernbereiches ist neben der Neuausrichtung der Gemeinsamen Agrarpolitik in der EU unumgänglich.

Die für 1999 geplante Reform der Struktur- und Kohäsionsfonds wird zeigen, inwieweit der soziale und wirtschaftliche Zusammenhalt weiterhin als Grundsatz europäischer Politik erhalten bleibt. Die bisher noch sehr vagen Aussagen von seiten der Brüsseler Kommission lassen in dieser Hinsicht Zweifel aufkommen. So sollen die Strukturfondsmittel auch nach der ersten Beitrittsrunde mittel- und osteuropäischer Staaten den Anteil von 0,4 % am EU-BIP (ca. 1/3 des EU-Haushalts) nicht übersteigen. Eine Beteiligung der MOEL an den betreffenden Fonds wird daher wegen der notwendigen Neuverteilung der Strukturmittel eine Reduktion der Ausgaben mit sich bringen. Die Reform sieht beispielsweise den Wegfall der flächendekkenden Ziel-1-Gebiete zugunsten einer Konzentration der Mittel auf wenige Fördergebiete vor, eine Erhöhung der Additionalität (das ist der Anteil, den die Mitgliedstaaten selbst in den geförderten Regionen zur Verfügung stellen müssen, um die Berechtigung auf EU-Förderung zu erhalten) sowie eine stärkere thematische Konzentration. Das bedeutet, daß auch für die jetzigen ärmeren Mitgliedstaaten die Unterstützung bei der Abfederung der Folgen der Beteiligung am Binnenmarkt geringer wird. Es sollen nicht mehr wie bislang 51 % aller EU-Bürger von der regionalen Förderung profitieren, sondern höchstens noch 35 %.

Es besteht dabei die Gefahr, daß die Strukturfonds nicht als reines Instrument für die Stärkung des sozialen und wirtschaftlichen Zusammenhalts erhalten bleiben. So sollte nach den Aussagen des Kommissars für Währungsfragen De Silguy auch die Vergabe der Strukturfondsmittel wie die der Kohäsionsfonds an Konditionalitätskriterien angebunden und damit zu einem Instrument der Anpassung an die Erfordernisse des Binnenmarkts und der Währungsunion werden. Eine konditionale Vergabe der Strukturfonds, die sich an den geltenden Konvergenzkriterien orientiert, ist jedoch mit der Zielsetzung des sozialen und wirtschaftlichen Ausgleichs unvereinbar.

Strukturfondsreform für den sozialen und ökologischen Umbau

Ein Einsatz der Strukturfonds zu diesem Zweck setzt einerseits voraus, daß sie als Instrument für eine eigenständige Politik des wirtschaftlichen und sozialen Zusammenhalts erhalten bleiben. Das Projekt des Umbaus muß von den jeweils realwirtschaftlichen Grundlagen der Mitgliedstaaten ausgehen und verbunden sein mit der Bereitschaft eines jeden (alten und neuen) EU-Mitgliedstaates zum solidarischen Ausgleich. Die Neuorientierung in Richtung einer ökologisch und sozial nachhaltigen Entwicklung schließt sowohl die Ermittlung neuer Indikatoren für die Mittelvergabe (wie z.B. Beschäftigungsgrad) wie auch die Einführung neuer Evaluierungsmethoden ein. Eine konzentrierte Mittelvergabe im Sinne der im folgenden vorgeschlagenen neuen Zielsetzungen würde auch einen Teil der Mittel freisetzen, die eine Ausweitung der strukturpolitischen Maßnahmen auf die MOEL ohne eine übermäßige Aufstockung der Fonds ermöglicht.

Eine nachhaltige regionale Entwicklung beruht in erster Linie auf der Stärkung der regionalen Märkte. Dazu ist die Umstellung auf kleinräumige Produktionskreisläufe und auf umweltgerechte Innovation ausgerichtete Produktionsabläufe notwendig. Ein weiterer Schlüssel für die regionale Entwicklung ist die Bewältigung der strukturellen Beschäftigungskrise durch die Schaffung nachhaltiger Arbeitsplätze. Die Möglichkeiten des Dienstleistungssektors, der auf vorhandene, aber nicht nachfragewirksame Bedürfnisse ausgerichtet wäre, reichen von der Kinderbetreuung bis zur Pflege landschaftlicher Naturräume und sind bei weitem noch nicht erschlossen. Hier könnte nicht nur ein enormes Arbeitsplatzpotential gefunden werden, sondern grundlegend verfehlte Entwicklungen wie Umweltzerstörung und die Vernachlässigung sozialer Leistungen behoben werden. Die Anerkennung der Dienstleistungspotentiale stellt eine wertvolle Ergänzung zur Neuausrichtung des produktiven Bereiches auf eine ökologische Produktionsweise dar. Die neuen Kriterien für die Mittelvergabe sollten die Ausrichtung der strukturpolitischen Maßnahmen am Prinzip des sustainable development, deren Auswirkungen auf die Beschäftigung und auf die Lebensbedingungen verschiedenster Randgruppen, die Nutzung der regional vorhandenen Potentiale sowie die Einbeziehung der Betroffenen in die verschiedenen Entscheidungsebenen der Entwicklungsprogramme berücksichtigen.

Eine gleichberechtigte wirtschaftliche und politische Integration der MOEL in die EU kann im Sinne einer ausgeglichenen, sozial und ökologisch nachhaltigen Entwicklung für die MOEL und die Staaten der EU nur über eine schrittweise Annäherung West- und Osteuropas erfolgen, die sich die Verbesserung des Lebensstandards und der Lebensqualität der gesamten Bevölkerung der MOEL sowie die Verstärkung des wirtschaftlichen und sozialen Zusammenhalts in Gesamteuropa zum Ziel setzt. Die Ausweitung der Vergabe von Strukturfonds auf die MOEL stellt in diesem Sinne bereits vor deren Beitritt ein unverzichtbares Instrument der Annäherung zwischen West- und Osteuropa dar.

Dies ist mit finanziellen Opfern für die Union verbunden. Eine Aufstockung der Mittel ist jedoch ein langfristig angelegter Beitrag für eine gleichberechtigte und spannungsfreie Integration dieser Länder. Eine schrittweise Annäherung zwischen den MOEL und den westeuropäischen Staaten kann zudem nur dann erfolgen, wenn auch letztere ihre wirtschaftspolitischen Vorstellungen ändern, d.h. den Weg wirtschaftlicher Entwicklung über immer stärkere Konzentration, Industrialisierung, den forcierten Ausbau der Transeuropäischen Netze sowie die gegenwärtige Gemeinsame Agrarpolitik aufgeben. Die Integration der MOEL in die EU verlangt somit nach einer qualitativen Neubestimmung des gesamten Prozesses der europäischen Integration.

EU-Außenpolitik am östlichen Rand

Die Zusammenarbeit in der Ostseeregion und die Erweiterung der EU nach Osten

Inger Schörling

Eine wesentliche Aufgabe der jetzt stattfindenden Regierungskonferenz ist die Analyse der bisherigen vertraglichen Bestimmungen von Maastricht. Welche Kurskorrekturen sind nötig, um die angestrebten Ziele zu erreichen, und welche Länder in Zentral- und Osteuropa werden bei der anstehenden Erweiterung mit von der Partie sein. Laut Plan sollen die Aufnahmeverhandlungen mit den Beitrittswilligen spätestens sechs Monate nach dem Abschluß der Regierungskonferenz, also wahrscheinlich um die Jahreswende 1997/98, beginnen.

Die Osterweiterung aktualisiert die schwierigen institutionellen und finanziellen Fragen, die durch die Integration neuer Partner aufgeworfen werden. Fragen, die auch bisher nicht zufriedenstellend gelöst werden konnten. Die gravierenden sozialen und ökonomischen Unterschiede zwischen West- und Osteuropa, die Unterschiede in den demokratischen Traditionen, den Funktionsweisen der nationalen Institutionen und den vorsorgenden Schutzbestimmungen für Um- und Arbeitswelt stellen die EU vor neue Herausforderungen. Ihre bisherigen Organe werden ihnen vermutlich nicht gewachsen sein. Die heiklen Fragen, die sich in der künftigen Agrar-, Regional- und Handelspolitik zwangsläufig ergeben, verlangen vor allem eines: die Demokratisierung der Beschlußgremien, um die Entstehung eines hegemonialen Kerneuropas zu verhindern.

Wenn man verlangt, daß alle Länder, die um eine Aufnahme in die Union nachsuchen, das ganze gemeinsame Regelwerk (l'augis communautaire) erfüllen müssen, weil man nicht die

Effektivität und den Zusammenhalt der EU riskieren möchte, dann scheint die Erweiterung nach Osten mit vielen Problemen behaftet und ein Projekt für die ferne Zukunft zu sein. Damit nicht genug, werden verschiedene Kandidaten von verschiedenen Mitgliedern – je nach nationalen Interessen – für eine schnellere Anbindung favorisiert und das Handlungsvermögen der Union zusätzlich eingeschränkt. Es ist daher nur wahrscheinlich, daß weder auf der Regierungskonferenz im Herbst noch auf den Treffen des Ministerrates Beschlüsse zur Integration und Erweiterung der EU gefaßt werden. Und ebenso wahrscheinlich wird, daß sich die Abstimmung durch Volkes Stimme auf den Straßen von Bonn und Paris vollzieht. Weder Bundeskanzler Kohl noch Präsident Chirac haben die Stütze der Wähler. Die protestieren gegen die Einsparungen, die ihnen die Einhaltung der strengen Konvergenzkriterien der Währungsunion aufbürdet.

Die Prominenz hat ihr Prestige und ihre Glaubwürdigkeit zu stark an die Einhaltung der Kriterien und das termingerechte Zustandekommen der Währungsunion gekettet. Darum wird schon die bloße Verschiebung der EMU als politischer Mißerfolg der EU erscheinen. Auch für den Integrationsprozeß und die Osterweiterung bleibt das drohende Scheitern der Währungsunion nicht ohne Konsequenzen. Anstelle eines Problemkatalogs will ich an dieser Stelle einige Aspekte der Ausweitung, besonders in der Ostseeregion, aus meiner – d.h. einer schwedischen, grünen – Perspektive beleuchten. Ich werde zuerst die Zusammenarbeit in der Ostsee- und der Barentsregion skizzieren und anschließend zwei nach meiner Meinung „heiße" Themen, nämlich die *Landwirtschaft* und die *Sicherheitspolitik,* diskutieren.

Die Kooperation in der Ostseeregion

Die Kooperation hat in der Ostseeregion eine reiche Tradition. In ihrer Geschichte ist der Bogen vom blühenden Handel zu Zeiten der Hanse bis zum Konflikt in den Tagen des kalten Krieges gespannt. Heute schaffen verschiedene Niveaus der regionalen Zusammenarbeit ein Gegengewicht zur Konzentration von wirtschaftlicher und politischer Macht der EU. Die Netzwerke der Zusammenarbeit zwischen Regionen, Gemeinden, Organisationen, Schulen, religiösen Gruppierungen, Unternehmen und Privatpersonen sind alle wichtige Faktoren für eine Normalisierung der Beziehungen zwischen den Ländern der Region. Durch das Mitwirken der Bürger an Beschlüssen, die ihre Zukunft berühren, kann diese Zusammenarbeit auch einen Beitrag zum Demokratisierungsprozeß leisten.

Die Grünen in Europa halten dieses für den besten Weg zum Ziel: stabile Demokratien in der Ostseeregion durch eine Politik der sozialen Gerechtigkeit in technologisch reifen und stabilen Wirtschaften zu schaffen. Ökologisches und soziales Gleichgewicht sind der Grund, auf dem Demokratie, Frieden und Sicherheit gebaut werden können (Die grüne Gruppe, Visby Charter 2-3 Mai 1996).

Die Fokussierung auf die EU hat die Zusammenarbeit zwischen den Mitgliedern des Nordischen Rates geschwächt. Dies ist bedauerlich, da dieser Rat eine Grundlage der Kooperation auf dem Baltikum sein könnte. Auch andere Organisationen und Initiativen, wie zum Beispiel die „neue Hanse", sind wegen des Interesses an der EU in den Hintergrund der öffentlichen Aufmerksamkeit geraten. Besonders in Ost- und Zentraleuropa wollen sich die Länder der EU anpassen und keine Zeit mit alternativen regionalen Projekten verlieren. Die Reaktionen sind überstürzt, es sollte statt dessen eine Alternative zum EU-Anschluß geben. Die regionale Zusammenarbeit könnte die Unabhängigkeit vom Zentralmarkt der EU sichern, denn ob und wann die Ansuchen der Länder behandelt werden können, ist ungewiß.

Alle Länder der Ostseeregion unterhalten Kontakte zur EU, entweder als Mitglieder (Dänemark, Schweden, Finnland, Deutschland) oder durch die EEC (Norwegen). Polen, Estland, Lettland und Litauen haben ein Gesuch um Mitgliedschaft eingereicht, und Rußland hat einen Vertrag zur Partnerschaft und Zusammenarbeit unterzeichnet. Die EU nimmt im Gegenzug an der institutionalisierten Zusammenarbeit in der Ostseeregion teil. So zum Beispiel im Council of the Baltic States (CBSS) und in der Helsinki Commission on the Protection of Marine

Environment (HELICOM). Im Mai 1996 wurde der schwedische Ministerpräsident Göran Persson mit der Organisation eines Rates für die Zusammenarbeit auf Regierungsebene (Ostseerat) beauftragt.

Zusammenarbeit in der Barentsregion

Vor 1917 bestanden zwischen Nordskandinavien und Rußland für mehr als 1.000 Jahre Handelswege und mit ihnen kultureller Austausch. Die Schließung der Grenzen wurde formell erst 1993 beendet und die Zusammenarbeit in der Barentsregion mit einem Vertrag zwischen acht Regionen in vier Ländern wieder aufgenommen. Das Ziel ist die Förderung der wirtschaftlichen und sozialen Entwicklung in der Region. Reiche Bodenschätze, Öl, Gas und Mineralien, sind vorhanden. Ferner ausgedehnte Wälder und eine großartige Natur, die sich gut für eine Erschließung durch sanften Tourismus eignet. Man hat Pläne für eine nördliche Seeverbindung präsentiert, die den Abstand zu Japan mit einer Verbindung durch die Barents-See um 14.000 km und den zur Westküste der USA um 5.000 km verkürzen werden. Die Verbesserung von Infrastruktur, von Forschung, Medizin und kulturellem Austausch ist dabei speziell auf das nordwestliche Rußland eingestellt. Im Resolutionstext, der auch vom Verband Europäischer Regionen (AER) angenommen wurde, wurde festgestellt, daß eine friedliche und sichere Entwicklung in Europa durch die enormen und komplexen sozialen Probleme sowie durch die Umweltzerstörung in dieser Region gefährdet werden kann. Hier finden sich die weltweit höchsten Konzentrationen von Kernabfällen und ausgedienten Kernwaffen. Die meisten werden in unzureichenden Lagern aufbewahrt. Dazu kommen massive Luft- und Bodenverschmutzungen, die nicht nur die empfindliche nordische Flora und Fauna schädigen, sondern auch für die menschliche Bevölkerung zu gigantischen gesundheitlichen Problemen führen.

Ist die EU bereit, neue Mitglieder aus Ost- und Zentraleuropa aufzunehmen?

Schon bei der Gipfelkonferenz der EU in Kopenhagen im Jahre 1993 wurde beschlossen, daß die Länder, die einen Assoziationsvertrag mit der EU (Europa-Verträge) haben und EU-Mitglieder ohne Einschränkungen werden wollen, aufgenommen werden. Die Forderungen sind: stabile Institutionen, die Demokratie, den Rechtsstaat und die Menschenrechte garantieren, die privaten Besitz erlauben, Konkurrenz, und alles was für eine Marktwirtschaft nötig ist. Ein Weißbuch wurde publiziert, in welchem die EU vorgibt, wie die Länder Osteuropas ihre Gesetzgebung an die der Union anpassen sollen. Die EU bietet Ministern der Osteuropäischen Länder die Teilnahme an gewissen Ministerratskonferenzen an. Die finanzielle Hilfe der EU erfolgt bilateral und durch die gemeinsamen Programme Phare (Unterstützung der Wirtschaftsreformen in Osteuropa) und Tacis (Unterstützung für Länder der ehemaligen Sowjetunion). Die gesamte Finanzhilfe beläuft sich auf ungefähr zwei Milliarden DM jährlich. Zu guter Letzt verfaßt die Kommission Berichte über die Effekte der Osterweiterung.

Man könnte den Eindruck gewinnen, daß die EU alles für die Eingliederung der Oststaaten als Mitglieder unternimmt. Doch die beste Hilfe, die wir in Westeuropa unseren Nachbarn im Osten geben könnten, wäre, mehr mit ihnen zu handeln, ganz unabhängig von der Frage, ob sie früher oder später Mitglieder der EU werden. Die baltischen Länder, Polen, Bulgarien, usw. wollen „trade, not aid“. Nicht alle westeuropäischen Länder sind enthusiastisch über eine Erweiterung, die große Umstellungen, z.B. eine bedeutende Erhöhung des Beitrages, fordert. Es ist offensichtlich, daß die EU protektionistisch ist und die weniger konkurrenzkräftigen Unternehmen des Binnenmarktes durch Handelshindernisse schützt. In erster Linie gegen Waren, mit denen Osteuropa konkurrieren könnte: Erzeugnisse der Landwirtschaft, aber auch Textilprodukte, Leder, Eisen und Stahl.

Manchmal kann dieser Protektionismus zu unbegreiflichen und lächerlichen Beschlüssen führen. Polen beantragte, zusätzlich vier Tonnen Salat pro Monat in die EU zu exportieren, Bulgarien wollte die Ausfuhr von Erdbeermarmelade in einer Periode von fünf Jahren um zwei Lastwagen im Jahr erhöhen, und die Slowakei wollte zusätzlich 12 Kilogramm Schinken pro Tag exportieren. Die EU hat alle diese Begehren zurückgewiesen.

Die sogenannten Europa-Verträge machen Exporte von z.B. Textilprodukten und Stahl aus dem Osten nach einer Übergangsperiode von sieben Jahren frei, während sich die Oststaaten nach nur zehn Jahren für die Einfuhren von Westen öffnen müssen. Das mag großzügig klingen, aber wenn der Import aus dem Osten lästig wird, kann die EU weiter ihre „antidumping"-Zölle anwenden. Agrarprodukte, die die meisten Länder in Osteuropa exportieren wollen und können, sind gar nicht in die Verträge aufgenommen. Schon jetzt erzielt die EU einen Überschuß im Handel mit den Oststaaten, ist es die EU, die gewinnt. Dies bestärkt die Auffassung mancher Ökonomen über die Europa-Verträge, daß den Exporten der Oststaaten trotz dieser Verträge bedeutende Hindernisse begegnen werden. Die Schieflage der Integration spiegelt sich in den aktuellen demoskopischen Befragungen wider. Obwohl nur 40 % der Osteuropäer der EU positiv gegenüberstehen, wünschten 60 % eine Mitgliedschaft in der EU.

Die subventionierte Landwirtschaft der EU blockiert ihre mögliche Erweiterung

Die Erweiterung nach Osten setzt eine Änderung der EU-Agrarpolitik voraus. Nach einer australischen Studie ist wegen der deutlich höheren EU-Preise eine Produktionserhöhung bei den osteuropäischen Bauern zu erwarten. Beim gegenwärtigen Stand der Subventionspolitik liegen die Preise für Milchprodukte 60-70 %, die von Schweine- und Rindfleisch 30-50 % höher. Für die EU bedeutet die Erweiterung zusätzliche Agrarüberschüsse und steigende Subventionskosten. Für die Konsumenten Osteuropas bringt sie teurere Lebensmittel und damit den Staaten eine weitere soziale und finanzielle Belastung.

Einem Abbau der Subventionen, mit dem Sinken der bäuerlichen Einkommen im Westen gleichbedeutend, stellen sich die

Landwirte entgegen. Laut Copa, der Organisation der EU-Landwirte, ist die Unterstützung der Landwirtschaft ein wichtiger Zusammenhalt, und falls die Erweiterung nach Osten eindeutig sinkende Einnahmen mit sich bringen wird, wird die Erweiterung nicht stattfinden.

Die Landwirtschaft ist eine Gefahr für die Ostsee

Forscher und Umweltexperten befürchten, daß man von einer Landwirtschaft, die relativ kleine Mengen Kunstdünger und Spritzmittel verwendet, zu einer „effektiveren", hochleistungsorientierten Landwirtschaft übergehen wird. Die Ostsee ist schon heute eines der am meisten verunreinigten Binnenmeere der Welt. Beginnen die Bauern im Osten, durch die Agrar- und Preispolitik der EU angetrieben, mit einer Produktion nach dem heutigen westlichen Muster, kommt dies einer ökologischen Katastrophe gleich. Die EU und Westeuropa müssen vielmehr die Landwirtschaft in Richtung eines ökologischen Anbaus verändern. In Schweden wird im Jahre 2000 auf etwa 10 % der Ackerfläche ökologisch angebaut werden – eine hoffnungsvolle Entwicklung, doch zu langsam für die Rettung der Ostsee. Forschungsberichte zeigen, daß der Ostsee binnen 20 Jahren eine schwere Versumpfung droht, falls wir den Eintrag von Kunstdünger nicht zum Stehen bringen. Die Kostenschätzungen der Experten belaufen sich auf über 30 Milliarden DM für eine Reinigung der Ostsee!

Die Sicherheit in der Ostseeregion

Dem Bericht des schwedischen Verteidigungsausschusses für den Verteidigungsbeschluß von 1996 (DS 96:51) läßt sich folgendes Zitat entnehmen: „Die sicherheitspolitische und militärstrategische Entwicklung in der Ostseeregion hat sich nach dem kalten Krieg noch nicht stabilisiert. Mehrere Staaten suchen noch immer ihre sicherheitspolitische Identität. Die Unsicherheit über die Entwicklung in der Kaliningrad-Region ist groß, dort stehen ökonomische und militärische Interessen gegeneinander."

Vor der Regierungskonferenz (IGC) haben die Länder im Norden besonders über die Außenpolitik verschiedene Auffassungen. Schweden und Finnland haben in einer gemeinsamen Erklärung eine nähere Bindung zwischen EU und WEU (Westeuropäische Union) vorgeschlagen. Dänemark weist dies kategorisch zurück und sieht die sogenannten Petersburg-Aufgaben – Krisenpolitik und humanitärer Beistand – als den Anfang einer gemeinsamen Verteidigungspolitik. Die Gestaltung der neuen Sicherheitsordnung ist ein zentrales Problem. Wollen alle Staaten in Zentral- und Osteuropa Mitglieder der EU werden und in einer westlichen Sicherheitsordnung, mit der NATO an der Spitze, eingeordnet sein? Eine korrekte und demokratische Antwort auf diese Frage kann man nur geben, wenn alle Staaten ihre Mitbürger über die EU und die NATO informiert haben, wenn sie erklärt haben, was eine Mitgliedschaft mit sich bringt und eine allseitige Debatte, gefolgt von einer Volksabstimmung, stattgefunden hat. Wir wissen, daß die politischen Eliten in den meisten zentral- und osteuropäischen Ländern positiv zu EU und NATO eingestellt sind, aber was das Volk will, wissen wir nicht. Die Furcht existiert, daß man zwischen zwei Machtblöcken in einer Pufferzone oder in einem neuen Ostblock, mit einer unsicheren ökonomischen, demokratischen und sicherheitspolitischen Zukunft landet.

Über den Anschluß osteuropäischer Länder an die EU herrscht weiterhin Unsicherheit, aber es wird immer offenbarer, daß sich die NATO den baltischen Ländern in absehbarer Zeit nicht öffnen wird. Sollten wir die Balten und unsere Nachbarn im Osten im Stich lassen? Die Länder in der Ostseeregion haben eine spezielle Verantwortung auch für die Sicherheit der baltischen Länder. Die Begriffe „Verteidigung" und „Sicherheit" müssen wir über die enge militärische Definition hinaus erweitern. Die wichtigste Hilfe sind zivile Maßnahmen, um die ökologische, soziale und ökonomische Entwicklung in der ganzen Region zu unterstützen. Die kollektiven Übereinkünfte für Sicherheit und Zusammenarbeit vor allem in der OSZE und im Baltischen Rat müssen in Zusammenarbeit mit Rußland ausgebaut werden.

Die schwedischen Grünen wollen die Neutralitätspolitik und die Allianzfreiheit Schwedens erhalten, nicht weil wir Isolierung und Passivität wollen, sondern weil wir frei von Großmachtblöcken agieren und eine selbständige und aktive Außenpolitik führen wollen. Die Grünen plädieren seit langem für eine Untersuchung der nördlichen Verteidigungszusammenarbeit, ein Vorschlag, der auch vom ehemaligen schwedischen Oberbefehlshaber eingebracht wurde. Es sollte möglich sein, auch andere Länder in der Ostseeregion zu einer freiwilligen Zusammenarbeit zu ermutigen, zu einem ernsten Versuch, Alternativen für eine NATO-/WEU-Mitgliedschaft zu finden.

Vor kurzem hat der Repräsentant der EU in Bosnien, Carl Bildt (auch Präsident der Moderaten Sammlungspartei in Schweden), die Schaffung einer nordeuropäischen Partnerschaft für den Frieden (NPFP) vorgeschlagen, welche die drei baltischen Länder mit den vier nordischen durch ein Netzwerk von Zusammenarbeit, auch in Fragen der Verteidigung, vereinigen sollte. Eine solche Partnerschaft könnte die Entstehung eines „leeren Raumes" verhindern und die Grundlage für eine engere Zusammenarbeit der Ostseeregion mit Rußland bilden.

Die Position der Grünen

Europas Grüne wollen, daß die EU eine zivile Organisation bleibt. Wir wollen nicht, daß sich die westlichen Militärallianzen WEU und NATO in der Ostseeregion etablieren. Die WEU sollte aufgelöst werden, und die NATO sollte in einer Lage, da die Entwicklung in Rußland unklar ist, auf eine Erweiterung verzichten. Der Eiserne Vorhang des kalten Krieges wurde in den letzten Jahren durch einen elektronischen „Silbervorhang" ersetzt. Finnland hat zum Beispiel mit der Installation eines Bewachungssystems MRTV angefangen, das die gesamte 1.200 km lange Grenze gegen Rußland decken wird. Die Grenze Finnlands ist ja auch eine äußere EU-Grenze. Man kann fragen, ob die EU hier nicht eher ein Risiko für die Sicherheit ist als eine Stärkung. Die immer engere Zusammenarbeit in der EU, ohne eine demokratische Verankerung in den Bevölkerungen der Mitgliedstaaten und interne Spannungen über wichtige Probleme, bedeutet ein Risiko für Konflikte.

Die europäische Zusammenarbeit, die man in allen Gebieten ausbauen muß, um ein sicheres Europa zu schaffen, wird gefährdet, wenn Rußland sich von einem europäischen Großmachtblock, der WEU als ein europäischer Zweig der NATO, bedroht oder provoziert fühlt. Es sollte ein Signal sein, wenn das Parlament von Rußland, die Duma, zu dem Beschluß kommt, daß Rußland das Recht hätte, ein anderes Land mit Kernwaffen anzugreifen, falls dieses Land Mitglied einer Allianz ist, die selbst Kernwaffen besitzt.

Die von Schweden und Finnland vorgeschlagene gemeinsame Initiative für eine stärkere institutionelle Verbindung zwischen der EU und der WEU, besonders zur Erfüllung der sogenannten Petersburg-Aufgaben, könnte auf den ersten Blick als berechtigt erscheinen. Doch das Resultat wäre, daß die EU militärische Kraft entfalten würde, um die Politik zur Erhaltung des Friedens auszuführen. Die Anstrengungen für eine übergreifende und ausreichende Kapazität zur Friedenssicherung sollten besser bei der OSZE und der UN konzentriert werden. Voraussetzung dafür bleibt, daß die Mitglieder ihre Verantwortung erfüllen und die UN mit finanziellen Mitteln und den nötigen Befugnissen ausstatten. Andernfalls werden die UN ihre Glaubwürdigkeit verlieren. Durch die Schaffung von regionalen Machtstrukturen, die nicht dem globalen Interesse, sondern den eigenen Interessen dienen, schwächt man nur die Rolle und die Möglichkeiten der UN.

Literatur

Statens offentliga utredningar, SOU, Expertrapporter EU-96 kommittén. Ett utvidgat EU. Utvidgning och samspel. (Die öffentliche Untersuchung des Staates. Expertenberichte der EU-96 Kommission. Eine erweiterte EU. Erweiterung und Kooperation.)

Baltic Times Nr 3/1966.

Östeuropa vid skiljevägen (Osteuropa am Scheideweg), Fontes 1995.

Dokument Östersjön (Dokumentum Ostsee), Aftonbladet 14-19 August 1996.

Omvärdesförändringar och svensk säkerhetspolitik. Försvarsberedningens rapport inför 1996 års försvarsbeslut. (Veränderungen in [Schwedens] Umwelt und schwedische Sicherheitspolitik. Der Bericht der Verteidigungskommission vor dem Verteidigungsbeschluß 1996.)

Per Gahrton, Pressenbericht, Visby, 2 Mai 1996.

Anhang

Glossar

Europäische Gemeinschaften: Sie bestehen aus drei Bausteinen: 1. der Europäischen Gemeinschaft für Kohle und Stahl (EGKS), 2. der Europäischen Gemeinschaft (EG), sie hieß bis zum Inkrafttreten des Vertrages von Maastricht Europäische Wirtschaftsgemeinschaft (EWG), und 3. der Europäischen Atomgemeinschaft (EURATOM).

Europäische Union: Die EU wurde am 1. Nov. 1993 gegründet (Vertrag über die Europäische Union). Sie besteht aus drei Säulen: den Europäischen Gemeinschaften als Basissäule, aus der Gemeinsamen Außen- und Sicherheitspolitik (GASP) und aus der Zusammenarbeit in den Bereichen Innen- und Justizpolitik.

Europäische Kommission: Die eigentliche Exekutive der Gemeinschaft. Sie hat das Initiativrecht bei Rechtssetzungen. Sie besteht aus 20 KommissarInnen, die von den Mitgliedstaaten für fünf Jahre gewählt werden. Das Parlament kann Vorlagen der Kommission nur en bloc ablehnen.

Rat der Europäischen Union: Er besteht aus einem Minister je Mitgliedstaat und Sachbereich. Er beschließt – mit immer noch wenigen Einflußmöglichkeiten des Parlaments – die von der Kommission vorgeschlagenen 'Gemeinschaftsgesetze' (Verordnungen und Richtlinien).

Der Europäische Rat: Wird oft mit dem vorherigen Gremium verwechselt. In ihm treffen sich die Regierungs- bzw. Staatschefs der Mitgliedsländer. Er tritt mindestens zweimal jährlich zusammen, um politische Zielvorstellungen und allgemeine Leitlinien der Außen- und Sicherheitspolitik auf den Weg zu bringen.

Europäisches Parlament: Das EP stellt das gemeinsame Organ der Europäischen Gemeinschaft dar. Sitz des Parlaments ist in Straßburg (eine Woche im Monat Plenarsitzungen). In den letzten Jahren gibt es aber auch immer 'Mini-Sitzungen' in Brüssel. Zwischen beiden Städten, bzw. sie unterstützenden Gruppen, herrscht ein reger Konkurrenzdruck, der sich für alle sichtbar an den immer wieder neuen, riesigen Baustellen offenbart. Das Parlament hat zur Zeit 626 Sitze. Es wird für eine Dauer von fünf Jahren seit 1979 direkt gewählt. Der Einfluß ist nach dem Vertrag von Maastricht in einigen Politikfeldern gestiegen (unterschiedliche Formen der Mitbestimmung: Anhörung, Zustimmung, Mitentscheidung und Verfahren der Zusammenarbeit).

Europäischer Gerichtshof: Er ist die oberste Rechtssprechungsinstanz der EU. Er besteht aus 15 von den Mitgliedstaaten in gemeinsamem Einvernehmen ernannten Richtern und 9 Generalanwälten.

Rechnungshof: Er kontrolliert das Finanzgebaren der Gemeinschaft. Wenn es zu einem geringen Mittelabfluß oder zur falschen Verwendung der Programme und Fonds kommt, kann die Kritik, wie zum Beispiel beim Mittelmeerprogramm (MEDA), auch durchaus massiv werden.

Der Wirtschafts- und Sozialausschuß: Er ist ein beratendes Gremium, das sich aus 222 Vertretern verschiedenster Interessensgruppen der wirtschaftlichen und sozialen Institutionen zusammensetzt.

Der Ausschuß der Regionen: Er ist das zweite beratende Gremium. Er vertritt die regionalen und lokalen Interessen auf Unionsebene. Auch ihm gehören 222 VertreterInnen der regionalen und lokalen Gebietskörperschaften an.

Konvergenzkriterien: Sie fordern im Vertrag über die Europäische Gemeinschaft (Art. 109) niedrige Inflationsraten und Zinsen, stabile Wechselkurse und Begrenzung von Haushaltsdefiziten. Ob 'in' oder 'out' entscheidet sich an diesen Punkten. Soziale oder ökologische Kriterien spielen leider keine Rolle.

Regierungskonferenz: Nach Art. N des EU-Vertrages begann im Frühjahr 1996 in Turin die Regierungskonferenz. Sie soll die Bestimmungen des EU-Vertrages überprüfen bzw. fortentwikkeln. Im Frühsommer 1997 wird die Konferenz in Amsterdam beendet werden.

Strukturfonds: Es gibt folgende Strukturfonds im EG-Haushalt, die von der Kommission verwaltet werden: den Ausrichtungs- und Garantiefonds für die Landwirtschaft, den Europäischen Fonds für die regionale Entwicklung und den Sozialfonds. Zudem wurde mit dem Vertrag über die Europäische Union der Kohäsionsfonds als vierter Strukturfonds eingerichtet.

Subsidiaritätsprinzip: Nach diesem Prinzip darf die Union nur dann in Aktion treten, sofern und soweit die geplanten Maßnahmen auf der Ebene der Mitgliedstaaten nicht ausreichend verwirklicht und daher wegen ihres quantitativen Umfangs oder ihrer Auswirkungen besser auf Gemeinschaftsebene erreicht werden können. Das Prinzip wurde im Vertrag über die Europäische Union (Art.3B) festgeschrieben. Es dient allerdings oft der Aushöhlung bisheriger Standards wie beispielsweise im Umweltbereich.

Zu den Autorinnen und Autoren

Undine von Blottnitz, Mitglied der Bürgerinitiative Umweltschutz Lüchow-Dannenberg und BI-Vorsitzende der Bäuerlichen Notgemeinschaft Lüchow-Dannenberg. Europaabgeordnete 1984-1989 und wieder seit 1994. Schwerpunkte: Technologie- und Energiepolitik sowie Verbraucherschutz und Gesundheitspolitik. Kontaktadresse: Europabüro Grabow, 29439 Lüchow, Tel. 05864/349, Fax 05864/552.

Hiltrud Breyer, Diplompolitologin, Europaabgeordnete seit 1989. Schwerpunkte: Mitglied im Umwelt- und Gesundheitsausschuß. Energie- und Technologiepolitik und Gen- und Biotechnologie. Kontaktadresse: Die Grünen, 97-113 Rue Belliard, B-1047 Brüssel, Tel. 00322 284/5287, Fax 00322 284/9287.

Daniel Cohn-Bendit, Journalist, Redaktion der Frankfurter Stadtzeitung 'Pflasterstrand', Vorstand des 'Amtes für Multikulturelle Angelegenheiten' in Frankfurt. Europaabgeordneter seit 1994. Schwerpunkte: Im Auswärtigen Ausschuß tätig. Kontaktadresse: Die Grünen, 97-113 Rue Belliard, B-1047 Brüssel, Tel. 00322 284/5498, Fax 00322 284/9498.

Klaus Dräger, wissenschaftlicher Mitarbeiter von Frieder Otto Wolf. Schwerpunkte: Wirtschafts- und Währungspolitik. Kontaktadresse: Bundeshaus, Friedrich-Ebert-Allee 38, 53113 Bonn, Tel. 0228-16/87842, Fax 0228-16/86801.

Friedrich Wilhelm Graefe zu Baringdorf, Staatlich geprüfter Landwirt und Landwirtschaftsmeister. Danach Studium der Pädagogik und Assistent an der pädagogischen Hochschule in Bielefeld. Seit 1980 Umstellung des Hofes auf biologisch-organische Wirtschaftsweise. Heute anerkannter Bioland-Betrieb. Europaabgeordneter seit 1984. Schwerpunkte: Mitglied im Agrarausschuß. Kontaktadresse: Bundeshaus, Friedrich-Ebert-Allee 38, 53113 Bonn, Tel. 0228-16/87413, Fax 0228-16/86642.

Petra Hanf, wissenschaftliche Mitarbeiterin von Claudia Roth, Schwerpunkte: Innenpolitik der EU. Kontaktadresse: Bundeshaus, Friedrich-Ebert-Allee 38, 53113 Bonn, Tel. 0228-16/83138, Fax 0228-16/46124.

Elisabeth Horstkötter, wissenschaftliche Mitarbeiterin bei der Fraktion Die Grünen im EP. Schwerpunkte: Frauen- und Sozialpolitik. Kontaktadresse: Die Grünen, 97-113 Rue Belliard, B-1047 Brüssel, Tel. 00322 284/3925.

Wolfgang Kreissl-Dörfler, Landwirt und Diplomsozialpädagoge; Wahlbeobachter der UNO in Angola 1992. Europaabgeordneter seit 1994. Schwerpunkte: Außenwirtschaftspolitik, Menschenrechte, Wirtschafts- und Währungspolitik sowie Lateinamerika. Kontaktadresse: Die Grünen, 97-113 Rue Belliard, B-1047 Brüssel, Tel. 00322 284/5110, Fax 00322 284/9110.

Georg Lutz, Politologe, Mitarbeiter im 'Informationszentrum Dritte Welt' in Freiburg. Wissenschaftlicher Mitarbeiter von Wilfried Telkämper. Kontaktadresse: Europabüro-Dreyeckland, Habsburgerstr. 9, 79104 Freiburg, Tel. 0761/57980, Fax 0761/52518.

Edith Müller, Juristin. Europaabgeordnete seit 1994. Schwerpunkte: Für die Grüne Fraktion in den Ausschüssen für Haushalt, Haushaltskontrolle und Menschenrechte (Rumänien, Nigeria, Bosnien und Ex-Jugoslawien) und stellvertretende Vorsitzende des 'Untersuchungsausschusses zu Betrug im Transitverfahren'. Kontaktadresse: Europabüro Köln, Sedanstraße 31-33, 50668 Köln, Tel. 0221/728778, Fax 0221/728419.

Leoluca Orlando, Rechtsanwalt und Professor für öffentliches Recht an der Universität Palermo, seit 1993 Bürgermeister von Palermo. Europaabgeordneter seit 1994. Schwerpunkte: Bürgerrechte, Außenpolitik und Regionalpolitik. Kontaktadresse: Die Grünen, 97-113 Rue Belliard, B-1047 Brüssel, Tel. 00322 284/5730, Fax 00322 284/9730.

Christine Parsdorfer, Soziologin. Mitarbeiterin im 'Informationszentrum Dritte Welt' in Freiburg. Wissenschaftliche Mitarbeiterin von Wilfried Telkämper. Kontaktadresse: Europabüro-Dreyeckland, Habsburgerstr. 9, 79104 Freiburg, Tel. 0761/57980, Fax 0761/52518.

Claudia Roth, Dramaturgin und Managerin der Polit-Rock-Band „Ton Steine Scherben". 1985 wurde sie Pressesprecherin der Grünen im Bundestag. Europaabgeordnete seit 1989. Seit 1994 Fraktionsvorsitzende. Schwerpunkte: Ausschuß „Bürgerliche Freiheiten und Innere Angelegenheiten", „Unterausschuß Menschenrechte" und im gemischten parlamentarischen Ausschuß EG-Türkei. Im Ausschuß für Auswärtige Politik ist sie stellvertretendes Mitglied. Kontaktadresse: Bundeshaus, Friedrich-Ebert-Allee 38, 53113 Bonn. Tel. 0228-16/83138, Fax 0228-16/46124.

Inger Schörling, Studium der Biologie, Geologie und Kulturgeographie. Von 1988-1991 Mitglied im Schwedischen Parlament. Europaabgeordnete seit Oktober 1995 für die Schwedischen Grünen. Schwerpunkte: Mitglied der Baltischen Delegation des EP. Arbeits- und Sozialpolitik. Kontaktadresse: Die Grünen, 97-113 Rue Belliard, B-1047 Brüssel, Tel. 00322 284/5779, Fax 00322 284/9779.

Elisabeth Schroedter, Pädagogin und Medizinisch-technische Laborassistentin. Europaabgeordnete seit 1994. Schwerpunkte: Regional- und Außenpolitik, Delegationen: Ukraine, Weißrußland und Moldawien. Kontaktadresse: Die Grünen, 97-113 Rue Belliard, B-1047 Brüssel, Tel. 00322 284/5234, Fax 00322 284/9234.

Irene Soltwedel-Schäfer, Diplompädagogin und von 1987-1994 Abgeordnete im Hessischen Landtag. Europaabgeordnete seit 1994. Schwerpunkte: Wirtschafts-, Währungs- und Industriepolitik. Kontaktadresse: Die Grünen, 97-113 Rue Belliard, B-1047 Brüssel, Tel. 00322 284/5360, Fax 00322 284/9360.

Christian Sterzing, Rechtsanwalt, im Bundestag seit 1994. Schwerpunkte: Europa- und Verteidigungspolitik. Kontaktadresse: Bündnis 90/Die Grünen, Bundestagsfraktion, Büro Christian Sterzing MdB, Bundeshaus HT, 53113 Bonn, Tel. 0228/1681687, Fax 0228/1686014.

Wilfried Telkämper, Studium der Geschichte und Germanistik. Gymnasiallehrer. Mitarbeiter im 'Informationszentrum Dritte Welt' und Beiratsmitglied des Freien Radio Dreyeckland. Initiator und Organisator des '1. Internationalen Rheintribunals' 1986, Europaabgeordneter seit 1987. Schwerpunkte: Stellvertretender Vorsitzender der 'Paritätischen AKP-Versammlung', Entwicklungs-, Regional- und Verkehrspolitik. Kontaktadresse: Europabüro-Dreyeckland, Habsburgerstr. 9, 79104 Freiburg, Tel. 0761/57980, Fax. 0761/52518.

Wolfgang Ullmann, Theologe, Europaabgeordneter seit 1994. Schwerpunkte: Mitglied des Auschusses für Recht und Bürgerrechte, stellvertretendes Mitglied im Institutionellen Ausschuß und Kulturausschuß. Kontaktadresse: Die Grünen, 97-113 Rue Belliard, B-1047 Brüssel, Tel. 00322 284/5275, Fax 00322 284/9275.

Frieder Otto Wolf, Studium der Philosophie und Politikwissenschaft, Forschung und Lehre an verschiedenen europäischen Universitäten. Mitglied in den Zeitschriftenredaktionen von 'PROKLA', 'Moderne Zeiten' und 'Das Argument'. Europaabgeordneter von 1984-89 als Nachrücker des Grünen und Alternativen Bündnisses (GRAEL) in der Regenbogenfraktion des EP. Seit 1994 als Abgeordneter der Grünen im EP. Schwerpunkte: Arbeits-, Sozial- und Währungspolitik. Kontaktadresse: Bundeshaus, Friedrich-Ebert-Allee 38, 53113 Bonn, Tel. 0228-16/89198, Fax 0228-16/86801.